# A RELATIVIZAÇÃO DA COISA JULGADA PELO SUPREMO TRIBUNAL FEDERAL

O caso das ações declaratórias de (in)constitucionalidade e arguição de descumprimento de preceito fundamental

*Conselho Editorial*
André Luís Callegari
Carlos Alberto Alvaro de Oliveira
Carlos Alberto Molinaro
Daniel Francisco Mitidiero
Darci Guimarães Ribeiro
Elaine Harzheim Macedo
Eugênio Facchini Neto
Draiton Gonzaga de Souza
Giovani Agostini Saavedra
Ingo Wolfgang Sarlet
Jose Luis Bolzan de Morais
José Maria Rosa Tesheiner
Leandro Paulsen
Lenio Luiz Streck
Paulo Antônio Caliendo Velloso da Silveira

---

T366r    Thamay, Rennan Faria Krüger.
A relativização da coisa julgada pelo Supremo Tribunal Federal: o caso das ações declaratórias de (in)constitucionalidade e arguição de descumprimento de preceito fundamental / Rennan Faria Krüger Thamay. – Porto Alegre: Livraria do Advogado, 2013.

204 p.; 23 cm.

Inclui bibliografia.

ISBN 978-85-7348-843-2

1. Coisa julgada. 2. Relativização. 3. Poder judiciário. 4. Ação declaratória de constitucionalidade. 5. Inconstitucionalidade. I. Brasil. Supremo Tribunal Federal. II. Título.

CDU 347.953

CDD 347.077

Índice para catálogo sistemático:
1. Coisa julgada   347.953

(Bibliotecária responsável: Sabrina Leal Araujo – CRB 10/1507)

Rennan Faria Krüger Thamay

# A RELATIVIZAÇÃO DA COISA JULGADA PELO SUPREMO TRIBUNAL FEDERAL

O caso das ações declaratórias de (in)constitucionalidade e arguição de descumprimento de preceito fundamental

Porto Alegre, 2013

© Rennan Faria Krüger Thamay, 2013

*Capa, projeto gráfico e diagramação*
Livraria do Advogado Editora

*Revisão*
Rosane Marques Borba

*Direitos desta edição reservados por*
Livraria do Advogado Editora Ltda.
Rua Riachuelo, 1300
90010-273 Porto Alegre RS
Fone/fax: 0800-51-7522
editora@livrariadoadvogado.com.br
www.doadvogado.com.br

Impresso no Brasil / Printed in Brazil

## Agradecimentos

Agradecer é uma tarefa espetacular, pois me permite reconhecer as pessoas que sempre me fizeram crescer. Mesmo assim, sem furtar-me da memória, torna-se difícil rememorar todos aqueles que de forma direta ou indireta me inspiraram nesta caminhada.

A meu DEUS por tudo, pelo cuidado, amor, força, motivação e inspiração. Meu baluarte e fonte de renovação diária!

A minha esposa, Priscila Krüger Padrão Thamay, pelo amor, dedicação, compreensão e companheirismo sem iguais. Amor da minha vida, que me faz crescer a cada dia, mostrando-me que vencer não significa tão somente ter êxito em tudo, mas saber tirar das dificuldades força para superá-las. Muito obrigado por tudo, meu eterno amor!

Aos meus pais, Ramiro Thamay Yamane e Nívea Maria Faria, pela educação, firmeza, amor e incentivo, vocês sempre estarão comigo!

A toda minha família Krüger, que me adotou de forma incondicional e sempre me fez viver os melhores momentos de minha vida. Minha nova família, dádiva de DEUS!

Ao meu estimado amigo Professor Dr. Darci Ribeiro, grande jurista e ser humano, que com sua luz muito iluminou meus passos na elaboração deste trabalho. Desta forma, aqui expresso minha enorme gratidão a este grande amigo.

Ao querido amigo Professor Dr. José Maria Rosa Tesheiner, com quem tive a oportunidade de também debater esta temática e que muito, como sua sinceridade e grande conhecimento, inspirou o pensamento e várias alterações neste trabalho.

Ao meu grande amigo argentino Professor Dr. Roberto Omar Berizonce, como quem também tive a oportunidade de debater o tema e receber as suas orientações, além de hoje ser meu diretor de tese doutoral.

Aos grandes amigos Professores Dr. Sérgio Porto, Dra. Elaine Macedo e Ms. Álvaro Severo por todo apoio e variados debates que de forma muito relevante me fizeram concluir o tema desta obra.

E também aos meus amigos, professores, alunos, companheiros de trabalho e instituições de ensino que sempre estiveram ao meu lado, destacando de forma sublime a Pontifícia Universidade Católica do Estado do Rio Grande do Sul, que me acolheu de forma fantástica e hoje é literalmente minha casa!

A todos, muito obrigado!!!!

*A tua justiça é uma justiça eterna, e a tua lei é a verdade.*

(*Salmos* 119:142)

*Los aquí presentes no somos más que hombres privados que no cuentan con más título para hablar, y para hablar juntos, que una cierta dificultad común para soportar lo que está pasando.*

(Michel Foucault, *frente a los gobiernos, los derechos humanos*)

*Com seu dizer, o pensar abre sulcos invisíveis na linguagem.*

(Heidegger, *Sobre o humanismo*, 1973, p. 373)

## Prólogo

Siempre constituye un inmenso placer prologar obras de profesores jóvenes, investigadores tenaces y lúcidos, con el propósito, desde luego no menor, de contribuir a su difusión general y, a un mismo tiempo, alentar al autor para adentrarse en el camino recién comenzado y afrontar otros emprendimientos mayores. En este caso, la satisfacción viene por partida doble, pues el novel autor que es Master en Derecho por UNISINOS, integra el grupo de investigadores de la PUC de Río Grande do Sul y, además, viene cursando el doctorado en Ciencias Jurídicas y Sociales en la Universidad Nacional de La Plata, singular desafío que ha asumido bajo la orientación que honrosamente compartimos junto al ilustre profesor Dr. José María Rosa Tesheiner.

I. Rennan Faria Kruger Thamay afronta en esta lúcida investigación una temática de singular importancia en el actual plano de desarrollo de las ideas que contemporáneamente cruzan no solo el derecho procesal sino también el derecho constitucional (y ahora en buena medida convencional). El control de constitucionalidad y de convencionalidad, el alcance de las atribuciones y potestades de los jueces en el marco del principio visceral de separación de funciones, sus límites y el necesario equilibrio con aquellas otras potestades que corresponden a los poderes políticos, constituyen al presente tópicos particularmente conflictivos a cuyo alrededor se renuevan, una y otra vez, debates y opiniones contrapuestas. En realidad, como bien vislumbra el autor, son todos ellos, y otros más, los ingredientes que confluyen en renovadas visiones abarcatorias de las profundas transformaciones del Estado contemporáneo, y con ello del rol de garantía que corresponde al Poder Judicial y a los jueces en las modernas sociedades dinámicas "líquidas", fragmentadas, en constante y acelerada mutación.

Semejantes transformaciones, tanto como la "juridización" de las constituciones y el impacto del derecho internacional de los Derechos Humanos, han influído decisivamente sobre la propia conceptualización y realidad de la jurisdicción, la acción y el proceso. Incluyendo – y esta es la tesis principal que desarrolla Thamay – la virtualidad del instituto –

otrora "sacrosanto"- de la cosa juzgada, que viene sufriendo un paulatino proceso de desgaste y "relativización". Cuáles fueren los alcances, límites y fronteras del fenómeno constituye la compleja temática que abarca la obra.

II. La "juridización" de las constituciones y la emergencia de los nuevos derechos ha operado a partir de las dos últimas décadas del siglo anterior, virtualmente en modo acompasado, en la mayor parte de los países del subcontinente americano que ingresaron así en la "fase madura" de la "constitucionalización" de derechos y garantías fundamentales. No ha sido casual que como consecuencia del creciente proceso de democratización y retorno a la institucionalidad democrática se hayan dictado las nuevas o reformadas Constituciones de Brasil (1988), Perú (1993), Argentina (1994), Venezuela (1999), entre otras. En paralelo, se fueron tornando operativos los pactos y convenciones americanas sobre derechos humanos, a los que en nuestros países se adjudica jerarquía constitucional. Precisamente se consagra allí, entre otros, el derecho a la tutela judicial eficaz y eficiente, comprensivo del debido proceso y una decisión justa en tiempo razonable, el ariete fundamental ubicado en el vértice mismo del ordenamiento jurídico. Por constituir "el derecho a hacer valer los propios derechos", se erige en el instrumento ineficiente para la realización y aseguramiento de los (demás) derechos fundamentales. Con el agregado que, por su propia esencia, éstos se expresan habitualmente a través de principios o directrices orientadoras, criterios o reglas genéricamente formuladas, que dejan ancho margen para la interpretación judicial "intersticial" y creativa, lo cual viene a incidir sobre la concepción clásica de las fuentes del derecho. Ahora se ha de acoger por derecho propio a la jurisprudencia con la correlativa mutación de la misión de los jueces. El juez es observado más que por su aporte al modelo subsuntivo, como quien identifica los consensos básicos de la sociedad; al *jus litigatoris* se acopla para sobrepasarlo el *jus constitutionis*: por vía de los principios se genera la posibilidad de conectar la política con el derecho. A salvo, claro, de todas las reservas y condicionamientos que provienen de la teoría del discurso, la argumentación para el apoyo de las decisiones y los límites de la razonabilidad, que igualmente integran las garantías fundamentales.

A ello sumado que la misión de los jueces se desenvuelve ahora más que nunca, en un contexto de fragilidad de la ley y laxitud de las relaciones inter-subjetivas. Si bien se ve, afloran diversos fenómenos paralelos, complejos y recíprocamente influídos, cuales son la creciente judicialización de los conflictos, el activismo judicial y con ello el empeño de participar, de uno u otro modo, en el "gobierno" a través de la incidencia en las políticas públicas. Todos ellos, a su vez, encuentran explicación en una serie de factores concurrentes, principalmente la presión por el acceso a la jurisdicción, el impacto de los efectos virtuosos de la "globalización jurídica" que proviene de los sistemas de protección transnacional de los derechos humanos.

III. En ese contexto, el proceso civil al tiempo que acentúa su rol típico instrumental al servicio de la concretización de los derechos sustantivos, abre camino para la recepción de verdaderas y típicas *tutelas procesales diferenciadas*, necesarias para acompañar el aseguramiento de los nuevos derechos fundamentales "sensibles" – derecho a la dignidad humana, de- rechos económicos, sociales y culturales en general, derechos colectivos de consumidores y usuarios, relativos al ambiente, a la institucionalidad democrática, entre otros. El deber constitucional de aseguramiento posi- tivo para tutelar el goce y ejercicio de tales derechos fundamentales, im- puesto a los poderes públicos, incluyendo al Poder Judicial, constituye a su vez el fundamento de las diversas técnicas orgánico-funcionales y pro- cesales que se arbitran a esos fines. Así, se articula una "justicia de resul- tados", en la que se destaca la amplificación de los poderes de los jueces para la dirección de los desarrollos litigiosos y la instrucción probatoria, la acentuación del deber de colaboración de las partes y las cargas diná- micas de la prueba, las tutelas cautelares preventivas y anticipatorias, la preclusión del principio de congruencia, el alcance extendido de la cosa juzgada y su "relativización", entre otras técnicas.

IV. Precisamente, en la mentada "relativización" de la cosa juzga- da ahínca la investigación de Thamay, al cabo de abordar una sesuda exposición sobre el régimen de control de constitucionalidad brasileño en sus aspectos más relevantes. Se introduce y cala hondo en la acción directa de inconstitucionalidad de normas (ADI), la acción declaratoria de constitucionalidad (ADC) y la argución de inobservancia de precepto fundamental (ADPF), atribución de competencia, legitimados, procedi- miento y efectos de la decisión en cada una de ellas. Afronta con singu- lar agudeza lo que constituye su tesis central, la "relativización" de los efectos de la cosa juzgada recaída en los procesos de control abstracto u objetivo de la constitucionalidad de las normas. La cosa juzgada en tales procesos se configura con los mismos requisitos y alcances que la que se origina en aquellos propios de control difuso o subjetivo. En este último aspecto, como se precisa, resalta la evolución jurisprudencial que ha re- matado recientemente en la sentencia del Supremo Tribunal Federal, del 2 de junio de 2011, que en el juzgamiento de un recursos extraordinario y por mayoría, admitiera la renovación de la acción de investigación de la paternidad, después de haber transitado en cosa juzgada una anterior sentencia de improcedencia fundada en falta de prueba, habida cuenta que la madre del por entonces menor no se encontraba en condiciones de costear la prueba científica requerida. Supuesto singular considerado por el Tribunal como de repercusión general por la entidad sensible de los derechos en juego, y en especial el derecho a la verdad real y al conocimiento de la filiación, sustentado en el principio "superlativo" de la dignidad de la persona, al que se acordó prevalencia en el juicio de ponderación de los derechos en conflicto.

En el proceso objetivo de control abstracto solo es posible relativizar la cosa juzgada que derivara de una anterior declaración de constitucionalidad del acto normativo, y que se impugna después por una nueva acción que plantea la inconstitucionalidad. En cambio, inversamente, la ley o acto normativo declarado inconstitucional no puede "revivirse", la cosa juzgada permanece inmutable y no cabe su flexibilización. Y lo propio acaece en relación a la argución de incumplimiento de precepto fundamental.

No se trata, sostiene el autor, en definitiva de destruír o perjudicar el instituto de la *res judicata*, sino tan solo de admitir que existen casos, y no pocos, de relativización, en la búsqueda de la mejor solución para la sociedad y la protección de los derechos humanos fundamentales, que merecen ser tomados en serio. Ello no implica tornar el universo jurídico más inseguro, sino en todo caso más correcto, justo y adecuado a la realidad de una sociedad en constante transformación.

V. No podemos sino compartir las conclusiones del autor. El delicado equilibrio entre la seguridad jurídica y la justicia de las decisiones se presenta de modo dinámico, cambiante. No se trata de minar imprudentemente la *autorictas reijudicata*, sino en todo caso de reexaminar sus fronteras para, en su caso, producir un sutil corrimiento de sus confines en aras de asegurar la virtualidad de ciertos principios fundantes que emanan del bloque axiológico de la Constitución. La natural relatividad de la cosa juzgada y la perspectiva de una mayor flexibilización, sin embargo, no puede justificar una deflación abierta, una caída libre sin piso, que la precipite en un verdadero tembladeral jurídico en el que vendría a naufragar la seguridad jurídica. Igualmente, la "injusticia" de la sentencia, aún en sus diversos grados – "seria injusticia", "injusticia grave", "intolerable", "desvíos graves que ofenden el ideal de justicia" – no puede constituir fundamento suficiente para soslayar el imperio de la cosa juzgada. Sea como fuere, hemos de convenir que ha devenido indispensable revisar en nuestros ordenamientos el sistema de protección a la estabilidad de la cosa juzgada, para adecuarlo a las exigencias del presente donde arrecian los reclamos de justicia intrínseca en concreto, respeto a la verdad jurídica objetiva, efectividad de la justicia y otros similares. Sin menoscabo sustancial de la seguridad jurídica, una reducción de la indiscutibilidad de la materia cubierta por la cosa juzgada, el ensanchamiento de los factores de su natural "relativización", parecen inevitables. Tanto como el rediseño, en las diversas legislaciones, de los instrumentos procesales capaces de atender las nuevas aspiraciones jurídicas. Es lo que se predica en general desde la doctrina procesal argentina, ante la falta casi absoluta de textos legales regulatorios, y también en Brasil desde la autorizada cátedra de José Carlos Barbosa Moreira, Ovidio Baptista da Silva, José María Rosa Tesheiner, entre otros. Incluyendo, al menos en Argentina, el arduo debate actual en torno de la posibilidad de la revisión *pro societati* de la sentencia penal absolutoria firme, cuando "aparecen nuevos hechos o pruebas" sobrevinientes, por razones de justicia. Hipótesis, claro, que va más allá de los motivos objetivos que taxativamente prevé el art. 621 del CPP brasileño. En definitiva, como lo destaca Thamay, no hay noción, concepto y fundamento político que se escriba de una vez y para siempre. La cosa juzgada, institución típicamente política, está inevitablemente condenada a transfigurarse y mutar a partir de su consustancial "relatividad". Cuál sea el grado de esa flexibilización, los desplazamientos hacia uno y otro extremo de la balanza, que expresan más o menos seguridad jurídica *versus* más o menos justicia, depende inexorablemente de las valoraciones y principios que en cada época y circunstancias van prevaleciendo. El desafío de los juristas – doctrinarios, jueces y abogados – radica en ajustar y calibrar lo más exactamente posible el fiel de la tan sensible balanza, colocarla en un punto medio razonable. Nada más, pero tampoco nada menos.

VI. Nuestro joven autor ha recogido el reto, brindándonos un estudio agudo y serio que resume en buena medida el estado actualizado de las cuestiones centrales que aborda, en el derecho brasileño, y al mismo tiempo lo enriquecen tesituras y criterios propios que constituyen un aporte significativo al fondo común doctrinario. Los estudiosos del proceso y de la teoría general del derecho – no solo en Brasil sino en toda Iberoamérica – encontrarán en estas páginas una contribución invalorable para el entendimiento de cuestiones complejas, arduas, nuevos paradigmas, que se va construyendo dinámicamente y sobre la marcha. Bienvenida la obra y enhorabuena para satisfacción del autor y regocijo de lectores atentos.

La Plata, Argentina, otoño de 2012.

*Roberto Omar Berizonce*

Profesor Emérito de la Universidad Nacional de La Plata

# Sumário

Apresentação – *José Maria Tesheiner*........................................................17

**1. Introdução**.................................................................................19

**2. A coisa julgada e sua relativização**.................................................23

  2.1. Coisa julgada: noções gerais..........................................................23

    2.1.1. Coisa julgada: aspectos relevantes...........................................23

      2.1.1.1. A coisa julgada no direito romano e canônico: pontos iniciais.......29

        2.1.1.1.1. A coisa julgada no Direito Romano..........................29

        2.1.1.1.2. A coisa julgada no Direito Canônico.........................34

    2.1.2. Coisa julgada: conceituação.................................................37

    2.1.3. Coisa julgada formal e material.............................................40

    2.1.4. Autoridade da coisa julgada e seus consectários..........................44

    2.1.5. A coisa julgada: limites subjetivos e objetivos e sua extensão..............48

    2.1.6. Aspectos de uma sociedade de crises........................................56

      2.1.6.1. A crise do atual modelo de Estado...............................56

      2.1.6.2. A Constituição Federal e suas crises: do procedimentalismo ao substancialismo. Qual a melhor saída? ....................................64

      2.1.6.3. A crise da Constituição ........................................69

      2.1.6.4. A crise do Poder Judiciário......................................75

**3. A relativização da coisa julgada** .......................................................87

  3.1. Algumas posições relevantes sobre a (im)possibilidade da relativização da coisa julgada..........................................................................95

  3.2. Da possibilidade de relativização da coisa julgada – fixada a partir da jurisprudência – em relação à investigação de paternidade em face do exame de DNA realizado posteriormente: a queda da tese que "impossibilitaria" a flexibilização da coisa julgada nas ações de investigação de paternidade em decorrência da feitura de exame de DNA.............................................103

  3.3. A relativização da coisa julgada em foco: a avaliação a partir das posições de ministros e demais participantes da jurisdição.....................................111

  3.4. A relativização da coisa julgada como decorrência da crise do Poder Judiciário...115

**4. Aspectos relevantes sobre o controle de constitucionalidade**.......................121

  4.1. O guardião da Constituição em Carl Schmitt........................................121

  4.2. O guardião da Constituição em Hans Kelsen ........................................127

4.3. O guardião da Constituição na realidade brasileira e sua influência na jurisdição constitucional........................................................................................131

4.4. O controle de constitucionalidade: conceituação.........................................134

4.5. Inconstitucionalidade....................................................................................136

4.6. Formas de controle de constitucionalidade.................................................140

    4.6.1. Controles preventivo e repressivo.........................................................140

    4.6.2. Controles: político, judiciário e misto....................................................142

4.7. Controle judicial............................................................................................144

    4.7.1. Controle judicial difuso..........................................................................145

        4.7.1.1. Efeitos da Declaração de Inconstitucionalidade no controle difuso....147

    4.7.2. Controle judicial abstrato.......................................................................148

4.8. ADI (Ação Direta de Inconstitucionalidade de norma)................................150

    4.8.1. Competência...........................................................................................153

    4.8.2. Legitimados.............................................................................................153

    4.8.3. Procedimento..........................................................................................155

    4.8.4. Concessão de medida liminar (cautelar)................................................155

    4.8.5. Breves noções sobre as ADIs estaduais e municipais.............................156

    4.8.6. Efeitos da declaração de inconstitucionalidade (ADI)...........................158

4.9. ADC/ADECON (Ação Declaratória de Constitucionalidade de norma)...........159

    4.9.1. Legitimados.............................................................................................160

    4.9.2. Procedimento..........................................................................................160

    4.9.3. Competência...........................................................................................160

    4.9.4. Concessão de medida liminar (cautelar)................................................161

    4.9.5. Efeitos da declaração de constitucionalidade (ADCON)........................162

4.10. ADPF (Arguição de Descumprimento de Preceito Fundamental)...............163

    4.10.1. Procedimento........................................................................................165

    4.10.2. Competência.........................................................................................165

    4:10.3. Legitimados...........................................................................................165

    4.10.4. Concessão de medida liminar (cautelar)..............................................165

    4.10.5. Efeitos da decisão da ADPF..................................................................166

**5. A relativização da coisa julgada no processo objetivo do controle de constitucionalidade**........................................................................................167

5.1. Da formação da coisa julgada no controle de constitucionalidade concentrado...167

5.2. Conteúdo das decisões do Supremo Tribunal Federal em (in)constitucionalidade de lei...............................................................................170

5.3. Eficácia *inter partes x erga omnes* no processo objetivo..............................172

5.4. A relativização da coisa julgada em ADI, ADC e ADPF................................173

    5.4.1. A relativização da coisa julgada no processo subjetivo como base para o processo objetivo.......................................................................................174

    5.4.2. A relativização da coisa julgada no processo objetivo (ADI, ADC e ADPF)....177

Considerações finais............................................................................................191

Referências............................................................................................................195

# Apresentação

Nesta obra, Rennan Faria Krüger Thamay examina a possibilidade de se afastar (relativizar) a coisa julgada nos chamados processos objetivos.

O que desde logo chama a atenção é que, à guisa de premissas, o Autor aborda outros temas conexos: a coisa julgada no Direito Romano e no Canônico; as crises de nossa sociedade, do Estado e do Poder Judiciário.

Num segundo momento, o movimento de relativização da coisa julgada nas ações individuais; a Constituição e seus controles, preventivo e repressivo; o controle difuso e o abstrato; a legitimação, a competência e o procedimento dos processos objetivos; seus efeitos e a formação da coisa julgada.

Saiba-se, pois, que nessa obra se faz a abordagem de um universo mais amplo, em que se vem a final a inserir o tema indicado por seu título, do que o leitor poderá tirar proveito, se interessado no tema da relativização da coisa julgada, ainda que não com relação específica às decisões proferidas nos processos objetivos.

Examinando, por fim, o tema que se propôs a abordar, conclui o Autor pela possibilidade de se declarar inconstitucional norma anteriormente declarada constitucional, negando-a, nos demais casos.

*José Maria Tesheiner*
Professor de Processo Civil na PUCRS

# 1. *Introdução*

Em uma sociedade muito célere, volátil e consumista, temos a difícil missão de tentar proteger, dentro do possível, a existência e realização dos direitos humano-fundamentais, o que, por si só, já é severa e penosa pretensão, embora não impossível.

Nossa sociedade pós-moderna e pós-positivista é extremamente mutável, dinâmica e evolutiva, o que faz com que as realidades anteriormente construídas e as entidades normativas existentes se tornem extremamente desatualizadas em um curto tempo.

Tudo isso está automaticamente ligado às novas necessidades diárias de proteção e respeito aos direitos humano-fundamentais, fazendo com que seja possível a ocorrência, por vezes, do ativismo judicial e da judicialização da política, visando sempre ao implemento de políticas públicas em favor dos cidadãos.

Dentro de toda essa situação de mudança, existe uma ocorrência que se deu e se constatou faticamente: a crise generalizada tanto da sociedade, do direito, do processo, do Poder Judiciário como até do magno instituto da coisa julgada.

Tudo isso se dá de forma não previsível, mas natural, já que as estruturas legais não acompanham, por óbvio, a realidade e as necessidades da sociedade atual.

Frente a tudo isso é que se instalou o debate, em relação a um instituto até pouco tempo eternizado e endeusado, de forma desmotivada, a coisa julgada, que passa a ser questionada em sua "absoluta" impossibilidade de mudança daquilo que já houver transitado em julgado.

Sabe-se que nada nesse universo é absoluto, assim como também não seria o referido instituto, já que o próprio Código de Processo Civil fixa casos iniciais de sua relativização, bem como questionado e flexibilizado, o referido instituto, até atualmente pela Suprema Corte Brasileira.

Frente a esse quadro complexo é que esse trabalho se situa, mostrando que até esse instituto mereceu ser relativizado, buscando acima de tudo a melhor e mais adequada solução para a sociedade complexa da qual fazemos parte.

O método observado neste trabalho resta pontuado a partir da análise legal, doutrinária e jurisprudencial, em que se tornou perceptível que a *res iudicata* poderá ser relativizada nas três vias de pesquisa. Isso porque, legalmente, temos a relativização via ação rescisória (por exemplo), doutrinariamente às diversas posições favoráveis à relativização – dentre elas destaque-se Cândido Rangel Dinamarco, Humberto Theodoro Júnior, José Augusto Delgado (dentre outros) e Gilmar Ferreira Mendes em relação à possibilidade de declarar inconstitucional uma norma anteriormente declarada constitucional. Há, por fim, a possibilidade jurisprudencial forte no sentido de relativizar a coisa julgada, tanto nos Tribunais inferiores como nos Superiores – em especial no próprio Supremo Tribunal Federal, como recentemente julgado nos casos de investigação de paternidade julgada improcedente por ausência de DNA –, o que demonstra a força que a referida tese vem ganhando, superando até relevante corrente que não aceitava de forma alguma a relatada flexibilização. Chega-se, por fim, no caso da ADC 1-1-DF, em que foi possível pela primeira vez pensar em declarar uma norma, anteriormente declarada constitucional, em inconstitucional, que é o ponto fulcral dessa investigação.

Nesse trabalho, observando esse contexto, no primeiro capítulo, será estudado o instituto da coisa julgada em uma análise de seus principais requisitos, características e formas de ocorrência, mostrando todo o potencial e força desse tradicional instituto. Ainda se observarão, por sua necessidade, as diversas crises, a começar pela crise da sociedade, do Estado, passando pela crise da Constituição e desaguando na crise do Poder Judiciário. Nessa senda, será vislumbrada a relativização da coisa julgada como uma decorrência dessa crise, analisando-se por consectário as posições contrárias e favoráveis em relação às concepções dos próprios Ministros dos Tribunais Superiores, em que se constata que a grande maioria dos referidos julgadores é a favor da flexibilização da *res iudicata*. Finaliza-se o capítulo inaugural, por necessidade, a partir das correntes doutrinárias contrárias à relativização da coisa julgada, assim como seus principais fundamentos, comparando-os com os diversos fundamentos e autores que advogam a possibilidade da relativização do aludido instituto.

Em um segundo momento, será alvo da investigação o controle de constitucionalidade, passando também por uma análise de sua ocorrência, desde a fixação do guardião da Constituição até o estudo das ações que fazem parte do controle de constitucionalidade (diga-se ADI, ADC e ADPF), conhecendo os seus efeitos e peculiaridades, possibilitando a compreensão de como se dará a ligação entre o processo subjetivo e objetivo de controle de constitucionalidade.

Posteriormente, chega-se ao debate da possibilidade de relativizar a coisa julgada, percebendo-se que esse instituto sofrerá a relativização em diversos casos. Um exemplo disso se dá nas ações de investigação de paternidade fundada em ausência de provas, como por falta de exame de DNA, sendo possível então a quebra da sentença transitada em julgado que por ausência de provas julgou improcedente o reconhecimento de paternidade para então declarar a paternidade frente ao novo exame hoje existente e acessível.

O objetivo desse trabalho foi demonstrar a possibilidade da relativização da coisa julgada em relação ao controle de constitucionalidade. Desse modo, em um terceiro momento, será abordada a relativização da *res iudicata* (que já fora tratada no final do primeiro capítulo) a partir do processo subjetivo de controle de constitucionalidade até a sua ocorrência no processo objetivo de controle de constitucionalidade – dito controle de constitucionalidade pela ADI, ADC e ADPF – onde, então, a situação se aclara. Assim, deixar-se-á límpido ao leitor que no processo objetivo do controle de constitucionalidade (ADI, ADC e ADPF) a coisa julgada só poderá ser relativizada em relação à anterior declaração de constitucionalidade que venha em momento posterior, através de nova ação, a ser questionada e declarada, por conseguinte, inconstitucional (assim como referido na ADC 1-1-DF).

Tudo isso se dá em decorrência da atual força de mudança e atualização constante de uma sociedade extremamente "capaz" de criar e, com isso, de necessitar de proteção jurídica, modificando mais uma vez a realidade de muitos institutos – como consequência da mudança da própria sociedade – o que também faz, naturalmente, mudar a coisa julgada.

Também será tratada, quando se discutem as teses contrárias à relativização, a problemática da relativização da coisa julgada e a segurança jurídica, chegando-se à consideração de que não poderá, de forma alguma, a segurança jurídica solidificar aquilo que seja absurdo ou inconstitucional. Isso porque os direitos humano-fundamentais não poderiam ser extirpados pelo total e irretocável respeito à coisa julgada e à segurança jurídica.

Não se buscou, de forma alguma, desmontar e desvalorizar o instituto da coisa julgada, porém, tão somente, encontrar "novas" possibilidades para que a sociedade possa alterar, por sua natural mudança, os entendimentos arcaicos e retrógados que por vezes consideravam uma situação constitucional, mas que pela "nova" realidade social se daria por inadequada.

É neste sentido que convidamos o leitor a "mergulhar" nesse estudo que nasce da natural necessidade que a sociedade acabou demonstrando de corrente atualização dos institutos e, pontuadamente, da coisa julgada, que, como todos sabemos, nunca foi e jamais será absoluta e intocável.

# 2. A coisa julgada e sua relativização

## 2.1. Coisa julgada: noções gerais

### 2.1.1. Coisa julgada: aspectos relevantes

Este polêmico instituto jurídico merece cuidado especial em sua análise, visto ser grandioso o debate entre os juristas de antigamente como em tempos hodiernos.[1]

Chiovenda refere que os romanos acabavam por observar o referido instituto, atribuindo-lhe certa importância em relação à condenação ou absolvição nela inserida, e não no poder de convencimento da decisão. Sendo que, para eles, existia efetivamente somente a coisa julgada material, aquela que reconhecia um bem da vida a um dos demandantes.[2]

---

[1] Nossa sociedade moderna e naturalmente imediatista caminha a passos largos para um futuro do qual não se sabe qual será o resultado, nosso país se desenvolveu muito rápido, em relação a países como os europeus, que demoraram muito mais para chegar ao patamar atual de desenvolvimento, e esse desenvolvimento célere para um país relativamente "jovem" como o nosso pode trazer consequências perigosas. Todo esse crescimento é interessante, principalmente por trazer novas perspectivas para as pessoas que vivem o presente, rememorando o passado de lutas e de vitórias que propiciaram um futuro belo, que promete muitas conquistas e vitórias. Essa análise a partir de um passado iluminado é relevante para que o futuro seja influenciado por um passado vitorioso e belo, isso é relevante para que a nossa sociedade não ande em um futuro nebuloso, fazendo vívidas as palavras do autor Frances Tocqueville [que foi magistrado em 1827], que o passado, quando não mais ilumina o futuro, deixa o espírito andando nas trevas. Nesse sentido, TOCQUEVILLE, Alexis de. *La démocratie em Amérique*. Paris: Garnier: Flammarion, 1951, t. II, cap. VIII, p. 336. De todo esse crescimento torna-se perceptível, assim como relata o autor Darci Ribeiro, que o ser humano tem necessidades ilimitadas, o que faz com que o homem esteja em constante mudança. RIBEIRO, Darci Guimarães. *La pretensión procesal y La tutela judicial efectiva*. Barcelona: J. M. Bosch editor, 2004, p. 28.

[2] "Essi vedero la importanza della res iudicata non nel ragionamento del giudice, ma nella condanna o nella assoluzione, cioé nella espressione della voliontà del diritto nel caso concreto. Perciò essi non parlano di cosa giudicata se non riguardo alla sentenza di merito, la quale è quella che riconosce un bene della vita a una delle parti". CHIOVENDA, Giuseppe. *Principii di Diritto Processuale Civile*. Napoli: Casa Editrice E. Jovene, 1980, p. 907.

Também Greco Filho aponta que a coisa julgada veio da tradição romana, em que a sentença era a própria coisa julgada, ou a coisa julgada o próprio objeto litigioso definitivamente decidido.[3]

Essa noção de coisa julgada que os romanos empregavam está intimamente ligada à noção de segurança nas relações sociais, em que se dava um cunho muito mais prático ao instituto da *res iudicata*.[4]

Sabe-se que a coisa julgada em toda construção teórica elaborada passou por diversos estágios e princípios que acabaram por dar uma determinada tendência ao instituto,[5] fazendo com que a cada medida fosse uma a conotação do instituto. Observando os juristas da idade média, torna-se perceptível a visão de que o fundamento da autoridade da coisa julgada estava postada na *presunção de verdade* contida na sentença, sendo base para essa compreensão a filosofia escolástica que tinha como finalidade do processo[6] a busca da verdade.[7]

Outra teoria que perpassou pela construção da coisa julgada foi a da *ficção da verdade*, em que se atribuía à sentença uma verdade fictícia, fazendo com que a sentença viesse possuir autoridade de coisa julgada, gerando-se, desta forma, maior estabilidade e segurança nas relações jurídicas.[8]

A teoria da *força legal, substancial, da sentença* é de autoria de Pagenstecher, sendo entendimento do referido autor que toda sentença, por mais que meramente declaratória, cria direito, sendo, por essa razão, constitutiva de direito.[9]

---

[3] GRECO FILHO, Vicente. *Direito processual civil brasileiro.* São Paulo: Saraiva, 1981, p. 231.

[4] CHIOVENDA, Giuseppe. *Instituições de direito processual civil:* os conceitos fundamentais – a doutrina das ações. v.1. São Paulo: Saraiva, 1965, p. 370.

[5] Toda essa compreensão se dá naturalmente porque o direito é um produto criado pelo homem e para o homem. Assim, com essa compreensão vem o autor Darci Ribeiro com arrimo em Radbruch e Díez-Picazo, além outros tantos autores trazidos pelo referido autor. Nesse sentido, vale conferir RIBEIRO, Darci Guimarães. *Da tutela jurisdicional às formas de tutela.* Porto Alegre: Livraria do Advogado, 2010, p. 17 e ss.

[6] O processo pode ser observado de forma dualista – como foi eleito pelo Brasil – ou até monista, sendo essa corrente defendida pelo autor gaúcho Darci Ribeiro que acaba por seguir as linhas de Carnelutti, assim como se dava em Roma onde os romanos compreendiam não haver a cisão entre direito material e processual, visto que para estes o direito nascia a partir da decisão judicial e não da mera previsão legal. RIBEIRO, Darci Guimarães. *La pretensión procesal y la tutela judicial efectiva.*

[7] Nesse sentido, Pontes de Miranda assevera que essa teoria foi adotada por Pothier, explicando que a presunção de verdade para o autor era *júri et de jure*. PONTES DE MIRANDA. Francisco Cavalcanti. *Comentários ao código de processo civil.* t. V. Rio de Janeiro: Forense, 1974, p. 140 e ss.

[8] Sobre essa formulação de Savigny, vale conferir REZENDE FILHO, Gabriel Jose Rodrigues de. *Curso de direito processual civil.* v. 3. São Paulo: Saraiva, 1951, p. 56.

[9] Sobre essa teoria conferir SANTOS, Moacyr Amaral. *Primeiras linhas de direito processual civil.* São Paulo: Saraiva, 1989-1992, p. 47.

De outra banda, a teoria da *eficácia da declaração* que foi defendida por Hellwig, Binder, Stein e outros tantos, fundamentava a autoridade da coisa julgada na eficácia da declaração de certeza contida na sentença. De tal modo, para os autores, a certeza do direito restaria posta na declaração contida na sentença, visto que declaração de certeza produz eficácia de impor às partes, bem como ao juiz[10] que proferiu a sentença e aos demais juízes, a observância da declaração.

Resta a referência à teoria da *extinção da obrigação jurisdicional* que foi construída por Ugo Rocco, partindo da premissa de que o conceito de sentença e, pois, de coisa julgada, prende-se, natural e necessariamente, aos conceitos de ação[11] e jurisdição.[12] A coisa julgada[13] é, naturalmente, um fenômeno processual e que precisa, por isso, ser estudada em conjunto com a ação, jurisdição e sentença, por restarem intimamente interligados. Como comenta Moacyr Amaral Santos, o ponto chave desta teoria restaria no fundamento de que a coisa julgada resultaria da extinção da obrigação jurisdicional, o que importa também na extinção do direito de ação, já que esse direito de agir já foi utilizado e dessa manifestação restou a sentença e formação de coisa julgada, que encerrou o direito de discutir mais uma vez a questão, tornando-se imutável e estável a decisão.[14]

Em relação à teoria da *vontade do Estado,* que teve Chiovenda[15] como defensor, observa-se como grande fundamento da coisa julgada a própria vontade do Estado,[16] que dota de autoridade a decisão do magistrado, fazendo com que essa decisão não seja uma mera manifestação sem maiores poderes e obrigatoriedade. Assim sendo, a sentença por ser ato

---

[10] Sobre a posição do Juiz frente a norma jurídica conferir MENDEZ, Francisco Ramos. *Derecho y proceso.* Barcelona: Libreria Bosch, 1979, p. 193 e ss.

[11] Defendendo a ação como uma garantia constitucional vem o autor Osvaldo Gazaíni. GOZAÍNI, Osvaldo A. *La conducta en el proceso.* La Plata: LEP, 1988, p. 13 e ss.

[12] Há um direito à jurisdição, assim como refere o autor argentino Osvaldo Gozaíni. Idem, p. 19 e ss. Tem relação com a jurisdição a chamada tutela diferenciada. Pequena chamada ao leitor que tenha interesse em conhecer as tutelas diferenciadas que são frequentemente estudadas na Argentina, onde existem ações que são tuteladas e procedidas de forma diferenciada, seja por seu grau de urgência ou relevância, conferir BERIZONCE, Roberto Omar. *Aportes para una justicia más transparente.* Roberto Omar Berizonce Coordenador, ... [et. al.]. La Plata: LEP, 2009, p. 23 e ss.

[13] Há uma grande ligação entre a coisa julgada material e garantia fundamental da tutela jurisdicional efetiva. Nesse sentido, BERNAL. Francisco Chamorro. *La tutela judicial efectiva.* Barcelona: Bosch, NA, p. 297. " El principio de la cosa juzgada material está conectado con el derecho fundamental a la tutela judicial efectiva, ya que en no es posible reabrir un proceso resuelto por sentencia firme".

[14] SANTOS, *op. cit.,* p. 49.

[15] CHIOVENDA, Giuseppe. *Instituições de direito processual civil.* 2. ed., v. I, São Paulo: Bookseller, 2002, p. 7 e ss.

[16] O Estado tem como um de seus requisitos mais forte a soberania, que deve ser respeitada por outros Estados para que não cheguemos, mais uma vez, a ponto de guerra. Sobre a soberania vale conferir FERRAJOLI, Luigi. *A soberania no mundo moderno.* Tradução de Carlos Coccioli, Márcio Lauria. São Paulo: Martins Fontes, 2002, p. 1 e ss.

de vontade do Estado tem essa força obrigatória e não é um mero posicionamento de um jurisconsulto.

Através de todos esses aportes da coisa julgada, perpassando pelas teorias que sobre o instituto se puseram, abrangemos a diversas formações e compreensões da *res iudicata*, chegando às construções de Chiovenda,[17] que tratou pela primeira vez da matéria em dezembro de 1905, em Napoli, onde asseverou que a coisa julgada consistia na indiscutibilidade da existência da vontade concreta da lei[18] afirmada.[19]

Deste modo, através de toda a construção da coisa julgada, como instituto jurídico, influenciado pela realidade romana em que a coisa julgada representava certeza e estabilidade social que possibilitava o gozo, de forma relativamente tranquila, de direitos, foi que nossa sociedade pós-moderna[20] buscou os fundamentos para então chegar hoje à ideia de

---

[17] "[...] inspirado na obra de Bulow, Chiovenda empreendeu uma série de pesquisas sobre a preclusão, sua natureza, fins efeitos. Isolou o instituto, despiu-o do caráter penal, distingui-o da coisa julgada material, caracterizando precisamente os dois conceitos". Nesse sentido BARBI, Celso Agrícola. Da preclusão no processo civil. *Revista dos tribunais*. São Paulo: RT, n.158, p. 59.

[18] A norma pode ser compreendida como forma de expressão clara da ideologia que se carrega em uma determinada sociedade. Assim vejamos John Merryman na obra MERRYMAN, John Henry. *La tradición jurídica romano-canónica*. Traducción de Eduardo L. Suárez. Ciudad de México: Fondo de cultura económica, 1997, p. 60. "Pero si no consideramos la codificación como una forma, sino como la expresión de una ideología, y si tratamos de entender esa ideología y por qué encuentra expresión en la forma de un código, veremos que tiene sentido hablar de los códigos en el derecho comparado".

[19] "Consiste nell'índiscutilità della esistenza della volontà concreta di legge affermata". *Vide* CHIOVENDA, 1990, *op. cit.*, p. 906.

[20] Sabe-se que o Estado brasileiro sequer passou pelo estado social, assim como outros países, neste sentido ver GARCÍA-PELAYO, Manuel. *As transformações do estado contemporâneo*. Tradução de Agassiz Almeida Filho, Rio de Janeiro: Forense, 2009. Sobre a ideia de ser o nosso Estado pós-moderno vejamos: CHEVALLIER, Jacques. *O Estado pós-moderno*. Tradução de Marçal Justen Filho, Belo Horizonte: Forum, 2009, p. 24 e ss; BAUMAN, Zygmunt. *O mal-estar da pós-modernidade*. Tradução de Mauro Gama, Cláudia Martinelli Gama. Rio de Janeiro: Jorge Zahar, 1998, p. 7 e ss; JAYME, Erik. *Cours général de droit intenacional prive*, In recueil des cours, Académie de droit intenacional, t, 251, 1997, p. 36-37; LYOTARD, Jean-François. *O pós-moderno*. Rio de Janeiro: Olympio Editora, 1986; KUMAR, Krishan. *Da sociedade pós-industrial à pós-moderna*. Rio de Janeiro: Jorge Zahar Editor, 1997; HARVEY, David. *Condição pós-moderna*. São Paulo: Edições Loyola, 1992; VATTIMO, Gianni. *O Fim da Modernidade*: niilismo e hermenêutica na cultura pós-moderna, Lisboa: Editorial Presença, 1987; SANTOS, Boaventura de Souza. *Pela Mão de Alice*: O social e o político na pós-modernidade. São Paulo: Cortez, 1997.
Sobre a troca paradigmática da modernidade para a pós-modernidade, vale conferir KAUFMANN, Arthur. *La filosofia del derecho en la posmodernidad*. Traducción de Luis Villar Borda. Santa Fe de Bogotá: Editorial Temis S.A, 1992, p. 5 e ss.
Entretanto, vale referir que existe corrente, forte e respeitada, no sentido de que acabamos por vivenciar uma modernidade tardia, e não, efetivamente, a pós-modernidade, sendo nesse sentido STRECK, Lenio Luiz. *Hermenêutica jurídica e(em) crise*: uma exploração hermenêutica da construção do direito. 5. ed., rev. atual., Porto Alegre: Livraria do Advogado, 2004, p. 25.
Para outros autores, o que existe é uma hipermodernidade. Nesse sentido, conferir LIPOVETSKY, Gilles. *Os tempos hipermodernos*. Tradução de Mário Vilela. São Paulo: Barcarolla, 2004, p. 51 e ss.

segurança jurídica,[21] passando também pelas contribuições de Carnelutti[22] e Liebman.[23]

Em uma sociedade onde a busca por estabilidade nas decisões cresce a cada dia, fortificou-se o instituto ora estudado por estar naturalmente ligado à segurança jurídica[24] e à estabilidade das demandas judiciais.

O importante instituto da coisa julgada[25] sempre representou tema de grandiosa relevância jurídica, estando previsto na Magna Carta no art. 5º, XXXVI, fazendo parte das garantias e direitos fundamentais assegurados aos cidadãos,[26] sendo também parte do cerne imutável da Constituição[27] Federal, as intituladas *clausulas pétreas*.

---

[21] Nesse sentido, observando as ponderações de Cícero, no sentido de que na coisa julgada é que repousaria a estabilidade estatal é que vale conferir a obra de Gabriel Jose Rodrigues de Rezende Filho no *Curso de direito processual civil, op. cit.*, p. 54. A segurança jurídica acaba por ser a forma de obtenção de paz social, assim como afirma o autor gaúcho Darci Ribeiro na obra RIBEIRO, Darci Guimarães. *La pretensión procesal y La tutela judicial efectiva*. Barcelona: J.M.Bosch editor, 2004, p. 35.

[22] Carnelutti tem opinião diversa da de Chiovenda, por compreender que o comando da sentença pressupõe o comando existente na lei, não fazendo a coisa julgada como pretendia Chiovenda. *In* BOMFIM JÚNIOR, Carlos Henrique de Moraes. [et al.] *O ciclo teórico da coisa julgada: de Chiovenda a Fazzalari*. Coord. Rosemiro Pereira Leal. Belo Horizonte: Del Rey, 2007, p. 260. Ademais, vale observar que "[...] a eficácia da decisão se expressa antes de tudo, com a imperatividade (que representa tão apenas a projeção da vontade do juiz); [...]. A imperatividade da decisão é chamada também coisa julgada [...]. Em caso de transgressão da sentença, atuarão as sanções como se estivesse se estabelecido pela lei". CARNELUTTI, Francesco. *Sistema de direito processual civil.* v. I, São Paulo: Editora ClassicBook, 2000, p. 412-415.

[23] Para Liebman, que foi discípulo de Chiovenda e que com sua vinda para o Brasil fundou a Escola Paulista, a coisa julgada não é um efeito da sentença, mas, sim, uma qualidade especial da sentença. Nesse sentido, conferir LIEBMAN, Enrico Tullio. *Eficácia e autoridade da sentença*. 2. ed., Rio de Janeiro: Forense, 1981, p. 46-47.

[24] Sobre a base da ocorrência da segurança jurídica em decorrência da formação da coisa julgada vale observar NERY JÚNIOR, Nelson; NERY, Rosa Maria Andrade. *Código de processo civil comentado e legislação extravagante*. 10. ed. rev., ampli. e atual., São Paulo: RT, 2007, p. 687. Também observar Carlos Aurélio Mota de Souza que refere que a segurança está implícita no valor justiça, sendo um 'a priori' jurídico. O autor afirma ainda que se a lei é garantia de estabilidade das relações jurídicas, a segurança se destina a estas e às pessoas em relação; é um conceito objetivo, a priori, conceito finalístico da lei. Interessante observar SOUZA, Carlos Aurélio Mota de. *Segurança Jurídica e Jurisprudência:* um enfoque filosófico-jurídico. São Paulo : LTr, 1996, p. 128. Nesse ponto o autor Nelson Nery Júnior aponta no sentido de que a segurança jurídica mantém o Estado Democrático de Direito, sendo uma peça fundamental para a questão, gerando assim a tão esperada paz social, assim *vide*: NERY JÚNIOR, Nelson; NERY, Rosa Maria Andrade, [s.d.], *op. cit.*, p. 686 e ss.

[25] Na visão de Chiovenda "La cosa juzgada en sentido sustancial consiste en la indiscutibilidad de la esencia de la voluntad concreta de la ley afirmada en la sentencia". Nesse sentido CHIOVENDA, Jose. *Principios de derecho procesal civil*. Tradución de José Casáis y Santalo. Tomo I. Madrid: Editorial Reus, 1925, p. 412.

[26] Uma das formas atualmente observadas de solvência de conflitos e celeumas existentes em relação a direitos coletivos é através do chamado processo coletivo. Sobre essa proteção via processo coletivo deve ser observada a obra de OTEIZA, Eduardo. *Procesos colectivos*. Coordinado por Eduardo Oteiza. Santa Fe: Rubinzal-Culzoni, 2006, p. 21 e ss. Assim também por ser o processo coletivo uma forma de participação e garantia constitucional assim como refere Oteiza. Vejamos: "El Poder Judicial se ha constituido en un importante canal de participación democrática al dar curso a debates relevantes". Idem, p. 54-55. Interessante foi à perspectiva que o autor argentino Verbic analisou, observando desde o conflito coletivo, como ponto de partida, e chegando ao processo coletivo como

Na realidade brasileira, a coisa julgada acabou por ser formada a partir dos estudos de Chiovenda, porém, com maior influência do pensamento de Liebman, acabou por aproximar o Processo e a Constituição.[28] Esse autor italiano acabou por aproximar o sistema jurídico processual italiano do brasileiro, tomando como base o direito romano.[29]

Liebman acabou por influenciar todo um pensamento que, mais fortemente, se deu no Código de Processo Civil de 1973, passando pelas mãos de seu discípulo Alfredo Buzaid, que acabou por capitanear a elaboração do referido Código. A influência que Liebman acabou por exercer foi embasada em suas bases teóricas que apontavam para os ensinos de Oskar von Bulow, quanto a sua teoria eclética da ação.[30]

---

consequência daquele conflito anteriormente instalado. Assim *vide* VERBIC, Francisco. *Procesos Colectivos*. Buenos Aires: Editorial Astrea, 2007, p. 42 e ss. Em relação ao Processo Coletivo o movimento de acesso à justiça inicia na Itália com sua forte doutrina, tornando-se conexa em relação às ações coletivas com grande força e, certa inovação, na doutrina brasileira, sendo isso reconhecido pelos estudos elaborados pelo autor argentino Ricardo Lorenzetti na obra *Justicia colectiva*. Santa Fe: Rubinzal-Culzoni, 2010, p. 124 e ss. Importante observar, para quem tenha o interesse, uma das variadas obras de Roberto Berizonce, onde o autor argentino explora o processo coletivo e as suas ações de classe, passando pelas questões da legitimidade e da coisa julgada, sempre observando de forma direta a realidade argentina. Nesse sentido, BERIZONCE, Roberto Omar. *El proceso civil en transformación*. La Plata: LEP, 2008, p. 445 e ss. No Brasil, sobre a temática dos processos coletivos, vale conferir GIDI, Antonio. *A class action como instrumento de tutela coletiva dos direitos:* as ações coletivas em uma perspectiva comparada. São Paulo: RT, 2007, p. 466. GRINOVER, Ada Pellegrini. *Direito processual coletivo e o anteprojeto de código de processos coletivos*. Coordenado por Ada Pellegrini Grinover, Aluisio Gonçalves de Castro Mendes e Kazuo Watanabe. São Paulo: RT, 2007, p. 12. DIDIER Jr, Fredie. ZANETI Jr, Hermes. *Curso de direito processual civil:* processo coletivo. V. 4. 5. ed., Salvador: Juspodivm, 2010, p. 363 e ss.

Alerte-se que embora pareça ser uma novidade, a proteção dos direitos coletivos e a proteção coletiva dos direitos já vem de tempos, vindo no Brasil desde a época da elaboração da lei da ação civil pública e outras tantas posteriores. Sobre a base histórica conferir ZAVASCKI, Teori Albino. *Processo coletivo:* tutela de direitos coletivos e tutela coletiva de direitos. 4. ed., rev. e atual., São Paulo:RT, 2009, p. 14-15.

[27] Pode se adotar, com certa medida, a ideia de que seja a Constituição um "conjunto de normas, fundamentalmente escritas, y reunidas en un cuerpo codificado". Assim, conferir BIDART CAMPOS, Germán. *Manual de la Constitución reformada*. Buenos Aires: Ediar, 1998, p. 291.

[28] "Lo studio degli istituti del processo, se viene compiuto ignorado o transcurando il collegamento con gli altrirami del diritto e in particolare del diritto constituzionale, diventa un tedioso e sterile computo del formalità e di termini; esso acquista invece il suo vero significato e si arrichisce di motivi ben altrimentio importanti, quando venga inteso come lo studio dell'indispensabile apparato di garanzie e di modalità di esercizio, stabilito per la difesa dei fondamenti diritti del'uomo, nel rigore della disciplina necessaria di una pubblica funzione". Nesse sentido LIEBMAN, Enrico Tullio. Diritto constituzionale e processo civile. *In Rivista di Diritto Processuale*. Padova, n. I, 1952, p. 328-329. Ainda sobre a aproximação e relação entre a Constituição e o processo vale conferir JUNOY, Joan Picó I. *Las garantías constitucionales Del processo*. Barcelona: JMB, 1997, p. 17 e ss.

[29] In. SANTOS, Adriano Lucio dos. [*et al.*] *O ciclo teórico da coisa julgada:* de Chiovenda a Fazzalari. Coord. Rosemiro Pereira Leal. Belo Horizonte: Del Rey, 2007, p. 67. Sobre o direito romano vale observar as lições de John Merryman na obra MERRYMAN, *op. cit.*, p. 24. "La más antigua de las subtradiciones deriva directamente del derecho romano compilado y codificado bajo Justiniano en el siglo VI.(...)"

[30] SANTOS, A. *op. cit.*, p. 69.

### 2.1.1.1. A coisa julgada no direito romano e canônico: pontos iniciais

Importante passar a observar, antes de aprofundar o tema, pela realidade do instituto da *res iudicata* no direito romano e canônico, primórdios originários que já observavam este instituto de forma peculiar e muito relevante para a compreensão dos pontos a seguir observados.

Informe-se que são muitos pontos em comum entre a coisa julgada do direito romano e do direito moderno.

Dentre os muitos pontos em comum, deve ser referidas a ideia de vinculação da sentença e da coisa julgada ao direito material que era verdadeiramente um elemento fundante do direito romano. Outro ponto é o de que a coisa julgada naturalmente evitava que as discussões se perpetuassem eternamente. Por fim, a presunção de verdade que era mais um dos elementos fundamentais para a coisa julgada no direito romano, bem como os efeitos da coisa julgada, qual seja a imutabilidade da sentença.

Por sua vez, no direito canônico, um dos pontos mais relevantes a ser observado é a grande possibilidade de rescisão da decisão da sentença que de alguma forma viole as leis canônicas que por serem fundadas na vontade de Deus devem ser respeitadas. Neste contexto, nasce a tese da flexibilização da coisa julgada.[31]

### 2.1.1.1.1. A coisa julgada no Direito Romano

O processo civil romano foi marcado pela crescente intervenção estatal,[32] nascendo a divisão destes períodos. O primeiro período foi intitulado de *legis actiones*; o segundo, de *per formulas,* e o terceiro, de *extraordinaria cognitio*.[33]

O processo de *legis actiones* foi dotado de três características. A primeira judicial, a segunda legal e a terceira formalista. Neste modelo de processo, a fase judicial se inicia com a participação do magistrado e seguidamente perante o árbitro particular. A fase legal resta prevista em

---

[31] Neste sentido, sobre as pontuações anteriormente feitas da coisa julgada no direito romano e canônico, relevante conferir SOARES, Carlos Henrique. *Coisa julgada constitucional:* teoria tridimensional da coisa julgada: justiça, segurança jurídica e verdade. Coimbra: Almedina, 2009, p. 23 e ss.

[32] JUSTO, A. Santos. *Direito privado romano*: I, parte geral, introdução, relação jurídica, defesa dos direitos. Coimbra: Almedina, 2000, p. 263 e ss.

[33] Nesse sentido, fazendo o alerta de que esta demarcação é apenas convencional, vale conferir TUCCI, José Rogério Cruz; AZEVEDO, Luiz Carlos de. *Lições de história do processo civil romano.* São Paulo: Revista dos Tribunais, 1996, p. 38 e 39. Por fim, para quem interesse, caso seja relevante observar os períodos por dadas prováveis importante conferir a mesma em páginas 39.

regras do magistrado. Por fim, a fase formalista possibilitava a vinculação das formas e palavras sacramentais.[34]

Resta demonstrado assim que o Estado romano acabava por assumir tão somente uma parte da função judicial.

Na fase *in iure*, o juiz observava as manifestações das partes e seguia cumprindo o rito das ações da lei, sendo aplicado ao processo. Seguidamente, em um prazo de 30 dias, reuniam-se os demandantes para selecionar e designar um julgador, tomando assim as testemunhas para a próxima fase, qual seja a segunda. Assim, ocorreria então a *litis contestatio*, que consistia em efetivo contrato entre as partes, na qual restaria firmado pelas partes a eleição de um julgador ou ainda escolhido pelo magistrado. A *litis contestatio* encerrava o fim da primeira fase processual, ocorrendo a extinção *ipso iure* do direito do requerente e a criação de um novo em seu benefício, fazendo-se impossível o reexame do direito já deduzido mesmo que ainda não decidido pelo magistrado privado.[35]

Por sua vez, na segunda fase, também conhecida como *apud iudicem*, a direção e presidência competia ao magistrado privado, que deveria, por sua função, solucionar o litígio depois de analisadas as provas utilizadas, podendo então absolver ou condenar o requerido através da sentença. Este período da *legis actiones* foi marcado e sinalizado como formalista em exacerbo. Este formalismo, combatido hoje em dias hodiernos,[36] tornou-se repudiado, tendo sido abolido pelas *Lex aebutia* e mais tarde pelas leis Júlias.[37]

Como se pode observar, neste período não havia participação grandiosa e efetiva do Estado, visto que a definição das questões debatidas era, em sua grande parte, como visto antes, efetivada pelo juiz privado chamado então de pretor. A função dos magistrados estatais era no caso vinculada à fiscalização.

No período anteriormente referido, a *actio* era vista como o direito que um sujeito tem de perseguir e buscar o seu direito através de um pro-

---

[34] LEAL, Rosemiro Pereira. *Teoria geral do processo*. 6. ed., São Paulo: IOB, Thomson, 2005, p. 40.

[35] SOARES, Carlos Henrique. *op. cit.*, p. 25. Também neste sentido conferir TUCCI, José Rogério Cruz; AZEVEDO, Luiz Carlos de. *op. cit.*, p. 103.

[36] Sobre a ideia de formalismo no Processo Civil, calha referir à obra de Carlos Alberto Alvaro de Oliveira, que refere a importância do formalismo, na medida adequada, sendo este formalismo, para ser aceitável, valorativo e não um formalismo despropositado que afoga o Poder Judiciário e prejudica a sistemática processual. *In* OLIVEIRA, Carlos Alberto Alvaro. *Do formalismo no processo civil*. 2. ed., rev. e ampli., São Paulo: Saraiva, 2003.

[37] TUCCI, José Rogério Cruz; AZEVEDO, Luiz Carlos de. *op. cit.*, p. 40.

cesso (*iudicio*).[38] Ademais, refira-se que neste período o direito processual não tinha autonomia, como ciência, em relação ao direito material.[39]

Nessa fase não se fala em preclusão do julgamento, a não ser de um ato que não poderia possibilitar o resultado esperado e buscado pelo demandante e que desta forma seria inútil.[40]

Por sua vez, no período formular percebe-se um procedimento menos formal, onde as regras são menos sacramentais e rígidas. Neste ponto, o processo formulário nasceu da necessidade de resolver litígios ainda não previstos no direito civil (*ius civile*). Neste procedimento, em vez de vinculação do juiz ao resultado das provas, fixou-se em seu favor a regra da livre convicção. Assim, o julgador possuía discricionariedade para formular a *radio decidendi*.[41]

A *lex aebutia* foi responsável pela superação e abolição da *legis actiones*, criando-se as formulas escritas que se firmaram mais tarde pelas conhecidas leis Júlias de 17 a.C. que regulamentaram o direito romano clássico. Através desta lei, deu-se o marco entre o fim da fase anterior e a concretização do período formular. Nesta segunda fase do período formular, a fase clássica, o pretor que era servidor público acabava por nomear o árbitro e instituí-lo, *per formulas*, como deveria proceder e conduzir as demandas e inclusive proferir sentenças.[42]

Tanto o *agere per formulas* como o *legis actiones* detinham duas fases, uma o *in iure* e a outra *apud iudiciem*.

Na primeira fase, *in iure*, o requerente fazia a exposição de sua pretensão e designava qual ação interessa propor, requerendo naturalmente que lhe fosse entregue a fórmula. Concedida a fórmula, acabaria se tornando imutável, devendo o demandante informar a parte adversária para que aceitasse, e este acordo imprimia o fim da primeira fase ora referida.

Consequência de tudo isso era a ocorrência da *litis contestatio*, que acabava sendo o compromisso das partes de participar do juízo *apud iudiciem* submetendo-se, desta forma, à decisão do magistrado privado. O resultado da *litis contestatio* era a modificação do direito original do requerente, visto que há uma nova obrigação firmada entre as partes em

---

[38] TUCCI, José Rogério Cruz; AZEVEDO, Luiz Carlos de. *op. cit.*, p. 45.

[39] Por fim, diga-se, a esse respeito que a ação correspondia a uma atuação material, sendo um agir perante o magistrado, não podendo ser unilateral e efetivando-se oralmente por ambos os litigantes. Assim importante conferir TALAMINI, Eduardo. *Coisa julgada e sua revisão*. São Paulo: Revista dos Tribunais, 2005, p. 198-199. Também conferir TUCCI, José Rogério Cruz; AZEVEDO, Luiz Carlos de. *op. cit.*, p. 46.

[40] TALAMINI, Eduardo. *op. cit.*, p. 199.

[41] TUCCI, José Rogério Cruz; AZEVEDO, Luiz Carlos de. *op. cit.*, p. 126.

[42] SOARES, Carlos Henrique. *op. cit.*, p. 28.

que o demandado se comprometia a permitir o seguimento do feito e respeitar a decisão do juiz.[43]

Deste contexto, pode-se depreender que o efeito extintivo da *litis contestatio* impedia feitura de uma nova demanda baseada na mesma relação jurídica, sendo base a regra *bis de eadem re ne sit actio*. Assim se dava o *denegatio actionis*, ou seja, o óbice da propositura de uma nova demanda que era declarado pelo juiz. Alerte-se que o réu poderia também introduzir na forma a *exceptio rei iudicata vel in iudicio deducta*, que era uma modalidade de defesa utilizada pelo interessado, arguindo a anterior dedução da lide, assim como se dava com a *actio in rem*.[44]

Por sua vez, a segunda fase, conhecida como *apud iudiciem*, realizava-se perante um magistrado privado que tinha a função de julgar com base na fórmula e também nas provas apresentadas pelas partes envolvidas no litígio, sendo aplicados os princípios do direito. Depois de devidamente esclarecido o litígio, resolvia-se o processo com uma sentença que era mais do que uma singela opinião do juiz privado, sendo esta dotada de força de comando, estando baseada na fórmula. Neste período, deu-se o início da estatatização do processo romano.

Importante salientar o que refere Carlos Henrique Soares:

> [...] No direito romano clássico, a coisa julgada era compreendida como o próprio resultado, o estado jurídico advindo da sentença. A *res iudicata*, o próprio nome diz, era a situação em que se encontrava a "coisa" (o bem de vida, objeto do litígio) uma vez julgada. A coisa julgada não era, assim, um dos efeitos do julgamento, nem qualidade desses efeitos ou algo que valha. A coisa julgada era o próprio e único efeito do julgamento.[45]

Essa era a compreensão da coisa julgada para o direito romano, diga-se bem diferente daquilo que mais hodiernamente se tem pensado e construído sobre o instituto da *res iudicata*.

Sabe-se que houve um grande fortalecimento dos efeitos da coisa julgada em face dos advindos da *litis contestatio*. Sabe-se que originalmente uma única *exceptio rei in iudicium deductae vel rei iudicatae*. Com o passar do tempo e em decorrência do ganho de força dos efeitos extintivos e também inovadores da coisa julgada, a *exceptio rei iudicatae* foi ganhando destaque e maior importância, tendo utilidade autônoma somente nos casos em que a fase *apud iudicem* não se concluísse com uma sentença, assim como pontuou Eduardo Talamini.[46]

---

[43] PETIT, Eugéne Henri Joseph. *Tratado elementar de direito romano*. Campinas: Russell, 2003, p. 848.

[44] Idem, p. 849.

[45] SOARES, Carlos Henrique. *op. cit.*, p. 30.

[46] TALAMINI, Eduardo. *op. cit.*, p. 204.

A transição da justiça privada, até então vivida, pela pública se dá em conjunto com a decadência do império romano que necessitava de maior intervenção e participação estatal, buscando recuperar a unidade nacional. Esta ocorrência teve como marco e fonte do direito a vontade do imperador que acabou por vedar a arbitragem privada no século III d.C.

Em meio a todo esse ocorrido, observa-se o desaparecimento da figura do juiz privado na *cognitio extraordinaria cognitio*, bem como a dupla partição do procedimento nas fases *in iure* e *apud iudiciem*. O juiz agora passava a ter dupla função, declarando, por exemplo, se o demandante era ou não o titular de determinado direito, bem como julgado os conflitos.[47]

Complementando esta análise, importante observar Carlos Henrique Soares:

O sistema da *cognitio extra ordinem* vigeu no Principado de Otaviano Augusto (JUSTO, 2000, p. 264), no período pós-clássico. O magistrado, dotado de *múnus publico*, passou a analisar os fatos e editar a sentença, preponderando a intervenção estatal e consagrando, por fim, a Justiça Pública.[48]

Esclarece Cretella Júnior que

O processo romano perde aos poucos seus traços privatisticos, caminhando num sentido publicístico. É a estatização do processo. Desaparece a antiga divisão da instância romana em duas fases, não se fala mais na *ordo judiciorum privatorum*, esquecem-se as regras de competência, de lugar e de dia, ligadas à noção de dias fastos e nefastos. Agora, o mesmo titular reúne os atributos de magistrado e juiz, antes repartidos entre duas pessoas que atuavam, respectivamente, na primeira e na segunda fases processuais.[49]

Ponto relevante de se observar é que no direito romano, com toda essa mudança, a sentença também acabou por modificar-se, passando de ato privado para público, fazendo parte da relevante publicização do processo civil romano, que sem dúvida é um marco histórico da evolução técnica de resolução de conflitos.

A coisa julgada no processo da extraordinária *cognitio* se dava quando do julgamento não fosse mais cabível recurso, ou seja, não havendo impugnação a sentença era confirmada e restava imutável. Todavia, havendo recurso e enfretamento em desfavor da decisão a eficácia do caso julgado seria ocorrente quando do julgamento no juízo hierarquicamente superior, ou seja, no juízo *ad quem*.[50]

Nesse contexto, Eduardo Talamini refere que:

---

[47] SOARES, Carlos Henrique. *op. cit.*, p. 31.

[48] Id. Ibid.

[49] CRETELLA JÚNIOR, José. *Curso de direito romano*. Rio de Janeiro: Forense, 1986, p. 426.

[50] NEVES, Celso. *Coisa julgada civil*. São Paulo: Revista dos Tribunais. 1971, p. 28.

A coisa julgada mantinha-se com dupla função preclusiva(impeditiva de novo exame da mesma *res*) e prejudicial(ou positiva: em causa seguinte, que pressupusse a relação ou situação objeto da decisão anterior, essa teria de ser necessariamente observada). Aliás, foi durante a *extraordinaria cognitio* que se generalizou o emprego da máxima *res iudicata pro veritate accipitur.* A rigor, a formula havia siso cunhada em época anterior, por Ulpiano, examinando um caso concreto. Tratando da proibição de casamento entre pessoas de classe senatorial e libertos, Ulpiano expunha que se revestia da condição de ingênuo não apenas aquele que nasceu livre de mãe livre, "mas também aquele que foi declarado ingênuo por uma sentença, conquanto fosse liberto, já que a *res iudicata* ocupa o lugar de *veritas*". "Vale como verdade", ou melhor, em lugar da verdade. O exame desenvolvido por Ulpíano não se punha no âmbito probatório. Ele não pretendia qualificar a sentença em questão como prova da ingenuidade. Ulpiano pretendia era ressaltar a indiscutibilidade da sentença e sua força vinculante. E essa é a maior demonstração de que a fórmula não se destinava a atribuir à *res iudicata* caráter probatório. Afinal, nem quando Ulpiano a formulou, nem quando ela foi generalizada, não se concebiam "provas legais", vinculantes no direito romano.[51]

Para os romanos, a coisa julgada, depois de passada por todas as instâncias possíveis, era a expressão da verdade,[52] que não mais poderia ser atacada através de nova ação sobre os mesmos fundamentos, contrariando a permissão de rediscussão do sistema da *litis contestatio*.[53]

Assim como hoje, já naquela época do direito romano, existia a formação da coisa julgada formal e material, sendo que aquela impedia a revisão da sentença, mas permitia a feitura de nova demanda com os mesmos fundamentos, já essa impossibilitava as duas possibilidades, tanto a de discutir a sentença mais uma vez como, também, a feitura de nova demanda com os mesmo fundamentos.

No processo civil romano tornou-se perceptível que a coisa julgada exercia um papel pacificador que evitava a eternização dos conflitos gerando, em certa medida, paz social e até a segurança jurídica.

### 2.1.1.1.2. *A coisa julgada no Direito Canônico*

O direito canônico é voltado para a comunidade eclesiástica, onde as formas de sistematização são distintas, mas mesmo assim muito relevantes. Neste sentido, importante conferir as palavras de Carlos Henrique Soares:

O direito canônico é o conjunto das normas que regulam a vida na comunidade eclesial. Na prática, o direito canônico (*codex iuris cononici*). Neste diploma legal, encontram-se regras

---

[51] TALAMINI, Eduardo. *op. cit.*, p. 207-208.

[52] Nesse sentido, importante conferir MARINONI, Luiz Guilherme. ARENHART, Sérgio Cruz. *Manual do processo de conhecimento*. São Paulo: Revista dos Tribunais, 2001, p. 674.

[53] ANDRIOTTI NETO, Nello. *Direito civil e romano*. São Paulo: Editora Rideel, 1971, v. I, p. 250 e ss.

de direito material e de direito processual. O atual Código Canônico foi promulgado pelo papa João Paulo II, no ano de 1983.[54]

Importa referir que o direito material e processual canônico tem utilidade para os fiéis que buscam defender-se, sempre rememorando que seu conteúdo é espiritual e sobrenatural.

Sobre essas premissas, importante conferir qual o conteúdo do instituto da *res iudicata* para este tipo de direito. Na busca de esclarecer a correta função e forma de ocorrência deste instituto no direito processual canônico, resta observar as anotações feitas por Eduardo Talamini:

> [...] talvez nenhum instituto di direito processual da igreja revista de tantas peculiaridades, em contrastes com os modelos processuais laicos, como a coisa julgada. Existem significativas particularidades no que tange: (a) ao universos da causa em relação às quais é possível a formação da coisa julgada: prevalece o princípio da "não-passagem em julgado" das sentenças que decidam causas sobre o estado das pessoas (Código de Direito Canônico de 1983, e, 1643); (b) ao mecanismo de estabilização da sentença (com ou sem formação de coisa julgada, conforme o caso); vigora a norma da *duplex sententia conformis* (C. Dir. Canônico, c. 1641, 1, e 1682); (c) à abrangência dos instrumentos de impugnação do resultado já revisto pela coisa julgada, se comparados com os vigentes na maioria dos ordenamentos estatais: trata-se da *restitutio in integrum* (c. 1645, 2) e do exercício de competência correcional pelo Supremo Tribunal da Assinatura Apostólica (c. 1445, § 3º, 1º). Ademais, é previsto o instituto da *querella nullitatis* (c. 1619 e seguintes) que, conforme a perspectiva adotada, pode ser enquadrado em "a" ou "c", acima.[55]

Importante ainda trazer as quatro hipóteses de formação da coisa julgada canônica, que restam previstas no Código Canônico. Sobre isso, corretamente colocado por Carlos Henrique Soares, que:

> A *primeira* hipótese de coisa julgada canônica (Cân. 1641, nº 1) ocorre quando existir duas sentenças conformes (*duplex sententia conformis*) entre os mesmo litigantes sobre a mesma petição e sobre a mesma causa da demanda.[...]
>
> A *segunda* hipótese de configuração da coisa julgada canônica (Cân. 1641, nº 2) ocorre quando não tiver sido interposta a apelação contra a sentença dentro do tempo útil (BRASIL. Código de Direito Canônico, 2003, p. 390). O prazo para a interposição do recurso de apelação, segundo o Cân. 1630, é de 15 dias. Tal prazo configura-se de caráter peremptório. A não apresentação do recurso no prazo de apelação devido acarreta a preclusão temporal, não sendo mais possível a rediscussão da demanda.
>
> A *terceira* hipótese de configuração da coisa julgada canônica (Cân. 1641, nº 3) ocorre quando, em grau de apelação, a instância se tiver tornado perempta, ou se tiver havido renúncia a ela. A perempção, segundo a Cân. 1520 constitui uma punição à parte negligente que deixa o processo, já em grau de apelação, parado por seis meses. Detectada a perempção, a decisão se torna imutável, revestida do fenômeno da coisa julgada. Já a renúncia, segunda dispõe o Cân. 1524, ocorre quando as partes manifestam, por escrito, a intenção de não mais praticar alguns atos processuais ou todos.

---

[54] SOARES, Carlos Henrique. *op. cit.*, p. 36.

[55] TALAMINI, Eduardo. *op. cit.*, p. 220.

A *quarta* hipótese de coisa julgada canônica (Cân. 1641, nº4) ocorre quando for proferida sentença definitiva, contra a qual não se admite apelação. Os casos em que não se admite apelação. Os casos em que não se admite apelação são taxativos e estão previsto no Cân. 1629.[56]

Refira-se que nas ações que envolvam o estado da pessoa a coisa julgada resta por vezes revisada, abrindo já a essa época uma das possibilidades da relativização da coisa julgada. Assim refere José Rogério Cruz e Tucci e Luiz Carlos Azevedo:

> As sentenças proferidas nãos ações de estado da pessoa em nada se diferenciam daquelas proferidas em demandas de outra natureza. A bem da verdade, tais decisões também transitam em julgado, possibilitada, contudo, a "revisão" do julgado quando houver nova *causa petendi* a justificar o ajuizamento de nova ação.[57]

Ademais, ao falar de relativização da coisa julgada, tema que será abordado *a posteriori*, resta informar que a base para a flexibilização da *res iudicata*, em relação à sentença injusta, está a muito tempo positivada e realizada no direito canônico, em especial no processo, mostrando, mais uma vez, que esta ocorrência e instituto não é uma fantasia, mas, sim, uma realidade. Sobre esta ocorrência interessante observar as pontuações Carlos Henrique Soares, que sabidamente advoga contra a tese da relativização, que de forma muito bem organizada aduz que:

> É possível, ainda, no direito canônico, que a sentença que formou a coisa julgada possa ser revista em sua totalidade (*in integrum*), desde que haja manifestação injustiça do julgado. Tal revisão está prevista no Cân. 1645, § 1. No campo da *querella nullitatis* reside outra das mais importantes contribuições do direito canônico, a cujo processo coube a significativa ampliação das hipóteses de "nulidade" da sentença.
>
> As hipóteses de injustiça da sentença estão previstas no § 2, do mesmo cânone indicado acima, e podem ser citadas como: 1) existência de provas falsas que sirvam de base para a parte dispositiva; 2) descoberta de documentos novos que sirvam de prova para fundamentar uma decisão diversa da que foi dada; 3) existência de uma sentença originada por dolo de uma parte e em dano a outra; 4) verificação da prescrição; 5) existência de uma sentença que contradiz uma decisão precedente que tenha passado em julgado.[58]

Como se tornou perceptível no direito canônico, a grande preferência é pela justiça do que pela segurança jurídica de uma decisão injusta, incorreta e absurda, o que em muito se coaduna com as teses hodiernamente apresentadas da relativização da coisa julgado que em momento próprio serão analisadas.

---

[56] SOARES, Carlos Henrique. *op. cit.*, p. 37-38.

[57] TUCCI, José Rogério Cruz; AZEVEDO, Luiz Carlos de. *op. cit.*, p. 143.

[58] SOARES, Carlos Henrique. *op. cit.*, p. 39.

Observadas as bases iniciais do que se tem pensado sobre a coisa julgada nas sistemáticas do direito romano e canônico, restará o estudo da conceituação e demais relevantes pontos da coisa julgada.

## 2.1.2. Coisa julgada: conceituação

Este tema, no decorrer de sua longa existência, sempre suscitou grandes discussões doutrinárias, o que demonstra, por consectário, sua imensa importância para o direito processual e constitucional. Pontes de Miranda[59] já conceituava e distinguia a *res iudicata*[60] em seus planos como uma

> [...] força, que tem a sentença,[61] quanto à solução da questão pleiteada, para o caso de se querer pleiteá-la de novo, é a coisa julgada material. À imutabilidade[62] da sentença por parte do juiz ou Tribunal que a emitiu, ou por via de recurso,[63] dá-se o nome de coisa julgada formal.

[59] PONTES DE MIRANDA, *op. cit.*, p. 61.

[60] Vale referir as breves palavras do autor italiano Chiovenda, quando conceitua a coisa julgada em seu sentido substancial, sendo a indiscutibilidade da existência da vontade concreta da lei afirmada. Assim, CHIOVENDA, 1980, *op. cit.*, p. 906. Diferentemente de Chiovenda vem o autor Uruguaio COUTURE referindo que a coisa julgada é uma exigência política e não propriamente jurídica, não sendo de razão natural, mas sim de exigência política. *Vide*: COUTURE, Eduardo J. *Fundamentos do direito processual civil*. Tradução de Benedicto Giaccobini. Campinas: RED Livros, 1999, p. 332.

[61] Para alguns a sentença é tida como ato que produz direito, sendo comparado a uma *Lex specialis* assim como aborda Carnelutti "cosa vuol dire vuol dire che un comando sia generale o speciale? Novamente volte su centro, almeno, si risponde che il comando generale vincola tutti e il comando speciale solo persone determinate. La risposta non è inesatta ma non é risolutiva perché fornisce piuttosto una parafrasi che una spiegazione. Resta da saper, invero, quando o meglio perchè um comando vincoli tutti o solo alcuni. Il vero è che um comando in tanto può essere generale in quanto sai ipotetico cioè si riferisca a qualunque caso (conflitto) conforme a un' ipotesi data, il che vuol dire che Il comando è generale quando concerne una serie (infinita) di casi e speciale quando concerne invence uno o più casi concreti. Naturalmente poichè um confitto, in quanto accade, cioè concretamente si manifesta, impegna determinate persone, noi diciamo che il comando speciale riguarda o vincola saltanto queste. E va bene; ma teniamo presente che La limitazione soggetiva non è che um riflesso anzi uno dei riflessi Del vero limite, il quale è oggetivo; La sentenza comanda soltanto alle parti perchè risolve soltanto um conflitto determinato". *Vide* CARNELUTTI, Francesco. Eficacia, autorità e immutabilità della sentenza. *Rivista di Diritto Processuale Civile*. vol. XII, Parte I, Padova, 1935, p. 207.

[62] Sobre a imutabilidade da sentença vale observar as palavras de Carnelutti: "Esta eficácia de la sentencia, derecta respecto de las partes e indirecta respecto de (todos) los terceres, a la que Liebman rehusa el nombre de cosa juzgada que los demás (si bien sea por metáteses) suelen darle, y que desde el punto de vista de la intensidad es igual a la de la ley, tiene sin embargo un modo de ser particular sujo, que la distingue de la de la ley y se refiere a su estabilidad. Si Liebman comete el error de llamar a ese modo de ser autoridad y de creer que sólo en ella consiste la cosa juzgada, tiene razón al distinguirla de la eficacia, y mas aún al definirla como imutabilidade de la sentencia". Vejamos CARNELUTTI, 1952, *op. cit.*, p. 374 -375. Ademais, em se tratando de imutabilidade, via coisa julgada, esta tem sua limitação de imutabilidade qual seja, para Carnelutti, caso que tenha sido construído sobre a influência do dolo ou sobre alguma falsidade, ou até sem a participação de todos os sujeitos interessados que poderá participar da lide, nesses casos a imutabilidade e a própria coisa julgada caem por terra. Nesse sentido, idem. p. 376-377.

[63] Sobre o duplo grau de jurisdição pode ser consultada a obra de MATTIROLO, Luigi. *Trattato di Diritto Giudiziario Civile Italiano*. v. I, 5. ed., Torino: Fratelli Boucca Editori, 1902, p. 70 e ss.

Saliente-se que, na realidade, a coisa julgada seria decorrência da vontade do Estado e que sua origem era fundada na aplicação da lei no caso concreto,[64] havendo, em verdade, forte relação com a segurança jurídica, por ser, a coisa julgada,[65] uma das formas de estabilização das demandas.

Na realidade, a *res iudicata*, como se observará mais adiante, põe-se quando da decisão não caiba mais recurso, quando as questões que havia de fato e de direito tenham sido julgadas, passando em julgado a decisão e não os fundamentos como afirma Pontes de Miranda, sendo o que se julga de *quaestiones facti* apenas concerne à decisão.[66]

Esta contribuição dada é interessante em decorrência da menção feita pelo autor de que a coisa julgada ocorre quando não se tem mais a possibilidade de interpor algum recurso, seja pela simples inércia da parte ou pela utilização de todos recursos cabíveis em nosso ordenamento jurídico,[67] obtendo, então, essa decisão judicial o manto da coisa julgada. Ademais, acrescenta parte da doutrina que o que realmente transita em julgado é o dispositivo, e não a fundamentação,[68] assegurada no art. 469, I, do Código de Processo Civil. Devemos tomar cuidados com esta forma de análise, que fora explorada por Chiovenda.[69] Realmente o dispositivo transita em julgado, sendo que a fundamentação é parte implícita deste dispositivo, visto que cada decisão, ao condenar, declarar, constituir ou mandar fazer algo, se embasa em seu fundamento. Portanto, não se pode afirmar que existirá dispositivo sem seus fundamentos, ou seja, sem o porquê decidiu-se desta ou daquela maneira. Cabe ainda, mencionar que

---

[64] PORTO, Sergio Gilberto. *Comentários ao Código de Processo Civil*. v. 6: do processo de conhecimento, arts. 444 a 495 (coordenação: Ovídio A. Baptista da Silva). São Paulo: RT, 2000, p. 152. *Verbis* "Realmente CHIOVENDA entendia que é na vontade do estado que efetivamente se encontra o fundamento da coisa julgada, consistindo ele na simples circunstância do atuar da lei no caso concreto, na medida em que isto representa o desejo do estado".

[65] Ademais, interessante observar a conceituação do autor Allorio que aduz que "La cosa juzgada es la eficácia normativa de la declaración de certeza jurisdiccional; la cosa juzgada trunca y hace inútiles las discuciones acerca de la justicia o injusticia del pronunciamiento; la cosa juzgada vincula a las partes y a todo juez futuro; em virtud de la cosa juzgada, lo que está decidido es derecho. Todas estas proposiciones traducen en distintas formas la misma simple verdad que con intencionada insistencia verbal expresan conocidos brocados latinos: que la cosa juzgada es un vinculo". *Vide* ALLORIO, Enrico. *Problemas de derecho procesal*. t. II. Tradución de Santiago Sentis Melendo. Buenos Aires: Ediciones Jurídicas Europa-América, 1963, p. 130-131.

[66] PONTES DE MIRANDA, *op. cit.*, p. 111.

[67] Sobre a dupla função do ordenamento jurídico – função psicológica e função judicial – interessante conferir RIBEIRO, 2010, *op. cit.*, p. 29 e ss.

[68] Sobre a fundamentação da sentença vale conferir TARUFFO, Michele. *Considerazioni su prova e motivazione*. *Revista de processo*. Ano 32, n. 151, São Paulo: RT, 2007, p. 237 e ss.

[69] Chiovenda afirma que a coisa julgada não cobre a verdade dos fatos, ou seja, não os atinge, ficando posta em relação ao dispositivo. Assim *vide*: "*La cosa, giudicata non riguarda la affermazione della verittà dei fatti*". Observe-se CHIOVENDA, 1980, *op. cit.*, p. 907.

não transitam em julgado as provas[70] usadas como base para aquela decisão, pois são requisitos explícitos da fundamentação, mas os motivos que levaram o magistrado à tomada da decisão, estão de forma implícita impregnados no dispositivo do *decisum*, podendo-se considerar como parte da *res iudicata*.[71]

Este posicionamento encontra-se com o de Pontes de Miranda, entendendo que a partir do momento que não mais caiba recurso, transita em julgado a decisão judicial. Percebe-se uma forma um tanto diferente e mais objetiva de conceituar a coisa julgada no posicionamento de Ovídio A. Baptista da Silva,[72] sendo esta a força vinculante da decisão judicial, que imperará sobre as partes, sempre referente ao que é declarado pelo magistrado, independente de acompanhar o efeito constitutivo ou não.

O autor complementa a compreensão do instituto, demonstrando que nas sentenças posteriores ao trânsito em julgado de determinada questão, não mais se discutirá esta questão em outra demanda, visto que a ela alcança a indiscutibilidade, deixando-a imune a qualquer outro julgamento envolvendo as mesmas partes e o mesmo litígio. O autor concorda com Liebman, que realmente a coisa julgada não é um efeito da sentença, mas, sim, uma qualidade que se juntará aos efeitos para tornar esta decisão imutável. Ressalva, ademais, que esta imutabilidade só pode ocorrer frente à declaração feita pelo magistrado, já que nos demais efeitos pode sim haver a alteração pelas próprias partes, que podem acordar de forma diferente a prestação ou execução da obrigação em pleito e que foi objeto de declaração anterior pelo magistrado.[73]

O instituto ora estudado tem ampla ligação com a segurança jurídica,[74] que é, sim, perseguida por muitos juristas, sempre referente às suas

---

[70] Sobre provas vale conferir as ponderações de Francesco Carnelutti, sendo importante perceber a problemática em relação a valoração das provas que são utilizadas no processo, visto que as prova tem a mesma importância em relação a sua hierarquia, mas podem variar em sua utilização para a solução da lide. Nesse sentido CARNELUTTI, Francesco. *Estudios de derecho procesal*. Tradução de Santiago Sentis Melendo. Vol. II, Buenos Aires: Ediciones Jurídicas Europa-América, 1952, p. 112 e ss. Nesse sentido também deve ser observado JUNOY, Joan Picó I. *Las garantías constitucionales del processo*. Barcelona: JMB, 1997, p. 131 e ss.

[71] LIMA, Paulo Roberto de Oliveira. *Contribuição à Teoria da Coisa Julgada*. São Paulo: RT, 1997, p. 15.

[72] SILVA, Ovídio Araújo Baptista da. *Curso de Processo Civil*: processo de conhecimento. v. I. 5. ed. São Paulo: RT, 2001, p. 484.

[73] SILVA, 2001, *op. cit.*, p. 496.

[74] Cândido Rangel Dinamarco assim contribui: "Pelo que significa na vida das pessoas em suas relações com os bens da vida ou com outras pessoas, a coisa julgada material tem por subsidio ético- político o valor da segurança jurídica, que universalmente se proclama como indispensável à paz entre os homens ou grupos". Nesse sentido DINAMARCO, Cândido Rangel. *Instituições de Direito Processual Civil*. 3 v. 2. ed. São Paulo: Malheiros, 2002, p. 303. Ademais conferir WAMBIER, Luiz Rodrigues; ALMEIDA, Flávio Renato Correia de; TALAMINI, Eduardo. *Curso Avançado de Processo Civil*. v. 1: teoria geral do processo de conhecimento. 7. ed. São Paulo: RT, 2005, p. 547. Por fim, pode ser consultado

relações jurídicas, buscando, em relação ao litígio, uma solução. E por mais que não seja a esperada, que se tenha ao menos o pronunciamento estatal em relação àquele caso concreto, visando à realização de paz social que se dá em decorrência da estabilidade das relações jurídicas e sociais.[75] A coisa julgada é capaz de gerar a segurança mencionada, pois após o trânsito em julgado, por mais que irresignada a parte vencida, poderá aceitar tal decisão, causando, então, em grande parte dos casos, a segurança desejada pela conformação do derrotado com a decisão. Se não houvesse o instituto da coisa julgada, estaríamos, sim, em total insegurança jurídica e possivelmente em uma sociedade desregrada, pois aquele que se insurgisse com a decisão estatal recorreria perpetuamente para jamais perder o direito que defende como sendo seu.

Sabendo-se que a *res iudicata* é forma de se alcançar a segurança jurídica que gera paz entre os seres humanos, podemos compreender a significativa relevância jurídica deste instituto, que pode conter os mais elevados ânimos da parte irresignada com a decisão do magistrado.[76] A coisa julgada como instituto processual-constitucional apresenta dois planos, o formal e material, sendo a partir de então analisadas.

### 2.1.3. Coisa julgada formal e material

A *rés iudicata* forma-se em dois âmbitos: a coisa julgada formal e material. Analisaremos a primeira, que é pressuposto lógico da segunda.[77]

---

o artigo da autora Elaine Macedo *in* MACEDO, Elaine Harzheim. Relativização da coisa julgada em direito ambiental. *Revista de direito ambiental*. v. 42., RT, 2006, p. 70-71.

[75] Só não pode ser aceito que a coisa julgada guarde inconstitucionalidades para tão somente preservar a segurança jurídica, o que realmente seria o absurdo extremo, onde a própria Constituição Federal, maior e mais poderosa lei nacional, venha a ser relativizada e quebrada por um de seus institutos, a chamada segurança jurídica, pois essa não pode se prestar a ofender aquela, sequer de forma transversa, já que a Carta Magna foi devidamente constituída para salvaguardar um país, como o Brasil, onde não se pode aceitar que a coisa julgada formada, seja injusta ou simplesmente contraria a Constituição Federal, seja aceita e acobertada pela própria segurança jurídica, isso, sim, seria um golpe de morte ao constitucionalismo e à própria Carta Máxima que decorreu por natural das variadas lutas de muitos e até efetivamente riscada com o sangue de outros tantos. Sobre derrubada da coisa julgada inconstitucional vale apena conferir as palavras de José Augusto Delgado *in* DELGADO, José Augusto. *Coisa julgada inconstitucional*. Organizadores Carlos Valder do Nascimento, José Augusto Delgado. 2. ed., Belo Horizonte: Fórum, 2008, p. 105 e ss.

[76] Sobre a temática da coisa julgada e da segurança jurídica – observando a possibilidade de mudança dos efeitos da sentença, entretanto – conferir MOREIRA, José Carlos Barbosa. Eficácia da sentença e autoridade da coisa julgada. RePro 34: 278-279.

[77] "Vale dire che la cosa giudicata sostanziale (obbligatorietà Nei futuri giudizii) há per presupposto la cosa giudicata formale (preclusione delleimpugnative) [...] la preclusione di questioni dà sempre luogo a cosa giudicata sostanziale" *Vide* CHIOVENDA, 1980, *op. cit.*, p. 911.

Segundo Liebman, a coisa julgada formal é uma qualidade da sentença, quando já não é recorrível pela preclusão dos recursos.[78]

Ponto crucial de entendimento é a questão da preclusão recursal, seja pela não utilização da via recursal, seja pela utilização de todos os recursos possíveis.[79] Após a utilização de todos os recursos possíveis, não havendo mais outro recurso cabível, ou ainda não tendo havido recurso da parte sucumbente, ter-se-ia a preclusão que faria com que a decisão judicial pudesse adquirir a imutabilidade da coisa julgada. Assim, também Pontes de Miranda dizia "[...] que transita em julgado a decisão quando dela não mais cabe recurso, ou se é irrecorrível (coisa julgada formal). Se dela ainda cabe algum recurso e foi interposto, não há coisa julgada formal".[80]

Então, pode-se entender que a coisa julgada formal ocorre quando se tem a passagem do prazo recursal,[81] utilizando-o ou não, pois se ainda houver a possibilidade de recorrer da decisão judicial, não se obteve em nenhum momento a coisa julgada formal.

Ponto ainda importante para analisarmos é a distinção da preclusão e da coisa julgada formal. Para diversos autores, a preclusão é sinônimo de coisa julgada formal.[82] Nesse sentido, Paulo Valério Dal Pai Moraes ensina que "[...] com efeito, a preclusão é tida por muitos autores como

---

[78] LIEBMAN, 1984, op. cit., p. 60. Nesse sentido vale observar as lições de Sérgio Gilberto Porto "A não-apresentação de recurso no prazo estipulado ou o não exercício de todos os recursos disponíveis, com o esgotamento da via recursal, acarretam a preclusão. Assim, tendo as partes se conformado com a decisão, e não a impugnando, ou se apenas alguma delas recorreu, exaurindo a possibilidade recursal, a decisão, independentemente da análise do mérito, no processo em que foi proferida, adquire o selo da imutabilidade. A esta imutabilidade dá-se o nome de coisa julgada formal". PORTO, op. cit., p. 159-160. Relevante conferir CARNELUTTI, Francisco. *Instituciones del nuevo proceso civil italiano.* Traducción de Jaime Guasp. Barcelona: BOSCH, 1942, p. 96 e ss.

[79] Chiovenda também acaba por compreender que a coisa julgada formal venha a ser a preclusão recursal, onde a parte poderia recorrer ou recorreu até onde pode e nada mais poderia fazer, por haver esgotada a via recursal ou por simples inércia. Nesse sentido CHIOVENDA, 1980, op. cit., p. 916.

[80] PONTES DE MIRANDA, op. cit., p. 112.

[81] Assim Ovídio A. Baptista da Silva refere que quando não mais houver possibilidade de recorribilidade alguma restará formada a coisa julgada formal. Nesse sentido vem o autor SILVA, Ovídio Araújo Baptista da. *Teoria geral do processo civil.* 3. ed., São Paulo: RT, 2002, p. 322. Também contribuiu José Frederico Marques aduzindo que "A coisa julgada formal consiste na preclusão máxima de que fala a doutrina, visto que impede qualquer reexame da sentença como ato processual, tornando-a imutável dentro do processo". Nesse sentido MARQUES, José Frederico. *Instituições de direito processual civil.* v. 5. Rio de janeiro: Forense, 1960, p. 41.
Contrariamente a essa noção de imutabilidade decorrente da coisa julgada formal vem o uruguaio Eduardo Couture informando que a se dota de caráter de não impugnabilidade, sendo vedado, entretanto, o atributo de imutabilidade. *Vide* COUTURE, op. cit., p. 345-346.

[82] DINAMARCO, 2002, op. cit., p. 297-298. *Vide:* "A coisa julgada formal é a imutabilidade da sentença como ato jurídico processual. Consiste no impedimento de qualquer recurso ou expediente processual destinado a impugná-la, de modo que, naquele processo, nenhum outro julgamento se fará". E continua explicando: "O fenômeno processual da irrecorribilidade, ou seja, da exclusão de todo e qualquer poder de provocar ou emitir nova decisão no processo, é a preclusão. E, como essa preclu-

sinônimo de coisa julgada formal [...]".[83] Percebe-se, no entanto, que a preclusão é a perda da possibilidade de recorrer por decorrência do lapso temporal que, como consequência disto, terá como resultado a coisa julgada. Entretanto, não significa naturalmente coisa julgada que se formará não somente pelo decurso do prazo como também pela utilização e esgotamento das vias recursais. Para outros autores, a coisa julgada formal é a imutabilidade da decisão dentro da relação jurídico-processual, ou seja, denomina-se coisa julgada formal a especial condição da decisão de não comportar mais recursos, tornando-se, por isso mesmo, a palavra final do judiciário no processo.[84]

Vale encerrar essa discussão com o pensamento de Ovídio A. Baptista da Silva, que acaba aduzindo que:

> A esta estabilidade relativa, através da qual, uma vez proferida a sentença e exauridos os possíveis recursos contra ela admissíveis, não mais se poderá modificá-la na mesma relação processual, dá-se o nome de coisa julgada formal, por muitos definida como preclusão máxima [...].[85]

A coisa julgada formal traz a possibilidade de tornar estável uma relação processual que anteriormente discutia questões materiais sob algo, mas que, após a utilização de todas as formas processuais ou simples inação, passaria em julgado a decisão, não sendo mais passível de discutibilidade.

Há de se analisar a coisa julgada material, que é capaz de tornar imutável o conteúdo analisado e decidido pelo magistrado, após passar em julgado.

Enquanto a coisa julgada formal não produz efeitos fora da sentença, na vida real, a coisa julgada material,[86] por sua vez, tem o poder de produzir efeitos fora da sentença, influenciando na vida de cada pessoa que luta pelo bem da vida em uma determinada lide.[87]

---

são tem sobre o processo como um todo o efeito mortal de consumar sua extinção, tradicionalmente a doutrina diz proeclusio máxima para designar a coisa julgada formal".

[83] MORAES, Paulo Valério Dal Pai. *Conteúdo Interno da Sentença:* Eficácia e Coisa Julgada. Porto Alegre: Livraria do Advogado, 1997, p. 39.

[84] LIMA, Paulo Roberto de Oliveira. *Contribuição à Teoria da Coisa Julgada.* São Paulo: RT, 1997, p. 20.

[85] SILVA, 2001, *op. cit.*, p. 484.

[86] Para Chiovenda a coisa julgada material consistiria na atribuição do bem da vida ao sujeito que venha a vencer a demanda, onde ocorre, por natural, a sentença de mérito. CHIOVENDA, 1980, *op. cit.*, p. 913. *Vide* "Si produce solo quando una sentenza riconosce un bene della vita avente importanza in processi futuri; e ciò accade solo: a) per Le sentenze di mérito [...] b) per Le sentenze sulla ammissibilità di mezzi di prova [...] c) per Le sentenze su quelle eccezioni processuali".

[87] LIEBMAN, 1984, *op. cit.*, p. 60-61.

Confirmando a ideia do que seja coisa julgada material vem Pontes de Miranda, aduzindo que "[...] a coisa julgada material é a que impede discutir-se, noutro processo, o que se decidiu".[88]

Como asseverava o autor, torna-se indiscutível em outro processo a matéria analisada anteriormente na decisão. O que temos, então, é uma estabilidade voltada para o futuro, que é atribuída à coisa julga material. A estabilidade da coisa julgada é advinda primeiro da possibilidade de se tornar imodificável a decisão, pois passou-se a oportunidade temporal de utilizar-se dos recursos, ou ainda, utilizou-se de todos, diga-se resumidamente, tendo a decisão qualidade de coisa julgada formal. Após este momento, lógico é que se teria a possibilidade de ocorrência da coisa julgada material como elenca Sérgio Gilberto Porto,[89] que, tendo se tornado a decisão estável, ou seja, ocorrida a coisa julgada material, não mais se discutiria. Por lógico, se em uma decisão não mais se pode modificar algo, consequência disto é tornar-se um julgado sólido, algo que não pode mais ser alterado, pois se tornou anteriormente inatacável.

Luiz Rodrigues Wambier[90] menciona que a coisa julgada material decorre justamente do conteúdo decidido pelo magistrado (art. 269 do CPC). Neste ponto, na decisão resolve-se o mérito e após passar em julgado, não. Entretanto, poderá discutir-se, graças a sua eficácia, que é, sim, uma força que, aos efeitos da decisão, ajunta-se para então torná-la imutável.

No mesmo sentido, Paulo Roberto de Oliveira Lima menciona que "[...] se o julgamento foi de mérito, a imodificabilidade da decisão se espraia para fora do processo, impedindo nova discussão da matéria, mesmo em outro feito".[91] Também o autor Cândido Rangel Dinamarco aduz que a coisa julgada material é "[...] a imutabilidade dos efeitos substanciais da sentença de mérito".[92]

Distintamente à posição adotada por Dinamarco, vem a contribuição de Ovídio A. Baptista da Silva, explicando que há, sim, a real necessidade, por pressuposto lógico, da ocorrência primeiramente da coisa julgada formal, tornando neste momento imodificável a decisão judicial. Em momento posterior a este, então, ocorreria a coisa julgada material produzindo a indiscutibilidade da decisão ora mencionada, pois a decisão que anteriormente foi tornada imodificável, agora se torna, por conseguinte,

---

[88] PONTES DE MIRANDA, *op. cit.*, p. 111.

[89] PORTO, *op. cit.*, p. 160-161.

[90] WAMBIER; ALMEIDA; TALAMINI, *op. cit.*, p. 548.

[91] LIMA, *op. cit.*, p. 20.

[92] DINAMARCO, 2002, *op. cit.*, p. 301.

indiscutível, comprovando através desta demonstração a necessidade de se ter a coisa julgada formal antes de obter a material. [93]

### 2.1.4. *Autoridade da coisa julgada e seus consectários*

A autoridade da coisa julgada[94] deve ser analisada com cuidado, tomando a devida vênia para não confundi-la com a eficácia da sentença, como também alerta Liebman que "[...] não se pode, pois, duvidar de que a eficácia jurídica da sentença se possa e deva distinguir da autoridade da coisa julgada [...]".[95]

A eficácia mencionada pelo autor italiano, que será abordada em momento oportuno, não se confunde com a autoridade da *res iudicata*, assim, passaremos agora à análise da autoridade da coisa julgada,[96] que muito colabora para o entendimento sólido deste instituto.

Pode-se entender com Liebman que a autoridade da coisa julgada[97] não é efeito, mas sim uma força que aos efeitos se junta. Essa força é a

---

[93] SILVA, 2001, *op. cit.*, p. 485.

[94] Para Carnelutti a autoridade da coisa julgada é diferente da observada por Chiovenda – que entende que esta advém da vontade da lei –, pois para Carnelutti a autoridade da *res iudicata* está na imperatividade do comando da sentença, por ser ato estatal. Observando as duas teorias partem da vontade estatal, mas, em Carnelutti a diferença surge com clareza visto que para este autor italiano a eficácia da decisão se expressa com a imperatividade, que representa tão apenas a projeção da vontade do juiz, onde a imperatividade da decisão é chamada também de coisa julgada. Assim caso haja violação das disposições sentencias serão cabíveis as sanções como se a violação fosse frente a lei. Nesse sentido CARNELUTTI, Francesco. *Sistema de direito processual civil.* v. I, São Paulo: Editora ClassicBook, 2000, p. 412-415. Diga-se que o tema é altamente controvertido, tendo sido tratado anteriormente nesse trabalho, mas que está sujeito a diversas teorias, como a da presunção da verdade; da ficção da verdade; da força legal, substancial, da sentença; da eficácia da declaração; da extinção da obrigação jurisdicional; da vontade do Estado defendida por Chiovenda; da imperatividade do comando da sentença apregoada por Carnelutti; da qualidade especial da sentença ou da eficácia provinda do Estado, também conhecida como Teoria de Liebman. Assim, SANTOS, M., 1989-1992, *op. cit.*, p. 45 e ss.

[95] LIEBMAN, 1984, *op. cit.*, p. 39.

[96] Ademais vale aqui referir para quem queira observar os estudos de Lacoste, quando analisa a autoridade da coisa julgada em todas as suas formas e possibilidades, LACOSTE, P. *La chose jugée en matière civile, criminelle, disciplinaire et administrative.* Paris: Librarie de lasociété Du Recueil Sirey, 1914, p. 3 e ss. O autor ainda continua a investigar a autoridade da coisa julgada inclusive em matéria administrativa, referindo da relevância da coisa julgada formada em juízo para ser utilizada nos tribunais administrativos que vem a ser parte de sua realidade, assim *vide* idem, p. 509. Por fim, vale conferir a discussão que o autor faz em relação a autoridade da coisa julgada e sua repercussão no direito internacional, trazendo como paradigma a realidade francesa, discutindo essa repercussão na matéria cível, *vide* idem, p. 531 e ss.

[97] Podem ser observadas, também, as ponderações sobre a autoridade da coisa julgada nas palavras de Donot que em sua tese doutoral na Université de Paris – Faculté de droit, acaba por analisar o referido instituto com outro olhar, vislumbrando o direito pessoal e assim mesmo perpassando fortemente pela análise processual da questão, fazendo, por natural, a distinção para com a eficácia. *Vide* DONOT, F. *L'autorité de la chose jugée en matière d'état des personnes.* Coulommiers: Imprimerie Dessaint Et Cie, 1914, p. 48 e ss.

forma de produzir-se ou manifestar-se o efeito da decisão que transita em julgado, assim os efeitos de uma sentença terão a autoridade ou força da coisa julgada.[98]

Para Sérgio Gilberto Porto, a autoridade da coisa julgada decorre da estabilidade do ato e representa a capacidade vinculativa com que a sentença, após o trânsito em julgado, impõe-se perante todos, sendo essa capacidade traduzida por uma qualidade essencial e inata à sentença, verdadeiramente uma propriedade intrínseca a ela, e que a torna imutável e indiscutível.[99]

Nesse sentido, fica demonstrado que esta autoridade é, realmente, qualidade que se une à sentença, fazendo com que os seus efeitos possam ter força para produzir, realmente, os resultados aos quais se propunha a decisão judicial.

O posicionamento de Liebman, como ele mesmo menciona, é totalmente diferente da doutrina até então unânime, pois rompe com o pensamento de que a autoridade da coisa julgada é efeito da decisão, passando a demonstrar que é coerentemente uma força que aos efeitos se agrupa, utrapassando, por exemplo, a concepção de Chiovenda.

A eficácia[100] da sentença, por sua vez, é diferente da autoridade da coisa julgada, que por muitos eram entendidas como sendo sinônimos, valendo a percepção de que são efetivamente distintas, assim como a doutrina com o tempo[101] efetivamente demonstrou.[102]

Segundo Sérgio Gilberto Porto, a eficácia "[...] representa uma qualidade do que é eficaz. Eficaz, por seu turno, é aquilo que produz um efeito, o qual consiste em resultado, consequência".[103]

---

[98] LIEBMAN, 1984, *op. cit.*, p. 40. "[...] a autoridade da coisa julgada não é efeito da sentença, como postula a doutrina unânime, mas, sim, modo de manifestar-se e produzir-se dos efeitos da própria sentença, algo que a esses efeitos se ajunta para qualificá-los e reforçá-los em sentido bem determinado".

[99] PORTO, *op. cit.*, p. 156.

[100] Vale observar com Carnelutti suas ponderações sobre as eficácias diretas e reflexas em CARNELUTTI, 1952, *op. cit.*, p. 346 e ss.

[101] Sobre como se pode compreender o tempo vale observar as lições do jus-filósofo TINANT, Eduardo Luis. *Persona y tiempo ¿hacia un tiempo biogenético?* Revista electrónica El Sigma, 2007. "El diccionario etimológico se encarga de decirnos que el tiempo (del latin tempus) es "la sucesión ilimitada, irreversible y no espacial de instantes en que se suceden los acontecimientos". Tiempo, pues, significa intervalo, duración, momento oportuno (de la misma familia de palabras, temporáneo: oportuno; extemporáneo: inoportuno, temporada, temprano: de bonne heure en lengua francesa)".

[102] Sobre os elementos da coisa julgada pode ser observada a contribuição de Donot quando elenca como elementos naturais a coisa julgada a identidade de objeto, de causa e de partes. Nesse sentido DONOT, *op. cit.*, p. 85-106.

[103] PORTO, *op. cit.*, p. 157.

Resta demonstrado que a eficácia é forma de obtenção do resultado pretendido, após a decisão judicial devidamente emanada. Ademais, assevera ainda o autor que a eficácia é a força, ou uma energia obrigatória da sentença, que é capaz de produzir o resultado ou efeito aguardado, sendo esta força a decisão executória, mandamental, dentre outras. O próprio autor ainda acrescenta que "[...] a eficácia representa a energia obrigatória da sentença ou a capacidade que tem ela para produzir resultado".[104]

Resta trazer também a colocação de Pontes de Miranda, entendendo que a "[...] eficácia é a energia obrigatória da resolução judicial".[105]

Assim, não devemos passar por este ponto, em análise, sem as palavras de Ovídio A. Baptista da Silva, que acrescenta, tornando límpida conceituação de eficácia da sentença, *verbis*:

> Quando dizemos que uma determinada sentença tem eficácia declaratória ou constitutiva, não queremos dizer que ela seja eficaz relativamente a este ou àquele sujeito, como se diria da qualidade do ato ou negócio jurídico que seja eficaz ou ineficaz. O conceito da sentença, mais do que a validade, ou a pura aptidão para ser eficaz, perante seus destinatários, indica a qualidade do "ser eficaz", que porque não se diz simplesmente que tal sentença tem eficácia, e sim que tem esta ou aquela eficácia, que ela é declaratória, constitutiva, etc.[106]

Estas colocações demonstram ainda mais que a eficácia é sim uma força, uma forma de se produzir o resultado. Essa força pode ser variada dependendo do caso concreto, podendo ser uma declaração, visto que essa força mencionada, entre outras existentes, é capaz de, em momento oportuno, exteriorizar o efeito, ou seja, seu resultado, assim como uma força constitutiva, ao criar ou modificar um direito (in) existente. Pode-se afirmar, com veemência, que o resultado depende inteiramente da eficácia, pois se essa força for emanada na decisão judicial, é capaz, então, de no mundo fático cumprir com os efeitos que foram traçados pelo magistrado ao decidir a questão.

Para melhor entender, utilizamos das palavras do mesmo autor, aduzindo que "[...] temos, assim, que as eficácias de uma dada sentença fazem parte de seu conteúdo, através delas é que uma sentença declaratória ou constitutiva, ou condenatória, ou executiva, ou mandamental, é diferente das demais".[107]

Ovídio A. Baptista da Silva ilustra acima algo que se faz necessário saber sobre a eficácia de uma decisão, ser a eficácia parte da sentença ou

---

[104] PORTO, *op. cit.*, p. 157.

[105] PONTES DE MIRANDA, *op. cit.*, p. 97.

[106] SILVA, O., 2001, *op. cit.*, p. 490-491.

[107] Idem, p. 492.

do conteúdo que possa existir em um determinando *decisum*. É imprescindível entendermos que esta eficácia está agindo em conjunto com o conteúdo da sentença, para que se produzam, então, seus resultados, justamente por ser a eficácia esta força parte do conteúdo da decisão judicial. A eficácia se agrega ao conteúdo da decisão para, então, produzir seus efeitos que são os resultados esperados em uma sentença e que passaremos a analisar a partir de então.

Os efeitos da sentença,[108] por sua vez, são resultados do conteúdo existente na decisão judicial, dentre os quais podem ser: declaratório, constitutivo, condenatório, executório e mandamental, seguindo a linha de Pontes de Miranda. Estes efeitos são parte do conteúdo da sentença.

A proposta de Ovídio A Baptista da Silva[109] vem no sentido da proposta de Liebman em certo ponto, agregando ao dizer que o efeito se manifestaria na indiscutibilidade, simplesmente entendendo que quando se torna uma decisão indiscutível, em tese não mais se poderia modificá-la, o que fundamenta seu pensamento. Ademais, há de se fazer separação no entender destas colocações, visto que o efeito nada mais é do que uma forma de resultado da decisão judicial, certamente porque sua produção atinge a vida das pessoas. Ainda é uma manifestação externa à sentença, refletindo-se em verdade no mundo fático, onde a lide se compôs e precisa, necessariamente, ser solucionada pelo Estado.

Árduo se torna tentarmos distinguir as eficácias, anteriormente estudadas, dos seus efeitos. Lembrando sempre que aquelas relacionam seu resultado com a força que emana da decisão judicial: aquela é interna à sentença; esta, externa.[110]

Ponto crucial este, devendo-se então formar uma ideia correta da matéria, sabendo-se que as eficácias da sentença são parte do conteúdo desta, que é ato de competência do magistrado. Já os efeitos são, por sua vez, a produção no mundo fenomênico, como resultado dessas eficácias, pois, se proferida uma determinada sentença, esta terá força (eficácia)

---

[108] Sobre os efeitos da coisa julgada nos diz Chiovenda que o acertamento da vontade da lei que ela contém torna indiscutível e, por isso, obrigatório para os juízes em qualquer futuro juízo os efeitos que estão fora do processo, podendo a coisa julgada ter uma função positiva, enquanto constrange o juiz a reconhecer a existência do julgado. CHIOVENDA, 1980, *op. cit.*, p. 924. Sobre a temática vale observar também COUTURE, *op. cit.*, p. 360.

[109] SILVA, O., 2001, *op. cit.*, p. 486. *Vide* "[...] Liebman efetivamente tem razão ao afirmar que a coisa julgada não pode ser equiparada a um efeito da sentença, semelhante aos efeitos declaratório, constitutivo, executório, condenatório ou mandamental. Estes cinco são únicos efeitos que a sentença pode produzir. A coisa julgada deve ser entendida como uma maneira, ou uma qualidade, pela qual o efeito se manifesta, qual seja a sua imutabilidade e indiscutibilidade, como afirma Liebman, ou simplesmente a sua indiscutibilidade, como julgamos preferível dizer".

[110] Idem, p. 487-488. Vejamos: "Segundo uma concepção mais ou menos pressuposta por todos os processualistas, o conteúdo da sentença corresponderia à declaração pronunciada pelo juiz, enquanto seus efeitos sejam externos e somente surgiriam em momento subsequente ao julgado".

para ser cumprida, ou produzir seus resultados (efeitos) no mundo fático. Portanto, conforme assevera o autor gaúcho Ovídio A. Baptista da Silva, o *decisum* tem internamente eficácias, que são por sua vez forças internas da decisão que produzem como resultados os efeitos que são externos à sentença e ocorrem no mundo fenomênico onde a lide se resolverá.[111]

### 2.1.5. A coisa julgada: limites subjetivos e objetivos e sua extensão

Esta questão a qual nos propomos a analisar é no mínimo muito controvertida, havendo posições doutrinárias diversas discutindo até onde poderá ir a autoridade da sentença, a sua extensão e o que nesta se torna indiscutível ou imutável. "[...] uma das questões que mais vêm preocupando a doutrina, relativamente ao instituto da coisa julgada, diz com sua extensão ou, mais precisamente, com seus limites sejam objetivos ou subjetivos".[112]

Sérgio Gilberto Porto coloca-nos em posição de análise frente a tais dificuldades relativas a este tema, por ser complexo. Estes limites devem ser estudados com o devido cuidado, por ser relativamente a cada um deles atribuída forma distinta de ocorrência da coisa julgada, cada uma de forma peculiar.[113]

O limite subjetivo da coisa julgada está ligado aos sujeitos que poderão receber ou não a produção de efeito da *res iudicata*.[114] Assim, nos diz José Maria Tesheiner que "[...] entende-se por limite subjetivo da coisa julgada a determinação das pessoas sujeitas à imutabilidade e indiscutibilidade da sentença que, nos termos do art. 467 do CPC, caracterizam a eficácia de coisa julgada material".[115]

Essa colocação do autor gaúcho José Maria Rosa Tesheiner liga o limite subjetivo da coisa julgada – como havíamos referido anteriormente – às pessoas[116] que podem ser atingidas por esta *res iudicata*. Este ponto é

---

[111] Sobre a distinção ora trabalhada importante trazer as pontuações do autor Darci Ribeiro, alertando que as eficácias são elementos internos da sentença e os efeitos são externos e se projetam para fora da sentença. Observe-se RIBEIRO, 2004, *op. cit.*, p. 171.

[112] PORTO, *op. cit.*, p. 170.

[113] Somente para que se faça a consulta caso haja a curiosidade ou necessidade, sobre a temática da coisa julgada e seus subjetivos e objetivos seria interessante visualizar a obra de PALACIO, Lino Enrique. *Manual de derecho procesal civil*. 20. ed., Buenos Aires: AbeledoPerrot, 2010, p. 451.

[114] De acordo com Chiovenda "la cosa giudicata si produce fra Le parti". *Vide* CHIOVENDA, 1980, *op. cit.*, p. 924.

[115] TESHEINER, José Maria. *Eficácia da sentença e coisa julgada no processo civil*. São Paulo: RT, 2001, p. 81.

[116] Nesse sentido conferir CHIOVENDA, Jose. *Principios de derecho procesal civil*. Traducción de José Casáis y Santalo. Tomo I. Madrid: Editorial Reus, 1925, p. 429 e ss.

importante para que haja a percepção da limitação existente aos sujeitos que sofrerão algum efeito da coisa julgada e aos que não sofrerão estas consequências.

Neste sentido, Cândido Rangel Dinamarco entende que "[...] a imutabilidade dos efeitos da sentença vincula somente os sujeitos que figuram no processo e aos quais se dirigiu aquela".[117] Essa posição do referido autor se soma a de Liebman que também nesses moldes[118] compreendia o limite subjetivo, tendo sido o autor italiano influente na formação acadêmica de Dinamarco.

Cândido Rangel Dinamarco elucida entendimento corroborado na conformidade do art. 472 do Código de Processo Civil, mencionando, ademais, que estes efeitos não alcançarão a terceiros.

Também entende Pontes de Miranda que "[...] quanto aos limites subjetivos, a coisa julgada somente atinge as partes do processo (res iudicata ius facit inter partes)".[119]

Perceptível tornou-se a unanimidade doutrinária nesta questão em enfoque, observando-se com facilidade o efeito *inter partes*, por ser o limite da coisa julgada relativo às partes que compõem a lide.[120] Logicamente não esquecendo o substituto processual referido no art. 42 do Código de Processo Civil, o qual recebe os efeitos por ter ascendido à posição do cedente.

Há de se entender que o resultado daquela decisão judicial que transitou em julgado deverá produzir efeitos somente entre as partes. A questão está no prejudicar, influir ou até alterar condição da vida ou bens jurídicos de uma pessoa. Estas alterações ou influências da decisão judicial somente poderão ocorrer frente às partes do litígio. Refere Paulo Roberto de Oliveira Lima que "[...] frente a terceiros, porém, a sentença opera como mero fator jurídico, desvestida de seu império e sem a imutabilidade que caracteriza a coisa julgada".[121]

---

[117] DINAMARCO, 2002, *op. cit.*, p. 316-317.

[118] Ademais, como assevera Liebman o limite subjetivo da coisa julgada se presta também a um princípio de justiça, não podendo a coisa julgada atingir e prejudicar os direitos de pessoas que não tenham participado da lide, por não terem apresentado as suas razoes e defesa sobre a questão em debate. *Vide* LIEBMAN, Enrico Tullio. *Corso de diritto processuale civile*. Milano: Dott.A Giuffrè, 1952, p. 242.

[119] PONTES DE MIRANDA, *op. cit.*, p. 122.

[120] Por todos Chiovenda refere que *"La cosa giudicata come risultato della definizione del rapporto processuale è obbligatoria pei sogetti di questo rapporto"*. Nesse sentido CHIOVENDA, 1980, *op. cit.*, p. 922.

[121] LIMA, *op. cit.*, p. 41.

Vislumbrando que os efeitos da coisa julgada não alcançam a terceiros,[122] caso exista produção deste efeito a alguém que não tenha sido parte daquela lide, poderá essa pessoa se legitimar e discutir aquela questão, mesmo tendo transitado em julgado, pois a coisa julgada formada tem sua força "imutável" entre as partes que estão elencadas no processo e não transmite esses efeitos aos terceiros que são totalmente estranhos àquela discussão anterior.[123]

Assim, tanto alguém que seja terceiro de uma determinada relação quanto outra pessoa que foi parte desta relação e foi substituída em seguida, e não mais fazia parte daquela lide na época de sua discussão que transita em julgado, podem discuti-la, pois a eles não atingem os efeitos e forças da coisa julgada. Seria totalmente incongruente exigir algo de um sujeito que nem figurou nos pólos da relação processual e não teve a oportunidade de se defender. Admitir-se tal situação seria uma incongruência jurídica e grave afronta à Carta Magna, pelo simples fato de vedar-lhe o acesso ao judiciário,[124] por não se proporcionar a possibilidade de o terceiro ou o substituído discutir a questão, violando diversos princípios constitucionais.[125]

---

[122] Também é essa a concepção de L. PRIETO-CASTRO, Fernandiz. *derecho procesal civil*. Madrid: Editorial revista de derecho privado, 1964, p. 656. "Al hablar de la cosa juzgada en sentido material se dijo que los pronunciamientos de los tribunales, como actos de autoridad, han de ser reconocidos por todos, pero que sus efectos sólo pueden alcanzar a quienes en el proceso hayan tenido los derechos y asumido las cargas que del mismo se derivan".

[123] Nesse sentido vem a crítica de Egas Maniz de Aragão, *vide:* "Sujeitar o titular da relação jurídica à coisa julgada oriunda de processo ao qual não lhe foi dado comparecer e, nele, defender seu interesse importa em barrar-lhe o acesso ao poder judiciário, o que nem a lei nem ninguém poderá fazer". ARAGÃO, Egas Dirceu Moniz de. *Sentença e coisa julgada*. Rio de Janeiro: Aide, 1992, p. 302.

[124] Sobre o acesso à justiça como um postulado essencial do Estado Social de Direito observar o autor argentino Roberto O. Berizonce. *Vide*: BERIZONCE, Roberto Omar. *Efectivo aceso a la justicia*. La Plata: Editora platense, 1987, p. 05 e ss. Vale observar também MORELLO, Augusto Mário. *El proceso justo: del garantismo formal a la tutela efectiva de los derechos*. La Plata: Platense, 1994, p. 230 e ss.

[125] Dentre os princípios violados encontramos: o do acesso à justiça art. 5º, XXXV da CF; Devido processo legal art. 5º, LIV da CF e, por fim, o da ampla defesa e o contraditório art. 5º, LV, da CF. Sobre o contraditório interessante visualizar MONTESANO, Luigi. La garanzia constituzionale del contraddittorio e i giudizi civili di <Terza Via>. *Rivista di diritto processuale*. n. 4. Padova: CEDAM, 2000, p. 929 e ss. Ainda sobre a mesma temática vale conferir RASCIO, Nicola. Contraddittorio tra le parti, condizioni di parità, giudice terzo e imparziale. *Rivista di diritto civile*. n. 5. Padova: CEDAM, 2001, p. 601 e ss. Roberto Berizonce observa o princípio do acesso à justiça como forma de humanização e socialização do processo, possibilitando a todos essa nova realidade pleitear frente ao Judiciário algo e desse receber de forma direta uma resposta em forma de decisão, tanto passando pela garantia de gratuidade para quem precise como pela possibilidade de acesso irrestrito. Nesse sentido ver BERIZONCE, Roberto Omar. *Derecho procesal civil actual*. La Plata: LEP, 1999, p. 05 e ss.

Já sobre o devido processo legal podem ser vislumbradas as ponderações de OTEIZA, Eduardo. El debido proceso y su proyección sobre el proceso civil en América latina. *Revista de processo*. n. 34. São Paulo: RT, 2009, p. 179 e ss.

Ainda deve ser observado o princípio da economia processual, fazendo-se o mais com o menor esforço ou gasto, sendo uma naturalidade hoje existente em nosso sistema jurídico-processual, tanto no Brasil como na Argentina, nesse sentido conferir MORELLO, Augusto Mario [et., al.]. El principio

No entanto, esta alusão referente ao substituído não é aceita por José Maria Rosa Tesheiner, "[...] entendemos que, embora terceiro, em sentido formal, a coisa julgada atinge o substituído, tanto quanto o sucessor da parte".[126]

O autor entende que mesmo sendo terceiro o substituído, atingido será pelos efeitos da coisa julgada. Seu entendimento embasa na condição de estender a este os efeitos da coisa julgada, que lhe poderiam trazer alguns resultados práticos, motivados na força da *res iudicata*.

Já Liebman[127] sensibilizou a doutrina, demonstrando que a coisa julgada poderia produzir efeitos a terceiros, mas efeitos secundários, ou indiretos. Esses efeitos que alcançam os terceiros de forma secundária acabam por caracterizar os chamados *efeitos reflexos* da sentença que produzem seus efeitos para fora da sentença, atingindo-lhes no mundo fático. Estes efeitos têm o poder então, de levar aos terceiros os resultados da *res iudicata*, mas de modo secundário. O efeito reflexo relatado por parte da doutrina italiana é logo chamado de *eficácia reflexa* por Liebman.[128]

Ovídio A. Baptista da Silva explana que a coisa julgada reluz em relação aos terceiros de forma geral a sua declaração. Assim todo e qualquer terceiro poderá sofrer algum efeito da coisa julgada, mas somente em sua declaração devendo respeitá-la.[129]

Ademais, o autor gaúcho, ao refletir sobre a temática, corrobora aduzindo que "[...] os terceiros sujeitos aos efeitos reflexos da sentença são aqueles legitimados a intervir como assistentes simples (art. 50 do CPC), e, ao fazê-lo, sofrem do que se denomina 'efeito de intervenção' [...]".[130]

O autor continua o raciocínio mencionando que:

---

de economia procesal. Modernidad. *In Acceso al derecho procesal civil.* Tomo I. Buenos Aires: Editora platense, 2007, p. 543 e ss. Jorge Peyrano, autor argentino, acaba também por tratar da temática com a mesma preocupação de economizar em relação ao processo, buscando a colocação em prática desse referido princípio. Sobre essa visão observar PEYRANO, Jorge W. *El proceso civil principios y fundamentos.* Buenos Aires: Astrea, 1978, p. 249 e ss.

[126] TESHEINER, *op. cit.*, p. 83.

[127] LIEBMAN, Enrico Tullio. *Eficácia e Autoridade da Sentença e outros escritos sobre a Coisa Julgada, op. cit.*, p. 81. Observemos a passagem do autor italiano, *vide* "[...] prescindindo, então, da corrente que reconhecia na sentença uma eficácia probatória em relação a terceiros, esforçou-se a estender a coisa julgada a algumas categorias de terceiros, arquitetando uma hierarquia entre os vários interessados na relação jurídica e admitindo que a sentença pronunciada entre os interessados principais obrigassem também, e igualmente, os que tinham um interesse secundário".

[128] "Destas poucas indicações transparece clara a tendência da hodierna doutrina italiana de estender a terceiros ou a certos terceiros a autoridade da coisa julgada sob a espécie de uma eficácia reflexa, virando as opiniões somente sobre a amplitude em que o fenômeno se deva ter por admissível". Idem, p. 84.

[129] SILVA, O., 2001, *op. cit.*, p. 505.

[130] Idem, p. 506.

Finalmente aparecem os terceiros juridicamente interessados em virtude de integrarem uma relação jurídica autônoma, mas ligada por um vínculo de conexidade com a relação litigiosa. A estes a coisa julgada não atinge, mas as eficácias diretas da sentença refletem-se sobre a relação jurídica conexa, modificando-a ou mesmo fazendo-a desaparecer.[131]

Ovídio A. Baptista da Silva demonstra que os efeitos reflexos poderão ocorrer frente àqueles sujeitos que acabem por participar da lide de forma auxiliadora, como é o caso do assistente. De outra ponta, as eficácias reflexas ocorrem produzindo seus resultados através de sua força nos terceiros juridicamente interessados, caso do subinquilino que é totalmente interessado em provável ação de despejo movida pelo locador frente ao seu inquilino, característica maior destas é que são partes da sentença, sendo assim eficácias internas que compõe o *decisum*.

Neste liame, do limite subjetivo, ainda cabe analisarmos os chamados efeitos anexos da sentença que são trazidos também pelo autor Ovídio A. Baptista da Silva, ao mencionar que:

> A característica dos chamados efeitos anexos da sentença é serem eles externos, não tendo a menor correspondência com seu respectivo conteúdo, de tal modo que, se o legislador o omitir, ou os suprir, a sentença permanecerá integra em todos os seus elementos eficaciais. Não fazendo parte da demanda nem da sentença, o efeito anexo não será objeto do pedido do autor nem de decisão por parte do juiz. Ele decorre da sentença, mas não é tratado por ela como matéria que lhe seja pertinente.[132]

Importante entender de que o efeito anexo vem agregar-se à decisão judicial, visto que aquele não a compõe, sendo um efeito ou resultado da decisão que é meramente externo e que, por isso, ocorre no mundo fático. É um efeito que vem se somar a os outros efeitos da sentença, para no mundo fenomênico produzirem os resultados que foram determinados pela decisão.

Os limites objetivos estão ligados às matérias que serão analisadas na sentença, o conteúdo que será parte da decisão emanada pelo Poder Judiciário, separando o que fará ou não parte da *res iudicata*.

Destarte, o estudo dos limites objetivos da coisa julgada se presta a estabelecer o que da sentença se reveste daquela qualidade de imutabilidade e o que fica de fora.[133] Ou, por outras palavras, destina-se a separar das múltiplas questões decididas pela sentença aquelas que restam protegidas pelo manto "sagrado" da coisa julgada.[134]

---

[131] SILVA, O., 2001, *op. cit.*, p. 505.

[132] Idem, p. 507.

[133] CHIOVENDA, 1980, *op. cit.*, p. 918. *Verbis* "Ma oggetto del giudicato è la conclusione ultima dei ragionamenti del giudice".

[134] LIMA, *op. cit.*, p. 30.

Neste sentido, "[...] a coisa julgada somente apanha a parte dispositiva da sentença, ou seja, a parte final, onde se soluciona o mérito da pretensão deduzida".[135]

Tem-se o entendimento de que o limite objetivo é relativo à matéria[136] que compõe a sentença e que poderá se tornar imutável, adquirindo o manto da *res iudicata* ao seu lado. Ressalta-se também que a parte dispositiva da decisão judicial é que transitará em julgado, excluindo-se desta a fundamentação e o relatório da mesma. Entretanto, como foi referido anteriormente, deve-se alertar que faz, de forma indireta, parte do dispositivo a fundamentação[137] segundo parte da doutrina. Isso por ser através dela que se alcança esta ou aquela decisão, não havendo dispositivo apto a decidir a questão sem a devida fundamentação,[138] assim como refere a Constituição Federal no seu art. 93, IX, que é exigência e prin-

---

[135] IMA, *op. cit.*, p. 30. Nesse sentido também Dinamarco refere que "..., no tocante aos limites objetivos da coisa julgada o Código (de processo civil brasileiro) segue rigorosamente o pensamento liebmaniano para deixar muito claro que somente a parte decisória da sentença fica resguardada por essa imutabilidade, jamais os seus motivos". In DINAMARCO, Cândido Rangel. Liebman e a cultura processual brasileira. *In Estudos em homenagem à professora Ada Pellegrini Grinover*. Organização: Flavio Luiz Yarshell e Maurício Zanoide de Moraes. São Paulo: DPJ Editora, 2005, p. 492. Ademais, aqui fica o alerta que foi elaborado anteriormente no sentido que os fundamentos são parte natural de uma sentença e que não podem faltar para a sua caracterização o que também toda de dificultosa compreensão tal afirmação, visto que não existe dispositivo sem seus fundamentos jurídico-fáticos, levando-nos a compreender que a coisa julgada poderá também se estender aos fundamentos e não somente ao dispositivo.

[136] Com essa linha de raciocínio vem CHIOVENDA, Jose. *Principios de derecho procesal civil*. Traducción de José Casáis y Santalo. Tomo I. Madrid: Editorial Reus, 1925, p. 424 e ss.

[137] Sobre a motivação da sentença no sentido de que ela se presta não somente para convencer as partes, mas para facilitar também a impugnação da decisão judicial, é coerente observar as ponderações de Michele Tarufo *in* TARUFO, Michele. Considerazioni su prova e motivazione. *Revista de processo*. n. 151. São Paulo: RT, p. 237 e ss. Vale referir que a racionalidade, nas decisões emanadas pelo Poder Judiciário, deve ser afastada sob pena de prejudicar toda a sistemática jurídica por ser uma forma fechada de frear a possibilidade criadora do magistrado. Sobre a ideia da racionalidade nas decisões judiciais ver TARUFO, Michele. Il controllo di razionalità della decisione fra logica, retorica e dialetica. *Revista de processo*. n. 143. São Paulo: RT, 207, p. 65 e ss.

[138] Sobre o ato de fundamentar vale observar as palavras do jus-filósofo argentino Tinant na obra TINANT, Eduardo Luis. *En torno a la justificación de la decisión judicial*. LA LEY 1997-E, 1395, "Particularmente, la justificación de una sentencia judicial requiere una técnica "per-dis-suasiva" (fundada en argumentos persuasivos y disuasivos), que torne no sólo legítima la decisión alcanzada sino también razonable y aún deseable su cumplimiento (por acción u omisión). Disuadir es inducir, mover a uno con razones a mudar o a desistir de un propósito, en tanto que persuadir es razonar con lo verosímil y con lo opinable, inducir, mover, obligar a uno con razones a creer o hacer una cosa". O autor ainda continua explicando, assim vejamos: "En esa inteligencia, el juez, a fin de declarar el derecho, necesita convencerse no sólo que ese derecho existe, en abstracto, objetivamente, sino también que corresponde al caso particular que le fuera planteado. Necesita, asimismo, la convicción de que esos hechos han existido históricamente, y para lograrla, realiza un conjunto de actividades intelectuales a cuya formación ayudan las partes en el proceso justificando la verdad de sus respectivas afirmaciones. De tal manera, el magistrado transita de la ignorancia a la duda y de ésta a la certidumbre hasta alcanzar un conocimiento de los hechos, empero limitado a las pruebas efectivamente producidas en los autos".

cípio[139] constitucional da fundamentação da decisão judicial. Portanto, a base para o dispositivo é sua fundamentação. Sem esta, restará o conjunto decisório defeituoso ou inapto a resolver a questão, pois a sentença forma-se de relatório, fundamentação e dispositivo, conforme art. 458, I, II e III, do Código de Processo Civil, com exceção do previsto nos Juizados Especiais Cíveis da Lei 9.099/95.[140]

José Maria Rosa Tesheiner entende que "[...] os limites objetivos da coisa julgada são determinados pelo pedido, porque a res iudicata não pode ser maior que a res iudicanda".[141]

A grande questão novamente é o objeto, ou seja, o pedido feito na lide ao Estado juiz[142] que, ao decidir, dará o manto da coisa julgada sua parte dispositiva, que será embasada em sua fundamentação. Todavia, estas razões do *decisum* não receberão a proteção da *res iudicata* de forma direta, mas sim de forma indireta. Tudo isso para atender ao dever estatal de prestação da tutela jurisdicional.[143]

Também Pontes de Miranda entende assim "[...] porque a coisa julgada é adstrita ao pedido e ao reconhecido pela sentença".[144]

Como se vê o limite objetivo[145] da coisa julgada está intimamente ligado com a matéria que está em discussão e que será objeto da sentença.

---

[139] Interessante analisar as palavras de Joan Picó I Junoy autor espanhol que comenta da relevância do princípio do dispositivo após a nova realidade do processo civil espanhol. *In* JUNOY, Joan Picó I. Los principios Del nuevo proceso civil Español. *Revista de processo.* n. 103. São Paulo: RT, 2001, p. 59 e ss. Sobre a temática do princípio do dispositivo frente ao princípio da congruência vejamos o autor argentino GOZAÍNI, Osvaldo Alfredo. *El principio de congruencia frente al principio dispositivo. Revista de processo.* Ano 32, n. 152, São Paulo: RT, 2007, p. 109 e ss.

[140] Nessa modalidade de procedimento sabe-se que é facultado ao julgador dispensar o relatório da referida sentença, assim como afirma o art. 38, *vide*: "Art. 38 – A sentença mencionará os elementos de convicção do Juiz, com breve resumo dos fatos relevantes ocorridos em audiência, dispensado o relatório".

[141] TESHEINER, *op. cit.*, p. 142.

[142] Observar o juiz como criador do direito – como diriam os monistas – e não somente como um aplicador ou interprete é algo que de certa forma contraria a realidade implantada em um país dualista como o Brasil. Mas sobre essa realidade criativa do juiz – através da corrente monista – vale conferir RIBEIRO, Darci Guimarães. *Da tutela jurisdicional às formas de tutela.* Porto Alegre: Livraria do Advogado, 2010, p. 96.

[143] A prestação da tutela jurisdicional deve ser de qualidade, devendo o judiciário estar preocupado em qualificar as suas decisões, devendo essas sofrer o devido controle e os magistrados uma maior responsabilização por suas decisões, não sendo os magistrados a mera boca da lei. *In* BERIZONCE, Roberto Omar. *Participação e processo.* Coord. Ada Pellegrini Grinover. São Paulo: RT, 1988, p. 136-138.

[144] PONTES DE MIRANDA, *op. cit.*, p. 122.

[145] DINAMARCO, 2002, *op. cit.*, p. 314-315. *Vide* "Por objeto do processo entende-se a soma de todos os pedidos trazidos pelo autor originário e por outros eventuais demandantes, como o próprio autor ao denunciar a lide a terceiro, o réu em reconvenção ou também ao denunciar a lide ou chamar terceiro ao processo, ou o terceiro ao deduzir intervenção litisconsorcial voluntária ou oposição interventiva".

Este limite delimitará o que receberá a proteção da coisa julgada e que, por conseguinte, não mais será objeto de discussão futura.

Em nosso ordenamento jurídico, realmente existem diversas construções doutrinárias, referentes aos limites objetivos, o que causa em tese complexidade na compreensão do tema. Sérgio Gilberto Porto nos traz essa narrativa de forma objetiva, *vide*:

> No Brasil, especialmente, a questão se agrava, pois LIEBMAN difundiu a ideia de que a autoridade da coisa julgada não é um efeito da sentença, mais uma qualidade que aos efeitos se ajunta para torná-los imutáveis. Essa orientação sofre de pena talentosa de BARBOSA MOREIRA, quando afirmou, concordando inicialmente com LIEBMAN, que efetivamente a autoridade da coisa julgada é uma qualidade da sentença, contudo, não uma qualidade apta a tornar os efeitos imodificáveis, pois estes seriam absolutamente mutáveis. Diz BARBOSA MOREIRA, após impugnar parcialmente a ideia de LIEBMAN, que aquilo que, em verdade, adquire o selo da imutabilidade é o conteúdo da nova sentença, assumindo, portanto, autoridade de coisa julgada a nova situação jurídica decorrente desta. Não bastasse o dissenso ente a orientação de LIEBMAN e de BARBOSA MOREIRA, surge o combativo e sempre atento OVÍDIO ARAÚJO BAPTISTA DA SILVA e aduz: a) que tanto LIEBMAN quanto BARBOSA MOREIRA tem razão ao entenderem a autoridade da coisa julgada como uma qualidade da sentença; b) contudo, concordando com BARBOSA MOREIRA, admite ter LIEBMAN se equivocado ao sustentar que os efeitos adquirem o selo da imutabilidade, pois são estes realmente modificáveis; e finalmente, c) sustenta não ter razão BARBOSA MOREIRA, ao que todo o conteúdo da sentença adquire autoridade de coisa julgada, pois apenas o elemento declaratório adquire tal condição, na medida em que ele é o único imune à modificação – vale dizer que em nenhuma hipótese imaginável poderá ser modificado.[146]

Com esta narração, pode ser compreendido que, efetivamente, o que é imodificável, desde logo, e em tese, é a declaração judicial, advinda da sentença, mas que os efeitos decorrentes dessa declaração podem ocorrer ou não, sendo, por conseguinte, modificáveis, dependendo, logicamente, da vontade e ação das partes.

Após o levantamento feito pelo autor sobre a matéria e as variadas colaborações existentes, torna-se demonstrada mais uma vez que, a cada momento o relevante instituto da *res iudicata* está sob o olhar atento dos doutrinadores nacionais e internacionais.

Esse instituto, que é dos mais polêmicos, como anteriormente referido, continua a gerar ainda mais polêmicas hodiernamente com aquilo que frequentemente se chamou de relativização da coisa julgada. Essa ocorrência vem "perturbando" a doutrina das mais diversas escalas, tanto nacional como internacional, fazendo com que os processualistas comecem a pensar sobre a temática, buscando sempre alinhar as normas processuais com as regras constitucionais e os direitos fundamentais.

---

[146] PORTO, *op. cit.*, p. 171-172. Ainda vale conferir José Carlos Barbosa Moreira em MOREIRA, José Carlos Barbosa. Eficácia da sentença e autoridade da coisa julgada, RePro 34: 273-275.

Como se sabe, muito do que se discute hoje, sobre a relativização da coisa julgada é consequência de uma crise que a sociedade vivencia e que chega ao Estado como ente organizador da vida em sociedade. Refira-se que essa crise chegou até o direito e à Constituição, transpassou suas fronteiras, atingindo em "cheio" o Processo Civil[147] e também, por consectário, a coisa julgada instituto processual e constitucional.

Nessa realidade é que vamos agora mergulhar, compreendendo as mais diversas crises que acabaram por gerar a relativização da coisa julgada, buscando evitar resultados nefastos na vida da sociedade de uma forma geral.

### 2.1.6. Aspectos de uma sociedade de crises

### 2.1.6.1. A crise do atual modelo de Estado

As sociedades desde o princípio sempre necessitaram de certa organização, comando e administração, sendo esse o papel muitas vezes exercido pelo ente do qual se está a falar, o Estado. Essas funções de organização e regulação da sociedade foram transferidas para o Estado ente extremamente ligado à realização da coisa pública e proteção dos direitos de seus membros.[148]

A criação desse ente, de grandiosa importância, foi obra daquilo que chamamos de modernidade,[149] sendo, realmente, uma elaboração complexa[150] e muito moderna para uma sociedade que antes não sabia a correta forma de organização social. Essa necessidade de transferir essas atribui-

---

[147] Observando o Processo Civil como relação jurídica vem WACH, Adolf. *Manual de derecho procesal civil*. Traducción de Tomáz A. Banzhaf. Vol. I. Buenos Aires: Ediciones jurídicas Europa-America, 1974, p. 64 e ss. *Vide*: "Donde hay proceso, hay relación jurídica, relacionamiento jurídico entre las personas participantes".

[148] Nesse sentido Jacques Chevallier refere ser o Estado uma figura necessária à administração e organização da política. *Vide*: CHEVALLIER, Jacques. *O Estado pós-moderno*. Tradução de Marçal Justen Filho, Belo Horizonte: Forum, 2009, p.24.

[149] É feita crítica por Bolzan de Morais de forma plenamente coerente, em relação a alguns autores que insistem em utilizar a ideia de Estado Moderno, o que é naturalmente tautológico, visto que só há Estado na modernidade, sendo as demais experiências apropriáveis. Sobre essa referencia conferir MORAIS, José Luis Bolzan de. *As crises do estado e da constituição e a transformação espacial dos direitos humanos*. Porto Alegre: Livraria do advogado, 2002, p.23. Assim, vale ressaltar que o Estado nasceu no final do federalismo na Europa ocidental. Assim, conferir CHEVALLIER, Jacques. *O Estado pós-moderno. Op.cit.*, p.24. Sobre a forma de compreensão da ideia de modernidade vale observar SANTOS, Boaventura de Sousa. *Pela mão de Alice. O social e o político na pós-modernidade*. 7. ed., São Paulo: Cortez, 2000, p.322-323.

[150] Jacques Chevallier aduz ser o Estado uma figura abstrata, para aprofundar mais a questão deve ser consultada a obra do próprio autor, acima referido, CHEVALLIER, Jacques. *O Estado pós-moderno. Op. cit.*, p.24.

ções ao Estado[151] é natural, visto que gerir a coisa pública[152] e organizar as relações sociais[153] é tarefa extremamente complexa que não seria alcançada com êxito por uma só pessoa, ou ainda por um grupo.

Chegou-se a situação atual onde os seres humanos[154] são "comandados" por este ente que se pôs a buscar cada dia melhor administrar a coisa pública, sendo, veridicamente, regrado por princípios[155] como o da legalidade, moralidade[156] e eficiência,[157] que são temáticas relacionadas àquilo que se acabou por intitular de direito administrativo.[158]

Com tudo isso, o Estado foi ganhando importância a cada dia, aumentando seu leque de atuação e de proteções, concedendo aos seus cidadãos aquilo que efetivamente tenham direito, frente às regras postas, visando à manutenção da dignidade[159] de seus cidadãos, gerindo sempre da melhor forma possível a *res* pública.

---

[151] Sobre a noção de Estado vale trazer as contribuições de Bercovici, quando aduz que a própria noção de Estado não é universal e a-histórica, pelo contrário, serve para designar forma política utilizada, sendo desnecessário o exaustivo conhecimento dos mais variados conceitos sobre a temática, podendo haver o rompimento com a visão global do Estado. *in*: BERCOVICI, Gilberto. *Revista da História das idéias*: As possibilidades de uma teoria do Estado. Vol. 26, 2005, p.07-08.

[152] Veridicamente o Estado se presta a representar e buscar o interesse geral, buscando a realização dos direitos dos cidadãos, assim: CHEVALLIER, Jacques. *O Estado pós-moderno. Op.cit.*, p.24-25.

[153] Nesse peculiar, ao falarmos de relações sociais, se a conotação for no âmbito do direito social, vale relembrar que esses direitos são produção essencial de tempos modernos e que tem grandiosa força e influência em decorrência da nova realidade constitucional vivenciada. Nessa visar *vide* MORAIS, Jose Luis Bolzan de. *A idéia do direito social:* o pluralismo jurídico de Georges Gurvitch. Porto Alegre: Livraria do Advogado, 1997, p.30.

[154] Sobre a ideia de origem dos fundamentos dos direitos dos homens observar BOBBIO, Norberto. *A era dos direitos.* Tradução de Carlos Nelson Coutinho. Rio de Janeiro: Elsevier, 2004, p.35-44.

[155] Sobre a temática dos princípios importante conferir as palavras de Humberto Ávila que assim refere: "Os princípios são normas imediatamente finalísticas, primariamente prospectivas e com pretensão de complementaridade e de parcialidade, cuja aplicação se demanda uma avaliação de correlação entre o estado de coisas a ser promovido e os efeitos decorrentes da conduta havida como necessária à sua promoção." *Vide* ÁVILA, Humberto. *Teoria dos princípios da definição à aplicação dos princípios jurídicos.* 2. ed., São Paulo: Malheiros, 2003, p.70.

[156] Sobre o princípio da moralidade aplicável ao direito processual vele observar Jorge Peyrano, autor argentino, acaba também por tratar da temática com a mesma preocupação de economizar em relação ao processo, buscando a colocação em prática desse referido princípio. Sobre essa visão observar PEYRANO, Jorge W. *El proceso civil principios y fundamentos.* Buenos Aires: Astrea, 1978, p.171 e ss.

[157] Sobre o motivo da eficiência podemos consultar DWORKIN, Ronald. *Uma questão de princípio.* Tradução de Luís Carlos Borges. São Paulo: Martins Fontes, 2000, p.399 e ss.

[158] Cf. DI PIETRO, Maria Sylvia Zanella. *Direito administrativo.* 15. ed., São Paulo: Atlas, 2003, p. 67 e ss.

[159] Sobre a dignidade da pessoa humana vale observar TINANT, Eduardo Luis. *Bioética jurídica, dignidad de la persona y derechos humanos. Op. cit.*, p.17-33. Ver também: SAGUÉS, Nestor Pedro. *Dignidad de La persona e ideología constitucional.* JÁ, 1994-IV-904; MORELLO, Augusto Mario y MORELLO, Guilherme Claudio. *Los derechos fundamentales a la vida digna y a la salud.* La Plata: Editora Platense, 2002.

A estrutura estatal que foi posta em prática sempre foi muito demandada pela sociedade, criando a cada dia mais atribuições e responsabilidades para esse ente, buscando, sempre que possível, a realização das pretensões individuais e coletivas.[160]

Esse modelo de Estado que foi muito bem pensando para a sua época de elaboração passa hoje por diversos problemas das mais diferenciadas índoles. Esse Estado que foi criado e pensado para servir ao cidadão acabou sofrendo cada vez mais com o aumento de solicitações, pretensões e demandas dos cidadãos, em decorrência da complexidade da vida em coletivo[161] e da pobreza que se instalou no país, acabou por não suportar as necessidades sociais, fazendo com que esse próprio Estado, planejado para realizar as necessidades dos cidadãos, não consiga dar seguimento e resposta a todos que procuram o apoio estatal, tornando-se um Estado de promessas e de "sonhos" não cumpridos. Essa situação se dá por diversas razões desde a própria desorganização estatal indo até mesmo a total impossibilidade de responder aos reclames sociais em decorrência da total ausência de organização e do grande aumento de demandadas da sociedade que acabou por descobrir que o Estado deve cumprir algumas de suas responsabilidades frente à sociedade, por ser essa a sua função e obrigação.[162]

Esse Estado que, realmente, tem deveres a cumprir está, em nossos dias, em situação de complexidade extrema, por não poder responder ás pretensões sociais da forma que deveria, mas somente do modo que há possibilidade, mesmo sabendo que, por vezes, essa forma não chega a ser a adequada.

---

[160] Vistos internamente como direitos fundamentais, são de necessária proteção e cuidados para que venham a ser direitos, não somente formalmente constitucionais, mas, sim, postos em prática e que possam ter eficácia assim como busca o autor Ingo Sarlet, *vide* SARLET, Ingo Wolfgang. *A eficácia dos direitos fundamentais*. 4. ed., rev. atual., Porto Alegre: Livraria do Advogado, 2004, p.150 e ss e 274 e ss. Vale também fazer como Ronald Dworki que pretende que os direitos sejam levados a sério e não sejam unicamente previstos e pouco realizados, *vide* DWORKIN, Ronald. *Levando os direitos a sério*. Tradução de Nelson Boeira. São Paulo: Martins Fontes, 2002, p.283 e ss.

[161] Sobre a proteção dos direitos difusos e coletivos importante referir que hoje no Brasil, assim como ao redor do mundo, se estuda muito o tema dos processos coletivos, ou como preferem alguns as ações de classes. Sobre a temática dos processos coletivos no Brasil e seus princípios vale conferir nossa obra *in* THAMAY, Rennan Faria. *Processo Coletivo e outros temas de direito processual:* homenagem 50 anos de docência do professor José Maria Rosa Tesheiner, 30 anos de docência do professor Sérgio Gilberto Porto. Org. Araken de Assis [*et al.*].. Porto Alegre : Livraria do Advogado, 2011, v.1. p. 627 e ss.

[162] Jacques Chevallier refere que por todo esse comprometimento estatal o Estado acaba sendo a expressão de seu poderio coletivo. CHEVALLIER, Jacques. *O Estado pós-moderno. Op.cit.*, p.24. Sempre pensando como o autor, de que o Estado visa a realização dos direitos humanos, sendo esses um dos investimentos estatais, podendo, inclusive, usar como apoio para essa realização a ajuda das Organizações não governamentais (ONG's), nesse sentido Idem, p.51-52.

Clássicos exemplos das problemáticas envolvendo o ente estatal existem, podemos perceber essas problemáticas nas ações que buscam medicamentos ou ainda o custeio de um tratamento a uma pessoa que não possua condições para tanto. O Estado, por vezes, se encontra em total impossibilidade de arcar com seus deveres frete à sociedade e mesmo assim segue condenado a tanto.[163]

Sobre o tema não dissente o Supremo Tribunal Federal, consoante se colhe da recente decisão, proferida em sede de Agravo Regimental na Suspensão de Segurança 175/CE, de relatoria do Ministro Gilmar Mendes, conforme noticiado no Informativo 579 do STF, 15 a 19 de março de 2010: "Fornecimento de Medicamentos e Responsabilidade Solidária dos Entes em Matéria de Saúde 1", assim referiu:

1 – O Tribunal negou provimento a agravo regimental interposto pela União contra a decisão da Presidência do STF que, por não vislumbrar grave lesão à ordem, à economia e à saúde públicas, indeferira pedido de suspensão de tutela antecipada formulado pela agravante contra acórdão proferido pela 1ª Turma do Tribunal Regional Federal da 5ª Região. Na espécie, o TRF da 5ª Região determinara à União, ao Estado do Ceará e ao Município de Fortaleza que fornecessem a jovem portadora da patologia denominada Niemann-Pick tipo C certo medicamento que possibilitaria aumento de sobrevida e melhora da qualidade de vida, mas o qual a família da jovem não possuiria condições para custear. Alegava a

---

[163] Nesse sentido vejamos o que a jurisprudência do Tribunal de Justiça do Estado do Rio Grande do Sul vem decidindo, *verbis*: "APELAÇÃO CÍVEL. ECA. FORNECIMENTO DE MEDICAMENTO. LEGITIMIDADE PASSIVA. SOLIDARIEDADE ENTRE OS ENTES ESTATAIS. PEDIDO ADMINISTRATIVO. DIREITO Á SAÚDE. SEPARAÇÃO DE PODERES. INDISPONIBILIDADE ORÇAMENTÁRIA. HONORÁRIOS ADVOCATÍCIOS NÃO FIXADOS PELA SENTENÇA. NÃO CONHECIMENTO DO RECURSO NESTE PONTO. PRECEDENTES JURISPRUDENCIAS. Caso concreto. Fornecimento dos *medicamentos* TEGRETOL XAROPE e IMIPRAMINA 25mg, enquanto perdurar a patologia. EPILEPSIA (CID G 40.2), conforme laudo médico. Legitimidade passiva e Solidariedade. Os entes estatais são solidariamente responsáveis pelo atendimento do direito fundamental ao direito à saúde, não havendo razão para cogitar em ilegitimidade passiva ou em obrigação exclusiva de um deles. Nem mesmo se o remédio, substância ou tratamento postulado não se encontre na respectiva lista, ou se encontra na lista do outro ente. Pedido Administrativo. A inafastabilidade do controle jurisdicional, afirmada no inciso XXXV, do artigo 5º, da Constituição da República, assegura o acesso à justiça, independentemente de esgotamento ou provocação da via administrativa, salvo exceção do § 1º, do artigo 217, da mesma Constituição. Direito à Saúde, Separação de Poderes e Princípio da Reserva do Possível. A condenação do Poder Público para que forneça tratamento médico ou medicamento à criança e ao adolescente, encontra respaldo na Constituição da República e no Estatuto da Criança e do Adolescente. Em razão da proteção integral constitucionalmente assegurada à criança e ao adolescente, a condenação dos entes estatais ao atendimento do direito fundamental à saúde não representa ofensa aos princípios da separação dos poderes, do devido processo legal, da legalidade ou da reserva do possível. Direito, Política e Indisponibilidade Orçamentária. A falta de previsão orçamentária do *Estado* para fazer frente às despesas com obrigações relativas à saúde pública revela o descaso para com os administrandos e a ordem constitucional, e que não afasta ou fere a independência dos Poderes. Honorários advocatícios. Com relação aos honorários advocatícios o recurso do Município não merece ser conhecido, tendo em vista que a sentença não fixou verba honorária no presente feito. Precedentes jurisprudenciais do STJ e deste TJRS. CONHECERAM EM PARTE DO RECURSO DO MUNICÍPIO. NO MÉRITO, NEGARAM PROVIMENTO AOS APELOS. (Apelação Cível nº 70032971970, Oitava Câmara Cível, Tribunal de Justiça do RS, Relator: Rui Portanova, Julgado em 03/12/2009)" *in*: http://tj.rs.gov.br/site_php/jprud2/ementa.php, acessado em 16 de dezembro de 2009, horário: 01:01.

agravante que a decisão objeto do pedido de suspensão violaria o princípio da separação de poderes e as normas e os regulamentos do Sistema Único de Saúde – SUS, bem como desconsideraria a função exclusiva da Administração em definir políticas públicas, caracterizando-se, nestes casos, a indevida interferência do Poder Judiciário nas diretrizes de políticas públicas. Sustentava, ainda, sua ilegitimidade passiva e ofensa ao sistema de repartição de competências, como a inexistência de responsabilidade solidária entre os integrantes do SUS, ante a ausência de previsão normativa. Argumentava que só deveria figurar no pólo passivo da ação o ente responsável pela dispensação do medicamento pleiteado e que a determinação de desembolso de considerável quantia para aquisição de medicamento de alto custo pela União implicaria grave lesão às finanças e à saúde públicas.

Fornecimento de Medicamentos e Responsabilidade Solidária dos Entes em Matéria de Saúde – 2

Entendeu-se que a agravante não teria trazido novos elementos capazes de determinar a reforma da decisão agravada. Asseverou-se que a agravante teria repisado a alegação genérica de violação ao princípio da separação dos poderes, o que já afastado pela decisão impugnada ao fundamento de ser possível, em casos como o presente, o Poder Judiciário vir a garantir o direito à saúde, por meio do fornecimento de medicamento ou de tratamento imprescindível para o aumento de sobrevida e a melhoria da qualidade de vida da paciente. No ponto, registrou-se que a decisão impugnada teria informado a existência de provas suficientes quanto ao estado de saúde da paciente e a necessidade do medicamento indicado. Relativamente à possibilidade de intervenção do Poder Judiciário, reportou-se à decisão proferida na ADPF 45 MC/DF (DJU de 29.4.2004), acerca da legitimidade constitucional do controle e da intervenção do Poder Judiciário em tema de implementação de políticas públicas, quando configurada hipótese de injustificável inércia estatal ou de abusividade governamental. No que se refere à assertiva de que a decisão objeto desta suspensão invadiria competência administrativa da União e provocaria desordem em sua esfera, ao impor-lhe deveres que seriam do Estado e do Município, considerou-se que a decisão agravada teria deixado claro existirem casos na jurisprudência da Corte que afirmariam a responsabilidade solidária dos entes federados em matéria de saúde (RE 195192/RS, DJU de 31.3.2000 e RE 255627/RS, DJU de 23.2.2000). Salientou-se, ainda, que, quanto ao desenvolvimento prático desse tipo de responsabilidade solidária, deveria ser construído um modelo de cooperação e de coordenação de ações conjuntas por parte dos entes federativos. No ponto, observou-se que também será possível apreciar o tema da responsabilidade solidária no RE 566471/RN (DJE de 7.12.2007), que teve reconhecida a repercussão geral e no qual se discute a obrigatoriedade de o Poder Público fornecer medicamento de alto custo. Ademais, registrou-se estar em trâmite na Corte a Proposta de Súmula Vinculante 4, que propõe tornar vinculante o entendimento jurisprudencial a respeito da responsabilidade solidária dos entes da Federação no atendimento das ações de saúde. Ressaltou-se que, apesar da responsabilidade dos entes da Federação em matéria de direito à saúde suscitar questões delicadas, a decisão impugnada pelo pedido de suspensão, ao determinar a responsabilidade da União no fornecimento do tratamento pretendido, estaria seguindo as normas constitucionais que fixaram a competência comum (CF, art. 23, II), a Lei federal 8.080/90 (art. 7º, XI) e a jurisprudência do Supremo. Concluiu-se, assim, que a determinação para que a União pagasse as despesas do tratamento não configuraria grave lesão à ordem pública.

Asseverou-se que a correção, ou não, desse posicionamento, não seria passível de ampla cognição nos estritos limites do juízo de contracautela. Fornecimento de Medicamentos e Responsabilidade Solidária dos Entes em Matéria de Saúde – 3

De igual modo, reputou-se que as alegações concernentes à ilegitimidade passiva da União, à violação de repartição de competências, à necessidade de figurar como réu na ação principal somente o ente responsável pela dispensação do medicamento pleiteado e à desconsideração da lei do SUS não seriam passíveis de ampla delibação no juízo do pedido de suspensão, por constituírem o mérito da ação, a ser debatido de forma exaustiva no exame do recurso cabível contra o provimento jurisdicional que ensejara a tutela antecipada. Aduziu, ademais, que, ante a natureza excepcional do pedido de contracautela, a sua eventual concessão no presente momento teria caráter nitidamente satisfativo, com efeitos deletérios à subsistência e ao regular desenvolvimento da saúde da paciente, a ensejar a ocorrência de possível dano inverso, tendo o pedido formulado, neste ponto, nítida natureza de recurso, o que contrário ao entendimento fixado pela Corte no sentido de ser inviável o pedido de suspensão como sucedâneo recursal. Afastaram-se, da mesma forma, os argumentos de grave lesão à economia e à saúde públicas, haja vista que a decisão agravada teria consignado, de forma expressa, que o alto custo de um tratamento ou de um medicamento que tem registro na ANVISA não seria suficiente para impedir o seu fornecimento pelo poder público. Por fim, julgou-se improcedente a alegação de temor de que esta decisão constituiria precedente negativo ao poder público, com a possibilidade de resultar no denominado efeito multiplicador, em razão de a análise de decisões dessa natureza dever ser feita caso a caso, tendo em conta todos os elementos normativos e fáticos da questão jurídica debatida."(STA 175 AgR/CE, rel. Min. Gilmar Mendes, 17.3.2010.

Outro grande foco dessas celeumas que envolveram o Estado, e que se tornaram frequentes, foram as relações previdenciárias em que o Estado se encontra a cada dia em situação mais dificultosa financeiramente falando, visto que foi recebida a contribuição para que em momento oportuno fosse utilizado o valor para que se propiciasse a aposentadoria aos beneficiários o que, hoje em dia, se tornou cada vez mais difícil de implementação adequada, frente à ausência de contribuições suficientes para manter os benefícios concedidos e os que ainda serão concedidos. Em resumo, a situação é gravosa.

É nesse modelo de Estado[164] que vivemos hoje, em uma realidade pós-moderna[165] para alguns e para outros em uma modernidade tardia,[166]

---

[164] Cf. CHEVALLIER, Jacques. *O Estado pós-moderno. Op.cit.*, p.76. Nesse peculiar o autor sustenta que o Estado tenha como um de seus diversos objetivos o de criar condições para o país resolver seus interesses nacionais, sendo o Estado como que um "advogado" do interesse público e nacional.

[165] Sobre a temática da pós-modernidade pode ser conferida a obra de BAUMAN, Zygmunt. *O mal-estar da pós-modernidade*. Tradução de Mauro Gama, Cláudia Martinelli Gama. Rio de Janeiro: Jorge Zahar, 1998, p.7 e ss; Ademais, devem ser observados os escritos, do mesmo autor na mesma obra nas p. 121e ss.

Sabe-se que o Estado brasileiro sequer passou pelo estado social, assim como outros países, neste sentido ver GARCÍA-PELAYO, Manuel. *As transformações do estado contemporâneo*. Tradução de Agassiz Almeida Filho, Rio de Janeiro: Forense, 2009. Sobre a ideia de ser o nosso Estado pós-moderno vejamos: CHEVALLIER, Jacques. *O Estado pós-moderno*. Tradução de Marçal Justen Filho, Belo Horizonte: Forum, 2009, p.24 e ss; BAUMAN, Zygmunt. *O mal-estar da pós-modernidade*. Tradução de Mauro

na qual as demandas e complexidades aumentam a cada dia, devendo o Estado estar preparado para conseguir cumprir com seus deveres.[167]

Esses deveres se tornam cada dia mais difíceis de realização e alcance a todos os membros da sociedade, frente ao enorme crescimento da população e a ausência de condições econômicas do Estado para realizar todas as políticas públicas, os direitos sociais[168] e fundamentais.[169]

Frente a esse "quadro pintado" em decorrência do tempo que foi maldoso para com o ente estatal, torna-se perceptível a real crise que vivencia o Estado[170] e todas as suas instituições.[171] Isso talvez seja reflexo de uma sociedade em crise, onde o próprio modelo capitalista[172] foi fa-

---

Gama, Cláudia Martinelli Gama. Rio de Janeiro: Jorge Zahar, 1998, p.7 e ss; JAYME, Erik. *Cours général de droit intenacional prive*, In recueil des cours, Académie de droit intenacional, t, 251, 1997, p.36-37; LYOTARD, Jean-François. *O pós-moderno*. Rio de Janeiro: Olympio Editora, 1986; KUMAR, Krishan. *Da sociedade pós-industrial à pós-moderna*. Rio de Janeiro: Jorge Zahar Editor, 1997; HARVEY, David. *Condição pós-moderna*. São Paulo: Edições Loyola, 1992; VATTIMO, Gianni. *O Fim da Modernidade:* niilismo e hermenêutica na cultura pós-moderna, Lisboa: Editorial Presença, 1987; SANTOS, Boaventura de Souza. *Pela Mão de Alice:* O social e o político na pós-modernidade. São Paulo: Cortez, 1997.

[166] Cf. STRECK, Lenio Luiz. *Hermenêutica jurídica e(em) crise:* uma exploração hermenêutica da construção do direito. 5. ed., rev. atual., Porto Alegre: Livraria do Advogado, 2004, p.25.

[167] Resta sustentado também que esteja efetivamente em tempos pós-positivistas, onde o velho apego ao positivismo está em baixa e cada vez mais, naturalmente, em desuso. Sobre essa ideia do que seja o pós-positivismo vejamos STRECK, Lenio Luiz. *O que é isto – decido conforme minha consciência?* Porto Alegre: Livraria do Advogado, 2010, p.62-65.

[168] Sobre o dever de o Estado reconhecer e colocar em prática os direitos sociais resta importante conferir ABRAMOVICH, Víctor. COURTIS, Chistian. *El umbral de la cuidadanía: el significado de los derechos sociales en el Estado social constitucional.* Buenos Aires: Del Puerto, 2006, p. 47 e ss. Continuam os autores aduzindo que para falar com propriedade de um direito é necessário que existam mecanismos de garantia desse direito. Nesse sentido Idem., p. 65 e ss.

[169] Nesse sentido quando falamos de direitos fundamentais e sociais nos filiamos à posição de Ingo Sarlet quando afirma que os direitos fundamentais estão tanto no catálogo do art. 5 da Constituição Federal como fora desse dispositivo, existindo os direitos fundamentais e sociais no catálogo e fora do catálogo. *Vide* SARLET, Ingo Wolfgang. *A eficácia dos direitos fundamentais.* 4. ed., rev. atual., Porto Alegre: Livraria do Advogado, 2004, p.73 e 133.

[170] Sobre a crise do estado acreditamos como também se posicionou Miguel Reale, *vide*: "Pois bem, a crise do Estado surge toda vez que há um desequilíbrio entre seus elementos componentes, ora prevalecendo o indivíduo todo-poderoso, em detrimento dos valores coletivos, ora predominando este, com espezinhamento dos indivíduos. Por esse motivo, quanto mais um país se aperfeiçoa politicamente, mas o Estado é expressão concreta tanto do indivíduo como da sociedade civil. É a riqueza desta o sinal indicador mais relevante da organização política ideal." REALE, Miguel. *Crise do capitalismo e crise do Estado.* São Paulo: SENAC, 2000, p. 67.

[171] Surge latente o questionamento se estaria o ente estatal em decadência natural, sendo concluído que as mudanças descuidadas e por vezes formuladas a qualquer *modus* acaba por colocar o Estado em situação de decadência. Nesse sentido CHEVALLIER, Jacques. *O Estado pós-moderno. Op.cit.*, p. p. 11.

[172] Os valores do capitalismo são perceptivelmente observados na concepção Weberiana, quando acaba por vislumbrar uma ligação de tudo para com o capital, assim como o capital teria alta relevância para que os protestantes obtivessem mais participatividade, assim vale observar WEBER, Max. *La ética protestante y el espíritu del capitalismo.* Buenos Aires: ediciones libertador, 2007, p.18. Sabe-se, todavia, que o capitalismo também se encontra em uma "encruzilhada" como aduz Miguel Reale,

lho, sendo também crítica a situação das próprias pessoas que a cada dia estão em maior dificuldade, diga-se em crise. O direito, como ciência,[173] também passa por uma crise de magnitude gigantesca, onde institutos dos mais variados e firmes estão sendo relativizados, flexibilizados e por vezes desconsiderados.[174]

É nesse ínterim que as coisas caminham, para uma situação cada vez mais caótica, para uma sociedade que acaba por evoluir de forma abrupta sem o devido planejamento de crescimento e evolução jurídico-sociopolítica. Tudo isso fez com que a sociedade atual se tornasse cada vez mais capitalista e focada no consumo.[175]

De tudo isso, deve-se retirar boas lições, para o melhor desenvolvimento social, sabendo que a sociedade e Estado que vivenciem uma crise poderão crescer com ela, visto que a crise guarda relação próxima com a constante mudança social.[176] Sabe-se que um Estado que esteja em crise

---

referindo da celeuma vivenciada até por este modelo que muito prometeu e, realisticamente, pouco cumpriu. REALE, Miguel. *Crise do capitalismo e crise do Estado. Op. cit.*, p. 13 e ss.

[173] Grande discussão sobre a temática existe, por alguns aduzindo que o direito não é ciência e por outros que sim. Acolhe-se aqui o marco teórico de Hans Kelsen no sentido de que sim, onde o direito e a ciência jurídica são vistos como tal. Assim *vide* "Pelo que respeita a questão de saber se as relações inter-humanas são objeto da ciência jurídica, importa dizer que elas também só são objeto de um conhecimento jurídico enquanto relações jurídicas, isto é, como relações que são constituídas através de normas jurídicas. A ciência jurídica procura apreender o seu objeto 'juridicamente', isto é, do ponto de vista do direito". *Vide* KELSEN, Hans. *Teoria pura do direito.* 4. ed., São Paulo: Martins Fontes, 1994, p. 79. Vale também observar nesse sentido FERRAZ JÚNIOR, Tércio Sampaio. *A ciência do direito.* 2. ed., São Paulo: Atlas, 1986, p. 13-14. Vale o alerta de que o rigor cientifico é perigoso podendo trazer benefícios, mas, muito mais, por vezes, uma série de problemáticas grandiosas e que poderão complicar ainda mais a situação vivenciada pelo Estado e pela sociedade. Assim vejamos SANTOS, Boaventura de Sousa. *Um discurso sobre as ciências.* 5. ed., São Paulo: Cortez, 2008, p. 54. Por fim, *vide*: GÁLVEZ. Juan F. Monroy. Hacia un lenguaje que justifique la cientificidad del derecho y del proceso. *Revista de processo.* n 91, São Paulo: RT, 1998, p. 27 e ss.

[174] Nesse sentido vale observar a relativização da coisa julgada que era até pouco tempo atrás uma garantia constitucional inviolável, mas que hoje se encontra em plena relativização, sendo algo inimaginável tempos atrás, mas que frente à tamanha crise que o direito e o Estado vivenciam tornou-se possível e real. Nesse sentido vejamos alguns doutrinadores que reconhecem a relativização da coisa julgada nos processos frente ao Supremo Tribunal Federal, *vide*: CLÈVE, Clèmersom Merlin. *A fiscalização abstrata da constitucionalidade no direito brasileiro.* 2. ed., São Paulo: RT, 2000, p.306; MENDES, Gilmar Ferreira. *Jurisdição constitucional.* 3. ed., São Paulo: Saraiva, 1999, p.291; STRECK, Lenio Luiz. *Jurisdição constitucional e hermenêutica:* uma nova crítica do direito. 2. ed., Rio de Janeiro: Forense, 2004, p. 569. ARAUJO CINTRA, Antonio Carlos de. *Comentários ao código de processo civil.* 4 v. arts: 332 a 475. Rio de Janeiro: Forense, 2003, p.305; THAMAY, Rennan Faria. A relativização da coisa julgada como decorrência da crise do Poder Judiciário na perspectiva do direito previdenciário. *Revista de Direito Social,* v. 36, 2009, p. 69-104.

[175] Cf. BAUMAN, Zygmunt. *La sociedad sitiada.* Tradução de Mirta Rosenberg. Buenos Aires: Fondo de cultura económica, 2006, p.224 e ss. Vale ainda observar: BAUMAN, Zygmunt. *Vida líquida.* Tradução de Albino Santos Mosquera. 1. ed., 4. reimp., Buenos Aires: Paidós, 2009, p. 109 e ss.

[176] Veridicamente, com arrimo em Chevallier, pode-se afirmar que o Estado e suas mudanças são capazes de alterar uma realidade social de forma fundada. *Vide* CHEVALLIER, Jacques. *O Estado pós-moderno. Op. cit.*, p. 11.

está, também, em constante evolução,[177] visando ao crescimento à superação das dificuldades anteriormente sofridas.

Não se discute se há ou não crise estatal, sabe-se da existência da referida crise por todas as ocorrências hodiernas. Embora seja a crise difícil e muito prejudicial, por vezes é a forma de uma vitória posterior que é construída a partir da escapada das dificuldades vivenciadas. Certo é que não haverá sociedade pós-moderna e organizada sem um Estado, pois este é a caracterização límpida da relação organizada entre seres viventes de uma mesma localidade que não poderão ser e ter seus direitos assegurados sem a presença desse ente que foi pensado e criado para salvaguardar os seres humanos das arbitrariedades dos próprios humanos.[178]

Sabemos que há grande contribuição na ocorrência da crise pelas próprias ações tomadas pelo Estado que, por vezes, nega direitos sabidamente existentes aos seus cidadãos e ainda assim litiga em juízo buscando violar esses direito e, em alguns casos, até obtém êxito nesse desiderato maléfico.

Sabe-se que o Estado se apoia, naturalmente, na Constituição Federal, Carta capaz de regrar e organizar o ente estatal e a sociedade, fazendo com que um país tome o rumo que por seus membros foi planejado. Nesse ponto sabemos que a própria Carta Política está vivenciando uma crise das mais fortes, sendo relevante observamos esse viés da situação para que possamos compreender em que situação a sociedade se encontra e como o direito, o processo civil[179] e a coisa julgada foram atingidos.

### 2.1.6.2. A Constituição Federal e suas crises: do procedimentalismo ao substancialismo. Qual a melhor saída?

Não resta dúvida que a Constituição ainda vivencia uma forte crise, que naturalmente passa pela "velha" dicotomia procedimentalismo

---

[177] O Estado que está em crise, sabidamente, estará em crescimento ou transformação, pois a crise faz com que ente tome as providências necessárias para crescer e superar a crise. Desta feita a crise do Estado nos coloca em estágio de constante transformação e mudança de concepção de Estado. Assim deve ser observado o posfácio da obra de Jacques Chevallier, Idem, p.279.

[178] Vale buscar a preservação dos direitos humanos e fundamentais para que não nos colocarmos em situação similar das ditaduras que tanto atingiram a direitos inerentes ao ser humano. Nesse sentido conferir RAFFIN, Marcelo. *La experiencia del horror:* subjetividad y derechos humanos en las dictaduras y posdictaduras del cono sur. Buenos Aires: Del puerto, 2006, p.01.

[179] O Processo Civil é observado como um jogo por Piero Calamandrei, em sua obra CALAMANDREI, Piero. *Estudios sobre El proceso civil.* Traducción de Santiago Sentís Melendo. Buenos Aires: Ediciones jurídicas Europa-America, 1973, p. 259. Vejamos: "La razón de que no baste salir de la Universidad con un doctorado en procedimiento civil obtenido con todos los honores, para ser sin más abogado duchos de audiencia, es muy similar psicológicamente a la razón de común experiencia por la cual no se llega a ser hábiles jugadores de ajedrez sólo con aprender de memoria, tomadas de un manual, las reglas del juego".

e substancialismo, que será agora abordada, possibilitando posterior conhecimento, efetivo, da crise constitucional hodierna.

Todo esse debate em relação a método e procedimento nos fez chagar a discussão sobre os procedimentalistas e substancialistas, o que é, sem dúvida, salutar para a compreensão de como devemos observar a Constituição, o Processo Civil e a Hermenêutica Jurídica.

O substancialismo vem coligado à ideia de maior efetividade da jurisdição constitucional,[180] o que por muito tempo se buscou, sendo o fito da análise feita por diversos autores, dentre eles no exterior Ronald Dworkin e Cappelletti, por sua vez em nosso país vem abraçada, tal teoria, pelos autores Paulo Bonavides e Clèmerson Merlin Clève.

O procedimentalismo, por sua vez, foi aceito por Habermas, Joan Carlos Bayón e Garapón, defendendo a ideia de judicialização da política,[181] apontando para um constitucionalismo débil, pelo qual a Constituição só limita o poder[182] existente, sem prever uma defesa material dos direitos fundamentais.

O problema da teoria procedimentalista, segundo Lenio Luiz Streck, está na ideia de que o procedimento é o modo/forma (ideal) de operar democracia.[183] O autor busca respaldo em Luhmann dizendo que na sociedade complexa devem as naturezas das sentenças ceder aos procedimentos.[184]

---

[180] Cf. BONAVIDES, Paulo. *A constituição Aberta*. Belo Horizonte: Del Rey, 1993, p.09-10. Sobre a temática da jurisdição constitucional, que é das mais relevantes, necessário observar a obra de STRECK, Lenio Luiz. *Jurisdição constitucional e hermenêutica:* uma nova crítica do direito. 2. ed., Rio de Janeiro: Forense, 2004.

[181] Sobre judicialização da política conferir VIANA, Luiz Werneck *et al*. *A judicialização da política e das relações sociais no Brasil*. Rio de Janeiro: Editora Revan, 1999, p.47 e ss. Neste ponto vale observar as concepções dos autores no sentido de que no Brasil exista, realmente, a judicialização da política e não o ativismo judicial que por singela observação semântica não vem a significa, especificamente, a mesma coisa que a judicialização. Para os autores haverá, realmente, uma judicialização da política onde o judiciário é chamado, por necessidade, a se manifestar sobre questões relevantes para a seara sociopolítica nacional, passando essa judicialização às relações sociais também, sendo algo bem distinto do ativismo que aparenta ser uma intromissão complexa. Sobre a vaga ideia construída sobre o ativismo judicial consular GIACOMUZZI, José Guilherme. *Revista do direito administrativo*: As raízes do realismo americano: breve esboço acerca de dicotomias, ideologias, e pureza no direito dos USA. Rio de Janeiro, 239: 371, 2005.

[182] Sobre os diversos campos de disputa do poder vale consultar BOURDIEU, Pierre. *Campo de poder*: campo intelectual. Buenos Aires: Estroboas copia, 2003. Importante observar também a obra de Enrique Marí, *racionalidad e imaginario social em el discurso del orden, en VV.AA., Derecho y psicoanálisis*, onde se discute o que venha a ser o dispositivo do poder, formado pelo discurso de ordem, pela força e pelo imaginário social. MARÍ, Enrique. Racionalidad e imaginario social en el discurso del orden, en VV.AA., Derecho y psicoanálisis. *Teoría de las ficciones y función dogmática*. Buenos Aires: Hachette, 1987.

[183] Sobre a democracia realizada através do processo civil vale conferir nosso texto THAMAY, Renan Faria. *A democracia efetivada através do processo civil*. Processos Coletivos. , v.1, p.01 – 29, 2010.

[184] Cf. STRECK, Lenio Luiz. *Verdade e consenso Constituição, hermenêutica e teorias discursivas*. Rio de Janeiro: Lumen Juris, 2006, p.14.

Mesmo frente a essa teoria, o referido autor toma outra posição, abraçando a posição esposada por Gilberto Bercovici e Martônio Barreto Lima, aceitando a ideia da teoria material-substancial.[185]

Analisando o procedimentalismo, ao olhar de Habermas, partimos da ideia de ultrapassar a oposição entre os paradigmas liberal/formal/burguês e o Estado Social de Direito, utilizando-se da interpretação e distinção entre política e direito à luz da teoria do discurso.[186]

Habermas refere que não aceitar o processo hermenêutico de aplicação das normas, fazendo, assim, crítica severa a Robert Alexy que faz uma leitura de Dworkin, concluindo que este seria um substancialista.[187]

Habermas também recusa a pretensão à universalidade da hermenêutica filosófica,[188] visto que tem o entendimento no sentido de que a associação do pluralismo com as normas princípios eticamente assentados promovem a dissolução da justiça e isso causa ao autor severa preocupação sendo o motivo de sua crítica que em seu modo de ver é coerente.[189]

O autor também recusa a ideia de realismo jurídico, por entender que seja muito complexa a realidade jurídica, entendendo que as altas exigências morais tornam inaplicável tal tipo de entendimento.[190]

Harbemas em sua análise descrê também do positivismo jurídico,[191] pois esse opta pela certeza das decisões judiciais em detrimento de uma base de validade fundada nas pretensões de justiça.[192]

Analisando as referidas lições de Habermas, vem Lenio Luiz Streck referindo que aquele autor propõe um modelo de democracia constitucional que não tem como condição prévia fundamentar-se nem em valores

---

[185] O autor refere ser difícil sustentar as teses processuais procedimentais no Brasil, pois parte grandiosa dos direitos e garantias fundamentais sociais continuam não cumpridos. Isso é natural, pois em todos os lugares do mundo se viola os direitos fundamentais, o que não deveria ocorrer, mas se dá em decorrência da natureza humana, isso nos faz pensar em uma filiação às teorias matérias-substanciais, onde, em tese, se terá maior possibilidade de efetividade dos direitos fundamentais. Idem, p.14-15.

[186] Idem, p. 16.

[187] "Recuso peremptoriamente tanto o processo hermenêutico de aplicação das normas como se fossem valores, como crítica durante o enfoque monológico e hercúleo de um juiz que se sobressai por sua virtude e acesso privilegiado à verdade". HABERMAS, Jurgen. *Direito e democracia*. V. I., Rio de Janeiro: Tempo Brasileiro, 1997, p.245 e ss.

[188] Sobre a hermenêutica filosófica deve ser consultado GADAMER, Hans-Georg. *Verdade e método II. Op. cit.,* p. 111 e ss.

[189] Cf. HABERMAS, Jurgen. *Direito e democracia. Op. cit.,* p.245.

[190] Idem, p. 245 e ss.

[191] Sobre o positivismo jurídico deve ser mencionada a obra de BOBIO, Norberto. *O positivismo jurídico:* lições introdutórias de filosofia do direito. Tradução de Márcio Pugliesi Edson Bini e Carlos E. Rodrigues. São Paulo: Ícone, 1995, p.135 e ss.

[192] Cf. HABERMAS, Jurgen. *Direito e democracia. Op. cit.,* p. 245 e ss.

compartilhados, nem em conteúdos substantivos, mas em procedimentos que asseguram a formação democrática da opinião e da vontade e que exigem uma identidade política não mais ancorada em uma "nação de cultura", mas, sim, em uma "nação de cidadãos".[193]

Harbemas também critica a jurisprudência de valores das cortes europeias, dizendo que no Estado Democrático de Direito a Constituição deve ser interpretada pelo Tribunal Constitucional utilizando uma compreensão procedimental.[194] O doutrinador refere ainda que o Tribunal Constitucional deve zelar pela garantia de que a cidadania disponha de meios para um entendimento da natureza de seus problemas e a forma de solução, não guardando apenas uma ordem legal suprapositiva de valores.[195]

Em relação ao substancialismo, observando as lições de Laurence Tribe, pode-se afirmar que o procedimentalismo completar-se com uma teoria dos direitos e valores substantivos, dando consistência a tal forma de entendimento.[196]

A ideia que hoje é apregoada, por grande parte da doutrina, é a do substancialismo, no qual se valoriza muito mais o conteúdo de cada instituto jurígeno e não somente a forma de se aplicar ou de se utilizar. Isso é relevante, pois a ideia de procedimentalismo dá à Carta Magna mera força de verificação normativa, o que é diferente de nossa realidade, visto que valorizamos muito o controle de constitucionalidade das normas, o que nos conduz a uma ideia de substancialismo da Carta Política.

Tudo isso nos leva a uma modalidade de interpretação[197] da Norma Magna que é diferente da vislumbrada por um procedimentalista, sendo a visão de um substancilaista muito mais ampla.

---

[193] Cf. STRECK, Lenio Luiz. *Verdade e consenso Constituição, hermenêutica e teorias discursivas. Op. cit.,* p. 19.

[194] Cf. HABERMAS, Jurgen. *Direito e democracia.* V. II., Rio de Janeiro: Tempo Brasileiro, 1997, p. 170 e ss.

[195] Idem, p. 297 e ss.

[196] Na leitura que é feita do livro verdade e consenso pode ser abstraída essa compreensão que serve muito para o devido entendimento da ideia deste autor que contribui, e muito, para a formação adequada de entendimento, demonstrando, até que ponto, que o substancialismo pode ser melhor que o procedimentalismo. STRECK, Lenio Luiz. *Verdade e consenso Constituição, hermenêutica e teorias discursivas. Op. cit.,* p. 20-21.

[197] "Se se considera que uma teoria da interpretação constitucional deve encarar seriamente o tema 'Constituição e realidade constitucional' – aqui se pensa na exigência de incorporação das ciências sociais e também nas teorias jurídico-funcionais, bem como nos métodos de interpretação voltados para atendimento do interesse público e do bem-estar geral –, então há de se perguntar, de forma mais decidida, sobre os agentes conformadores da 'realidade constitucional'". HABERLE, Peter. *Hermenêutica Constitucional* – A sociedade aberta dos intérpretes da constituição: contribuição para a interpretação pluralista e "procedimental" da constituição. Tradução de Gilmar Ferreira Mendes, Porto Alegre: Sergio Antonio Fabris Editor, 1997, p. 12.

São exemplos do substancialismo os mandamentos substantivos, dentre os mais importantes o do devido processo legal, que tem em sua base a dignidade pessoal[198] de ter um processo[199] que possibilite a livre manifestação das partes, onde o processo terá um curso probatório natural que propicie a participação efetiva das partes. Outro exemplo são as ações de participação, ou seja, aquelas que dependam de votação, o que gera a possibilidade de participação de todos quantos queiram expressar sua ideia através do voto.[200]

Fechando a ideia, analisemos a referência feita por Lenio Luiz Streck, utilizando-se das lições de Laurence Tribe, arguindo que as teorias procedimentalistas não parecem apreciar que o processo é algo em si mesmo valioso, porém dizer que o processo é em si mesmo valioso é afirmar que a Constituição é inevitavelmente substantiva.[201]

Por fim, podemos de forma singela tentar sintetizar a ideia dos procedimentalista no sentido de entendimento de que a Constituição seria guiada observando somente os procedimentos e nada mais. Enquanto, por outro lado, os substancialistas adaptam à noção de Estado o conteúdo material das constituições através de valores substantivos, que apontam para mudanças da sociedade, valorizando a justiça constitucional e a efetividade dos direitos fundamentais.

Muitos são conduzidos a aderirem à última corrente, a do substancialismo, o que não seria de todo ruim, mas cremos que não seja o adequado, quando deveríamos pensar em uma "nova tese" que fosse, realisticamente, o meio-termo, que projetasse a utilização da Constituição como um catálogo procedimental, mas que também fosse, necessariamente, substancialista, prezando sempre pelo conteúdo mágno que garante a efetividade dos direitos fundamentais em geral.

Ser somente procedimentalista hoje, em dias apressados e muito ligados à garantia dos direitos fundamentais, é em verdade não ser um grande visionário da Carta Política. Por outro lado tomar como sua a bandeira do substancialismo também se mostra perigosa, pois esse tipo de teórico

---

[198] Cf. TINANT, Eduardo Luis. *Bioética jurídica, dignidad de la persona y derechos humanos. Op. cit.*, p. 17-33. Ver também: SAGUÉS, Nestor Pedro. *Dignidad de La persona e ideologia constitucional.* JÁ, 1994-IV-904; MORELLO, Augusto Mario y MORELLO, Guilhermo Claudio. *Los derechos fundamentales a la vida digna y a la salud.* La Plata: Editora Platense, 2002.

[199] Observando o processo como instrumento de política social relevante e que propicia a todos o alcance ao Poder Judiciário vem Vittorio Denti em sua obra *Processo civile e giustizia Sociale.* Milano: Edizioni di Comunità, 1971, p. 53 e ss. Ademais, sobre o "moderno" direito processual pós-moderno vejamos PEYRANO, Jorge W.. *El derecho procesal postmoderno. Revista de processual.* Ano 21, n. 81, São Paulo: RT, p. 141 e ss.

[200] Cf. STRECK, Lenio Luiz. *Verdade e consenso Constituição, hermenêutica e teorias discursivas. Op. cit.*, p. 20-21.

[201] Idem, p. 20.

estaria, única e exclusivamente, ligado ao conteúdo dado à Constituição, o que, também, não é o ideal, pois essa teoria desvaloriza o procedimento que, diga-se de passagem, é a forma organizacional e estrutural da Norma Maior e também se faz necessário.

Nesse viés é que surge a vontade de pensar em uma nova saída, uma nova teoria que venha a conceder à Constituição tanto o procedimentalismo, que é necessário, quanto o substancialismo, que é essencial. Essa junção poderá deixar a Carta Magna mais forte, eficaz e verdadeira, mantendo a organização em decorrência da influência do procedimentalismo, e mantendo a sua essência, o seu corpo e a o seu conteúdo material, em decorrência do substancialismo. Assim, deve-se buscar uma sistemática que dê maior efetividade à Constituição que dotará de maior efetividade o processo.[202]

Assim, também, com essas teorizações conflitantes que foram observadas, se tornou maior e mais efetiva a crise da própria Constituição Federal que será então observada.

### 2.1.6.3. A crise da Constituição

A Carta Magna foi, efetivamente, uma das maiores – se não a maior – conquista de nossa sociedade que por muito tempo sofreu com os "desmandos" e abusos que já vinham sendo praticados contra os direitos fundamentais.

Essa realidade começou a mudar com a revolução francesa de 1789, garantidora de diversos direitos, quando nasceu o movimento intitulado como constitucionalismo,[203] sendo extremamente relevante para a formação de uma Constituição escrita e que busque a proteção de direitos fundamentais e sociais[204] para uma sociedade que carecia desses cuidados e garantias a serem ofertadas pelo Estado.[205]

---

[202] Cf. BEDAQUE, José Roberto dos Santos. *Efetividade do processo e técnica processual.* 2. ed., São Paulo: Malheiros, 2007, p.49 e ss.

[203] Sobre o constitucionalismo conferir CANOTILHO, José Joaquim Gomes. *Direito constitucional e teoria da constituição.* 7. ed. Coimbra: Almedina, 2007, p.51. Também relevante observar o viés que é abordado por Gisele Cittadino ao referir o movimento do constitucionalismo comunitário que possivelmente se instalou no Brasil sendo uma visão peculiar sobre a temática, razão pela qual deve ser, pelo menos, referida. CITTADINO, Gisele. *Pluralismo direito e justiça distributiva:* elementos da filosofia constitucional contemporânea. 4. ed. Rio de Janeiro: Lumen Juris, 2009, p.11-15. Sobre o Constitucionalismo também deve ser observada obra do autor STRECK, Lenio Luiz. *Jurisdição constitucional e hermenêutica:* uma nova crítica do direito. Porto Alegre: Livraria do Advogado, 2002, p.95 e ss

[204] Neste sentido SAGUES Nestor P. *Elementos de derecho constitucional.* tomo I. Buenos Aires: Artraz, 1997, p.08. *vide:* "En definitiva, los contenidos del constitucionalismo individualista consagran un positivo y minucioso catálogo de facultades, garantias e derechos personales, públicos y privados, vinculados con la dignidad humana (como los de libertad física y de tránsito; libertad de expresión,

Após toda essa realidade, onde os países passaram a positivar[206] o que seria, naturalmente, um direito constitucional, o Brasil, por exemplo, passou a valorizar muito mais a Carta Política, sendo essa prática totalmente diferente da anterior, onde o que efetivamente era importante eram as normas[207] infraconstitucionais, sendo o caso do Código Civil e Penal, por exemplo.

A Magna Carta ganhou muita força,[208] com o correr do tempo, sendo isso natural da nova realidade que as sociedades começaram a vivenciar, uma Constituição realmente forte e respeitada. Nesse sentido, a Constituição Federal foi ganhando campo e se tornando indispensável.

Com essa natural evolução, a Carta Política acabou por sair do "anonimato" e passou ao total "sucesso" vivenciando, em seu início, momentos de glória e euforia. Em nossos dias crises e problemáticas das mais complexas afetaram a Constituição, havendo desrespeito das positivações postas no corpo constitucional, o que em nossa realidade não é prática aceitável.[209]

Instalada a crise surgiram as violações a direitos como ao direito adquirido,[210] ao patrimônio, a liberdade, a imagem, coisa julgada,[211] ato

---

en particular de la prensa; derecho de reunión y de peticionar a las autoridades; de sufragio; de enseñar y aprender; de libertad de cultos y derecho a la privacidad; de inviolabilidad del domicilio y papeles privados; de derecho procesal y derecho penal, etcétera)".

[205] Veridicamente a função do Estado é realizar e produzir o coletivo, protegendo aquilo que a todos cidadãos interesse e seja relevante, isso é a busca da efetividade do coletivo, superando a antiga visão preocupada em realizar o direito individual. *Vide* CHEVALLIER, Jacques. *O Estado pós-moderno. Op.cit.*, p.62.

[206] Sobre a ideia do direito positivo ver KELSEN, Hans. *O que é justiça? A justiça, o direito e a política no espelho da ciência.* Tradução de Luís Carlos Borges. São Paulo: Martins Fontes, 1998, p.364. Ademais, muito tem se apregoado sobre a afirmação de que o direito se restrinja à Lei, supostamente embasados em Kelsen, afirmando que essa argumentação estaria em sua obra Teoria pura do direito, dúvidas surgem sobre essa maneira de vislumbrar a obra do referido autor, assim, vale a pesquisa na referida obra, *vide*: KELSEN, Hans. *Teoria pura do direito. Op. cit.*, p.33 e ss.

[207] Sobre o conteúdo da norma processual, tanto em seu viés instrumental como material vale conferir as palavras do saudoso autor italiano Carnelutti. *Vide* CARNELUTTI, Francesco. *Lezioni di diritto processuale civile.* v. I, Pádova: Edizioni Cedam, 1986, p.183 e ss.

[208] Vale observar o que nos diz Bercovici quando afirma que o Estado que era o centro dos estudos passou a ceder lugar e espaço para a crescente relevância da Constituição, o que se justifica por naturalidade. BERCOVICI, Gilberto. *Revista da História das idéias:* As possibilidades de uma teoria do Estado. *Op. cit.*, p.27.

[209] Cf. KELSEN, Hans. *Jurisdição constitucional.* São Paulo: Martins fontes, 2003, p.124 e ss. Deve ser reconhecida a superação da teoria de Schmitt pela de Kelsen que atribui como guardião da Constituição um Tribunal Constitucional que busque sempre que possível a proteção da Carta Magna, função que em nosso país foi "entregue" ao Supremo Tribunal Federal que controla a constitucionalidade das leis e atos normativos através do controle difuso e/ou concentrado.

[210] Sobre a importância e sistemática do direito adquirido importante conferir FRANÇA. Rubens Limongi, *A Irretroatividade das Leis e o Direito Adquirido.* 4. ed., São Paulo: RT, 1994, p.210-211.

jurídico perfeito, igualdade, legalidade dentre outros tantos direitos sociais e fundamentais, chegando assim a afrontar a Constituição Federal de forma frontal. Essas práticas violadoras não poderiam ocorrer. Para superar essas problemáticas, dentre outras, foi criado o controle de constitucionalidade para solver as celeumas entre as leis[212] ou atos normativos e o texto Constitucional e suas garantias fundamentais naturais.

Nesse sentido, soluções foram pensadas e postas em prática, visando à proteção da própria Carta Política que é fruto de todo o delongado período de lutas e vitórias obtidas depois de muito sacrifício.[213] Dizer que esse modelo de Constituição é perfeito é verdadeiro exagero, mas, também, não devemos desconsiderar a grande evolução que foi dada em um tempo relativamente curto.

A crise da Constituição[214] é, aparentemente, decorrência da crise do Estado, visto que ambos andam juntos e se o modelo de Estado não está veridicamente fora da crise, a Carta Magna também não poderia estar já que são ambos intimamente ligados e a Constituição decorre da própria vontade estatal e social. Exigir uma superação dessa crise de forma rápida é algo que não parece ser facilmente ocorrente, pois para superar essa problemática necessitamos vencer a crise Estatal, passando, então, a superar a crise da Constituição Federal. A crise que parece ser uma ocorrên-

---

[211] Em relação à coisa julgada vale averiguar a sua possível relativização, o que demonstra claramente crise vivenciada pelos institutos jurídicos e também da Constituição, por estarem esses institutos apregoados pela Carta Magna, gerando, claramente, efeitos na crise do Estado. Essa relativização da coisa julgada pode ocorrer tanto no processo objetivo quanto subjetivo, incidindo, em tese e em parte, em uma mesma forma, veja assim alguns posicionamentos na doutrina que analisaram a questão, em nível de processo objetivo, e que foram determinantes para que se chegue a um entendimento razoável. Clèmersom Merlin Clève, observando o voto do ministro Carlos Veloso na ADC 1-1-DF, contribui arguindo que "É necessário, na ação de constitucionalidade, do mesmo modo que ocorre com a ação direta inconstitucionalidade, interpretar a coisa julgada e a eficácia erga omnes cum grano salis. Sim, porque a declaração de constitucionalidade de lei não pode impedir, diante de alteração das circunstâncias fáticas ou da realidade normativa, a propositura da ação direta de inconstitucionalidade. Embora por razões óbvias, a recíproca não seja verdadeira, hoje, a lei pode ser constitucional, amanhã não". CLÈVE, Clèmersom Merlin. *A fiscalização abstrata da constitucionalidade no direito brasileiro. Op. cit.*, p.306. A temática será posteriormente aprofundada e devidamente observada.

[212] Sobre a ideia de como se formou a codificação moderna que naturalmente influenciou aquilo que hoje presenciamos como lei, observar TARELLO, Giovanni. *Storia della cultura giuridica moderna*. Bologna: Il Mulino, 1976, p.18 e ss. Sobre a relação da cultura e do sistema legal vale conferir o que escreveu John Merryman *vide* MERRYMAN, John Henry. *La tradición jurídica romano-canónica*. Traducción de Eduardo L. Suárez. Ciudad de México: Fondo de cultura económica, 1997, p. 17. "La tradición legal relaciona el sistema legal con la cultura de la que es una expresión parcial. Ubica al sistema legal dentro de la perspectiva cultural".

[213] Importante rememorar que o Estado não se forma do dia para a noite, sua construção é algo extremamente complexo e de elaboração lenta. Essa constituição do ente estatal é decorrência natural de um tempo relativamente delongado de lutas e conquistas da sociedade. Nesse sentido observar as lições de CHEVALLIER, Jacques. *O Estado pós-moderno. Op. cit.*, p.25.

[214] Sobre a crise da Constituição vale conferir FARIA. José Eduardo. *A crise constitucional e a restauração da legitimidade*. Porto Alegre: Fabris, 1985, p.33 e ss.

cia global demonstra que a solução a ser pensada não será singela, muito antes pelo contrário, será complexa. A crise que está postada em grande parte dos países, merece o devido cuidado para que possa ser transposta e venha causar os benefícios, e não malefícios, que uma crise pode "ofertar", fazendo a sociedade evoluir de uma forma geral.

Possuir uma Constituição que, aparentemente, não consegue realizar sequer seus objetivos que estão elencados no art. 3º, demonstra realmente que a Constituição é formalista e por vezes pouco realista.[215] Outra problemática está ligada ao modelo de Estado democrático[216] de direito ao qual o Brasil formalmente escolheu, sendo esse até o presente momento não realizado veridicamente,[217] seguindo essa ocorrência as previsões esposadas pelo teórico da democracia[218] Rousseau[219] que, embora, entendesse ser esse modelo um dos melhores a ser adotado, jamais acreditou na real aplicabilidade e realização desse regime por ser extremamente difícil a sua efetiva implementação.

Mesmo assim, analisando todas essas peculiaridades, devemos nos inclinar às grandiosas conquistas que foram trazidas com a Constituição de 1988, na qual os brasileiros passaram a conhecer, por exemplo, direitos sociais como a possibilidade de trabalho devidamente legalizado, assim

---

[215] Nesse sentido vale observar as palavras de Giacomuzzi, arguindo que o que deveria haver, em nossos dias, é, efetivamente, um maior apego à realidade e não meramente à legalidade. O referido autor acaba fazendo um estudo do realismo americano que certamente poderia influenciar muito nesse busca de superação do normativismo. *Vide* GIACOMUZZI, José Guilherme. *Revista do direito administrativo*: As raízes do realismo americano: breve esboço acerca de dicotomias, ideologias, e pureza no direito dos USA. Rio de Janeiro, 239: 359-388, 2005.

[216] Sobre a formação de uma democracia, para entender a correta conceituação dessa palavra, averiguar BOBBIO, Norberto. *Liberalismo e democracia*. Tradução de Marco Aurélio Nogueira, São Paulo: Brasiliense, 2000, p.37. Nesse pondo o autor aproxima a democracia da ideia de igualdade. Ainda na perseguição do que venha a ser a democracia vale conferir BONAVIDES, Paulo. *Teoria constitucional da democracia participativa*. São Paulo: Malheiros, 2001, p.25 e ss; Por fim, conferir GARCÍA-PELAYO, Manuel. *As transformações do estado contemporâneo*. Tradução de Agassiz Almeida Filho, Rio de Janeiro: Forense, 2009, p.33. Em relação a possibilidade dede realização do Estado de Direito que vise a cultura democrática, por mais que pontuadamente na realidade das ditaduras, é recomendável que observemos as colocações de RAFFIN, Marcelo. *La experiencia del horror*: subjetividad y derechos humanos en las dictaduras y posdictaduras del cono sur. *Op. cit.*, p.180 e ss.

[217] Aqui vale a crítica de Miguel Reale arguindo que "se, como diz Sartori, a democracia atual é, na realidade, uma partidocracia, a democracia brasileira é de mera aparência, uma vez que nossa experiência política é a mais preária possível, não sendo nosso título de eleitor representativo de uma participação ativa, mas apenas de um direito formal de manifestar a própria vontade em determinado dia e hora. Fora disso, o que há é o vácuo político, em correspondência com o vazio partidário." REALE, Miguel. *Crise do capitalismo e crise do Estado. Op. cit.*, p.67-68.

[218] Sobre a relação íntima entre o processo e a democracia é interessante observar as colocações de Calamandrei, que acaba por mostrar que o processo pode ser a via de realização da democracia. Nesse sentido, conferir CALAMANDREI, Piero. *Proceso y democracia.* Tradución de Hector Fix Zamudio. Buenos Aires: Ediciones Juridicas Europa-America, 1960, p.11 e ss. Também deve ser conferida a obra de RIBEIRO, Darci Guimarães. *Da tutela jurisdicional às formas de tutela. Op. cit.*, p.95 e ss.

[219] Cf. ROUSSEAU, Jean-Jacques. *O contrato social.* Tradução de Paulo Neves, Porto Alegre: L&PM, 2009, p.80-81.

como o direito à liberdade de ir e vir e de pensamento. Por mais que exista crise, como foi referido anteriormente, deve haver respeito para com a Carta Política que foi um marco vitorioso em nossa sociedade que hoje pode se basear nas conquistas que estão positivadas, considerando a natural evolução do direito constitucional conforme as necessidades nacionais, servindo as emendas constitucionais a esse desiderato.

Sabe-se que a crise, por sua natureza, não é de toda terrível, embora pareça um caos, visto que acaba proporcionando, àquele que a enfrenta, a superação, permitindo ao Estado e a sociedade a "vitória", por mais que momentânea, em relação à dificuldade, visto que sabidamente o homem não cresce tanto como em momentos de dificuldade,[220] talvez seja essa uma consequência da natureza humana que aparentemente nasceu para buscar a superação da dor e alcançar o prazer.[221]

Nesse sentido de observação é perceptível que a crise acabou por encontrar o direito, seja como ciência para quem compreende o mesmo como tal ou não, fazendo com que problemáticas das mais variadas viessem a atingir tanto o direito público como o privado (para quem ainda mantenha a compreensão dessa separação), fazendo com que institutos e direitos sejam diretamente afetados.

O direito[222] acabou sendo atingido pela referida crise de tal forma que hoje, por mais que se tente superá-la ou ainda, simplesmente, desconsiderá-la, não se obtém êxito, visto que acabou por comprometer toda a visão sistêmica[223] do ordenamento jurídico hoje presente.

Assim também se deu com o Processo Civil em nosso país, que acabou por realmente adentrar em "solo inseguro" que fez com que o autor hoje "caminhe" de forma temerosa nesse ramo do direito. Situações emblemáticas que demonstram a existência da crise são as mais variadas possíveis indo desde a ocorrência das sentenças liminares do art. 285-A[224]

---

[220] Cf. RIBEIRO, Darci Guimarães. *La pretensión procesal y La tutela judicial efectiva. Op. cit.*, p.24. Nesse peculiar o autor refere que o ser humano aprende muito mais e cresce com a dor do que com o prazer, buscando em Nietzsche e Esquilo suas afirmações.

[221] Nesse sentido, ver KAUFMANN, Arthur. *La filosifía del derecho en la posmodernidad.* Tradución Luis Villar Borda. Bogotá: Temis, 1998, p.84-85.

[222] Nesse sentido, vale a adoção da noção de direito que foi buscada por Darci Ribeiro em Protágoras, afirmando que o direito é um produto criado pelo homem e para o homem, sendo a esse naturalmente vinculado. Observe-se RIBEIRO, Darci Guimarães. *La pretensión procesal y La tutela judicial efectiva. Op. cit.*, p.21.

[223] Sobre a teoría dos sistemas, vale observar LUHMANN, Niklas. *Sitemi sociali*: Fondamenti di una teoria generale, Bolonha:Il Mulino, 1990.

[224] "Art. 285-A. Quando a matéria controvertida for unicamente de direito e no juízo já houver sido proferida sentença de total improcedência em outros casos idênticos, poderá ser dispensada a citação e proferida sentença, reproduzindo-se o teor da anteriormente prolatada. § 1º Se o autor apelar, é facultado ao juiz decidir, no prazo de 5 (cinco) dias, não manter a sentença e determinar o prosseguimento da ação. § 2º Caso seja mantida a sentença, será ordenada a citação do réu para responder ao

do Código de Processo Civil até o que hoje se debate[225] com grande veemência, a relativização da coisa julgada[226] como já referido e posteriormente tratado.

Diversas decisões judiciais diariamente são postadas e simplesmente desconsideram direitos fundamentais, prática inconstitucional e inaceitável, que se dá, por vezes, em decorrência do pouco estudo do processo e de suas peculiaridades. São essas violações que atingem a Carta Magna e que fazem com que a Carta Máxima esteja passando por essa crise, pois desconsiderar direitos fundamentais, como os já referidos, é prática altamente repudiada.

Essas violações podem ser acobertadas pelo manto da coisa julgada, e por vezes o são, e tudo isso afronta de forma frontal os direitos fundamentais, fazendo com que uma pessoa que tem direito a medicamentos, por exemplo, que derivada do direito a saúde, não os receba caso a decisão seja pela improcedência dos pedidos, embora visivelmente seja caso de concessão.

Em inúmeros casos, resta transitada em julgada uma decisão que gera a impossibilidade de um pai ter o convívio com seu filho em decorrência de uma decisão que, a sua época por não haver forma de exame seguro, acabou por julgar[227] improcedentes os pedidos da pretensão que

---

recurso." Esse tipo de sentença incorrerá em ausência de "completeza" que é uma noção sustentada por Cappelletti na obra CAPPELLETTI, Mauro. *La testimonianza della parte nel sistema dell'oralità*. Giuffrè, 1974, p.144. Ademais, as sentenças devem ser fundamentadas de forma precisa, e não com possuindo uma falsa fundamentação, pois o magistrado deve convencer as partes de que sua decisão guarda uma lógica jurídica correta, nesse diapasão *vide*: TARUFFO. Senso comune, esperienza e scienza nel ragionamento del giudice, in *revista trimestrale di diritto e procedura civile*. Tradução de Candido Rangel Dinamarco. Giuffrè, 2001, p. 675. Mesmo assim, o que se quis aqui foi uma celeridade desmedida e que gera, na grande maioria dos casos, rompimento de direitos fundamentais. Aqui merece lembrança a ponderação de Boaventura, quando aduz que a celeridade desmedida influencia claramente na qualidade das sentenças, que passam, efetivamente, a se afastar dos critérios da qualidade da prestação jurisdicional. SANTOS, Boaventura de Souza. *Para uma revolução democrática da justiça. Op. cit.*, p. 81.

[225] Sobre a problemática envolvendo o art. 285-A do Código de Processo Civil vale conferir NERY JÚNIOR, Nelson. NERY, Rosa Maria de Andrade. *Código de processo civil comentado e legislação extravagante. Op. cit.*, p.554-555.

[226] Sobre a relativização da coisa julgada no direito tributário vale conferir nosso texto *in* THAMAY, Rennan Faria. *A relativização da coisa julgada em matéria tributária*. Processos Coletivos. , v.2, p. 01 – 33, 2010.

[227] Crítica apurada foi obrada por Lenio Streck referindo que a justiça não advém da consciência do julgador, repudiando o chamado "decido conforme minha consciência", *vide* STRECK, Lenio Luiz. *O que é isto – decido conforme minha consciência?* Porto Alegre: Livraria do Advogado, 2010, p. 24. contrariamente a essa postura coerente do referido autor, vem Humberto Gomes de Barros Ministro do Superior Tribunal de Justiça no AgReg em ERESP nº 279.889-AL, vejamos: "Não me importa o que pensam os doutrinadores. Enquanto for Ministro do Superior Tribunal de Justiça, assumo a autoridade da minha jurisdição. O pensamento daqueles que não são Ministros deste Tribunal importa como orientação. A eles, porém, não me submeto. Interessa conhecer a doutrina de Barbosa Moreira ou Athos Carneiro. Decido, porém, conforme minha consciência. Precisamos estabelecer nossa

visava ao reconhecimento da paternidade e à regulamentação de visitas do pai.

Tudo isso pode acontecer, e essas decisões podem transitar em julgado, fazendo com que direitos da personalidade sejam, simplesmente, desconsiderados no caso concreto. Essa realidade pode-se dar também no controle de constitucionalidade em que uma norma[228] declaradamente constitucional venha a prejudicar direitos fundamentais, sendo que essa norma[229] teria a validade e total aplicabilidade mesmo prejudicando a milhares de pessoas, por resta protegida pelo manto da coisa julgada.

Tudo isso é fruto das mais variadas crises já referidas e mais pontuadamente da crise da Constituição. Aliada a esta crise terrível, que causa nefastas consequências, resta necessário estudar a partir de então a crise do Poder Judiciário[230] que finalizará a análise pretendida para depois passar ao estudo da relativização da coisa julgada.

### 2.1.6.4. A crise do Poder Judiciário

Além das já referidas crises que foram identificadas anteriormente é importante, por necessidade, passar pela análise da crise do Poder Ju-

---

autonomia intelectual, para que este Tribunal seja respeitado. É preciso consolidar o entendimento de que os Srs. Ministros Francisco Peçanha Martins e Humberto Gomes de Barros decidem assim, porque pensam assim. E o STJ decide assim, porque a maioria de seus integrantes pensa como esses Ministros. Esse é o pensamento do Superior Tribunal de Justiça, e a doutrina que se amolde a ele. É fundamental expressarmos o que somos. Ninguém nos dá lições. Não somos aprendizes de ninguém. Quando viemos para este Tribunal, corajosamente assumimos a declaração de que temos notável saber jurídico – uma imposição da Constituição Federal. Pode não ser verdade. Em relação a mim, certamente, não é, mas, para efeitos constitucionais, minha investidura obriga-me a pensar que assim seja".

[228] Assim vale observar como refere Vincenzo Ferrari que as normas jurídicas constituem um sistema que se conectam entre si. FERRARI, Vincenzo. *Acción jurídica y sistema normativo*. Introdución a la sociología del derecho. Traducción de Andrea Greppi. Madrid: Dykinson, 2000, p. 229. "como se dijo al final del capítulo anterior, las normas jurídicas que se encuentran en todo grupo social constituyen un sistema, entendido como conjunto ordenado u ordenable de elementos conectados entre sí".

[229] Para Alessandro Raselli, o juiz tem o poder de aplicação e determinação da norma jurídica, exercendo esse poder de forma discricionária. Assim vejamos: "Dopo aver dimostrato che Il giudice trova nell'ordinamento giuridico positivo una norma secondo la quale risolvere ogni caso che gli si presenti, e che l'interpretacione di tal norma non implica in genere un potere discrezionale, (...)." *Vide* RASELLI, Alessandro. *Il potere discrezionale del giudice civile*. Volume primo. Padova: CEDAM: 1927, p.151. Especificamente sobre o poder discricionário e suas pontuações vale conferir o mesmo livro. Idem., p.167 e ss. Sobre o poder discricionário do Juiz é interessante conferir PICARDI, Nicola. *Jurisdição e processo*. Tradução de Carlos Alberto Alvaro de Oliveira. Rio de Janeiro: Forense, 2008, p.15 e ss.

[230] Como forma de pensar uma das possíveis soluções para a crise do Poder Judiciário vale observar nosso texto THAMAY, Rennan Faria. *A hermenêutica como forma de superação da crise do direito processual civil*. Revista de Estudos Jurídicos UNESP. , v.15, p.01 – 31, 2011.

diciário[231] que se agrega às demais crises, tanto do Estado, Constituição e coisa julgada.

O Poder Judiciário,[232] que sempre foi bem visto por sua diligência e cuidado para com os direitos dos cidadãos, passa hoje, de forma muito severa, por uma crise[233] real e muito perigosa, que já trouxe problemas e que sabidamente poderá trazer muito mais, o que poderá causar ainda mais prejuízos a toda a comunidade que depende das decisões dos magistrados para conseguir a efetividade de seus direitos e a solvência dos conflitos.

É no meio de toda essa problemática que as coisas se dão, uma crise que afeta toda a organização do Judiciário nacional, crise ocorrente como consequência de toda uma história, não sendo fonte de algo recente, mas, sim, de várias ocorrências que se passaram ao longo do tempo.

A crise não é única e exclusivamente do Poder Judiciário, por lógico, mas, sim, de grande parte dos institutos – a exemplo da coisa julgada[234] que será debatida – e de outras instituições como as universidades[235] que possuem o curso de direito, por exemplo.

O lastro da crise é forte e pode afetar muito aos direitos que os cidadãos possuem e que restarão, por tudo isso, prejudicados com essa concepção moderna que o Judiciário tem, decorrendo da nova visão que se tem do direito material e do processo, visão que busca, hoje, antes de tudo, a celeridade deixando, por vezes, o direito desprotegido em decor-

---

[231] Miguel Reale se posiciona mostrando a existência da crise do Poder Judiciário, arguindo que "são deveras alarmantes os dados sobre o aumento progressivo das causas julgadas e em curso perante a Suprema Corte, desde a promulgação da Constituição de 1988, elevando-se de 6.637 em 1989 para 40.823 em 1997!" sendo esse um dos fundamentos para o autor. Ele ainda elenca mais um fundamento dizendo que "(...) as pretensões legítimas manifestadas por cidadãos de boa-fé que se vêem constrangidos, em face desse inaceitável comportamento governamental, a ingressar em juízo, gerando, desse modo, uma desnecessária multiplicação de demandas contra o Poder Público". REALE, Miguel. *Crise do capitalismo e crise do Estado. Op. cit.*, p.107-108.

[232] Para compreender mais sobre o Judiciário pode ser observado LABOULAYE, Edouard René Lefebvre de. Do Poder Judiciário in: *O poder judiciário e a Constituição*. Porto Alegre: coleção AJURIS 4, 1977, p. 11e ss.

[233] Para complementar a busca da melhor compreensão sobre a crise existente é relevante averiguar as ponderações do autor Ovídio A. Baptista da Silva, *vide* SILVA, Ovídio A. Baptista da. *In: Participação e processo*. Coord., Ada Pellegrini Grinover. São Paulo: RT, 1988, p.98.

[234] Cf. THAMAY, Rennan Faria. A relativização da coisa julgada como decorrência da crise do Poder Judiciário na perspectiva do direito previdenciário. *Revista de Direito Social*, v. 36, 2009, p. 69-104.

[235] Para essas peculiaridades das universidades que ofertam o curso de direito resta a crítica em decorrência na não aplicação de forma adequada da modalidade correta de ensino, passando ao acadêmico aquele ensino meramente formal, mas um formalismo que se torna desnecessário. Resta a crítica, além desse ponto, da quantidade de faculdades de direito em nosso país, o que beira o absurdo. *Vide* SANTOS, Boaventura de Sousa. *Para uma revolução democrática da justiça. Op. cit.*, p.71-72.

rência da vontade "insana" de velocidade para a extinção das demandas que crescem a cada dia.[236]

Muito se afirma, hodiernamente, da crise do Judiciário, de que esse poder não funcione bem e de que por essa ausência de bom funcionamento muitos prejuízos são causados. Tudo isso deve ser bem analisado, pois o Poder judiciário não funciona perfeitamente bem, mas, também, não funciona mal.

Pensando como Ovídio A. Baptista da Silva,[237] o Poder Judiciário não funciona mal, funciona bem, levando em conta as limitações que lhe foram impostas,[238] por natural, em sua criação, algo que é muito natural.

---

[236] Deve-se tomar o devido cuidado para que as coisas não se acelerem por demais, visto que o direito deve seguir o seu tempo normal, sem uma aceleração exacerbada e desmotivada que prejudicaria e muito a natural preservação de um direito em sua essência máxima. Nesse sentido OST, François. *O tempo do direito*. Lisboa: Instituto Piaget, 1999, p.39.

[237] O autor Ovídio A. Baptista da Silva quando fala do Poder Judiciário aduz que: "Ele funciona segundo os princípios e pressupostos imaginados por aqueles que o conceberam. Um ponto que não preocupa aqueles que se angustiam com os atuais problemas da administração da justiça é saber se a celeridade processual fora, realmente, concebida como um objetivo desejado pelo sistema. Ou seja, ainda não se demonstrou que nosso sistema processual fora programado para andar rápido. Ao contrário, ao priorizar o valor segurança, inspirada em juízos de certeza, como uma imposição das filosofias liberais do Iluminismo, o sistema renunciou à busca de efetividade – que nossas circunstâncias identificam com celeridade –, capaz de atender à solicitação de nossa apressada civilização pós-moderna. O Poder Judiciário funciona satisfatoriamente bem, em nosso país. Os problemas da Justiça são estruturais. Não funcionais. Ele atende rigorosamente bem ao modelo que o concebeu. Nossa percepção, no entanto, não alcança os problemas estruturais que condicionam a atual situação vivida pelo Poder Judiciário – seja porque eles se tornaram, para nossa compreensão, "naturais", como o dia e a noite e o movimento dos astros –, seja por parecerem-nos, de qualquer modo, como inalteráveis – a verdade é que a estrutura do sistema não é questionada, nem problematizada pelos que sofrem os danos de uma justiça que perdeu, até mesmo, a desejada funcionalidade. Pelo menos, os processualistas, que mais diretamente são atingidos por esse estado de coisas, não a questionam. Limitam-se a melhorar o seu funcionamento, como se o problema residisse em algum defeito funcional". E ainda complementa: "O problema, sem dúvida, não é funcional. Dentre outros muitos fatores desta ordem, ocorre-me o primeiro deles no próprio conceito e limites da jurisdição que praticamos como herança da Revolução Europeia, desde suas origens medievais. O primeiro fator estrutural está na inabalável premissa redutora do conceito de jurisdição como simples declaração dos direitos, que é, por sua vez, o alicerce do procedimento ordinário e da interminável cadeia recursal". *Vide* SILVA, Ovídio A. Baptista da. *Da função à estrutura* – www.baptistadasilva.com.br/artigos, acessado em 22/05/2010 as 22:40.

[238] Uma das grandes realidades no processo civil é o formalismo, quer por sua necessidade quer por seu exacerbo, uma das práticas repudiadas por muitos na doutrina. Observando o processo com um olhar da metodologia vem o autor Falcón *vide* FALCÓN, Enrique M. *Derecho procesal civil, comercial, concursal, laboral y administrativo*. Tomo I. Buenos Aires: Rubinzal – Culzoni Editores, 1979. p.29 e ss. Observe-se nesse peculiar observa a necessidade de existência de certo formalismo para que as coisas restem organizadas, mas que esse formalismo não seja em exacerbo e que jamais prejudique direitos. Assim, o formalismo deve ser valorativo e jamais prejudicial. Para refletir sobre a temática vale conferir OLIVEIRA, Carlos Alberto Alvaro de. *Do formalismo no processo civil*. 2. ed., rev. e ampli., São Paulo: Saraiva, 2003. Crítica fortemente elaborada em relação ao formalismo vem de Schopenhauer referindo que deve haver desapego para com o formalismo por não nos apresentar grande vantagem, *vide*: Schopenhauer, Arthur. *Como vencer um debate sem precisar ter razão: em 38 estratagemas*. Tradução de Daniela Caldas e Olavo de Carvalho, Rio de Janeiro: Topbooks, 1997, p.21. Sobre a burocratização da função judicial vale conferir DENTI Vittorio. *Un progetto per la giustizia civie*. Bologna: Società editrice il mulino, 1982, p.99 e ss. Também sobre a burocratização da justiça ver FISS, Owen.

Esse Poder foi criado para a solvência de conflitos,[239] gerando a consequente paz social.[240]

As críticas que são apontadas ao Judiciário devem ser, antes de tudo, analisadas para que delas se possa tirar aquilo que sirva, visando ao melhoramento da condição de prestação da tutela jurisdicional[241] por parte do Poder Judiciário.[242]

Claro que a crise, que se desenvolveu com o passar do tempo, veio causando enormes prejuízos, isso não se discute, mas se discute o motivo da existência da crise. Não se questiona a existência ou não da crise, pois ela existe, mas devemos pensar o motivo de sua existência e de sua persistente confirmação.

Essas questões nos levaram a outro universo de discussão, em que veremos um Poder Judiciário abalroado de trabalho, acumulando a cada dia mais processos em seus respectivos cartórios, afetando-se cada vez mais a condição de pensar do magistrado.

Sabe-se que a quantidade de processos que existem hoje tornam a jurisdição cada vez mais complexa e difícil, pois a quantidade de demandas

---

*El derecho como razón pública*. Traducción de Esteban Restrepo Saldarriga. Madrid/Barcelona/Buenos Aires: Marcial Pons, 2007, p.97 e ss. Sobre o novo formalismo resta importante fiscalizar a obra de Owen Fiss. *vide* Idem., p. 67 e ss. A mesma crítica ao formalismo exagerado vem também do autor argentino Roberto Berizonce, que na realidade argentina critica de forma direta essas formalidades que podem tornar o processo civil argentino ineficiente. BERIZONCE, Roberto O. *Luces y sombras del processo civil contemporâneo. Revista de Processo*. Ano 30, n. 126, São Paulo: RT, 2005, p.87 e ss.

[239] Essa seria uma das formas de cumprir a função social do Poder Judiciário, neste sentido, vejamos LOPES, José Reinaldo de Lima, *in Direito e justiça*: A função social do judiciário. Cood. José Eduardo Faria. São Paulo: Ática, 1989, p. 123 e ss; Deve-se observar ainda as linhas traçadas por ROCCO, antigo professor da Universidade de Napoli, ao tratar da função jurisdicional na obra ROCCO, Ugo. *Trattato di diritto processuale civile*. v. I, 2. ed., Torino: Topografia Sociale Torinese, 1966, p. 46-48.

[240] "(...) o que há de mais moderno já é alguma tendência a estabelecer um binômio de objetivos distribuídos entre o campo jurídico e social... ... entre outras tendências, preponderou a de que o escopo do processo reside na realização dos direitos subjetivos e (ou) confirmação da ordem jurídica, o objetivo cuja tarefa importante é a da manutenção da paz social da garantia da segurança jurídica." Observe-se DINAMARCO, Cândido Rangel. *A Instrumentalidade do Processo*. 9. ed., São Paulo: Malheiros, 2001, p.154.

[241] A título de referência para quem interesse sobre a tutela jurisdicional e sua relação com a técnica do processo, vale conferir CARNACINI, Tito. *Tutela giurisdicionale e técnica del processo. Revista de la facultad de derecho de México*. 1953, n. 12, p.97 e ss.

[242] Ainda sobre a ideia de função social do Poder Judiciário vejamos as palavras de Álvaro Felipe Oxley da Rocha *vide* ROCHA, Álvaro Felipe Oxley da. *Sociologia do direito:* A magistratura no espelho, São Leopoldo: Editora Unisinos, 2002, p. 27. "O Judiciário tem ocupado freqüentemente espaços nos cenários políticos nacional e internacional em razão de sua atuação nos mais diversos setores, seja agindo como agente mantenedor da origem vigente, seja como transformador dessa mesma ordem, à medida que cresce a sua atuação modificadora das políticas de governo, impedindo ou dando nova direção às questões submetidas a seus agentes".

que existem forçam o Judiciário a de forma rápida[243] solucionar o litígio, por mais que de forma insatisfatória.

Essa é uma das mais fortes problemáticas que pode ser superada, mas que não será fácil de ser vencida, ainda mais pela atual condição do Poder Judiciário que conta com um quadro diminuto e insuficiente de servidores para dar conta de toda demanda que "bate às portas" do Judiciário. Isso pode e deve ser alterado, mas na atual situação econômica de nosso país parece ser algo complexo e muito difícil de realizar.

Além desta problemática gravosa, outra de grande magnitude se impõe, qual seja a da ausência de manifestação do Poder Legislativo, que deveria elaborar leis[244] que regulassem a vida em sociedade, por ser essa a função social deste Poder, mas que não é cumprida.[245] Esse não cumprimento gera uma série de questões problemáticas que merecem solução adequada.

Os cidadãos que não têm as suas situações solucionadas pelo Poder Legislativo, que deveria legislar sobre uma determinada matéria, buscam socorro aos seus anseios junto ao Poder Judiciário, o que por mais uma vez faz com que o dito Poder precise "gastar" seu tempo para solver essas ocorrências perniciosas em decorrência da omissão do Legislativo, inflando ainda mais a estrutura do Poder Judiciário.

Isso não deveria ocorrer, pois o Legislativo deveria cumprir o seu papel de legislar e regulamentar o comportamento da sociedade de uma forma geral, o que por si só, além de cumprir a função social deste Poder, ajudaria o Judiciário a não ficar cada vez mais sobrecarregado. Mas isso não ocorre, pois a omissão do Legislativo persiste e coloca, mais uma vez, o Judiciário em situação desprestigiada[246] junto à sociedade que acredita que o problema é deste Poder, quando em verdade essa demanda, ge-

---

[243] A celeridade deve ser empregada com moderação, visando não prejudicar o direito efetivamente constituído e pelo qual se instala o litígio judicial, pois nem sempre a decisão rápida terá o condão de ser adequada ou ainda correta. Assim, a celeridade, por mais importante que seja, tem limites que devem ser observados. Nesse sentido vejamos SANTOS, Boaventura de Souza. *Para uma revolução democrática da justiça. Op. cit.*, p.27.

[244] Sobre a força das leis ver KELSEN, Hans. *Teoria pura do direito. Op. cit.*, p.33 e ss.

[245] Cf. SANTOS, Boaventura de Souza. *Para uma revolução democrática da justiça. Op. cit.*, p.21. Com a efetiva omissão do Poder Legislativo em relação a varias questões o Poder Judiciário toma a frente na solução dos conflitos que se formam a partir da ausência de manifestação do Legislativo, fazendo com que o Judiciário passe a solver as dúvidas existentes e que foram deixadas por aquele poder. Diga-se ainda que essa manifestação do Judiciário tem sido latente tanto em questões do Legislativo com também do Executivo.

[246] O Poder Judiciário passa a ser mais desvalorizado pela sociedade a cada dia, seja por ser, para muitos, como a mera boca da lei, como também por ser um Poder moroso. Essa morosidade que advém da má prática do Poder Legislativo deve ser cessada para que o Judiciário possa novamente ganhar força e voltar a ser o Poder respeitado que sempre foi. Idem, p.11.

radora de morosidade,[247] é decorrência da inação do próprio Legislativo também.

Vemos uma grande problemática com tudo isso, pois o Judiciário acaba por fazer função que não seja a sua, qual seja a de legislar de forma indireta, fazendo nascer a figura do ativismo judicial,[248] ou ainda da judicialização da política.[249] O Judiciário passa a fazer às vezes de "legislador" quando sabe ser efetivamente, por delegação constitucional, julgador. Aqui surge um problema, pois se esse Poder foi concebido para julgar, não deveria legislar, por óbvio, quer por não ter, em tese, condição e preparação para tanto, como ainda por haver uma separação dos Poderes[250] que limita a ação de cada um deles, visando à harmonia destes Poderes para que a sociedade ganhe maior efetividade com as atribuições partilhadas. Ressalte-se a exceção da teoria dos freios e contrapesos,[251] em

---

[247] Sobre o tema da morosidade do Judiciário, *vide:* ROCHA, Álvaro Felipe Oxley da. *Sociologia do direito:* A magistratura no espelho. *Op. cit.,* p.119 e ss.,

[248] Sobre o ativismo judicial pode ser consultada obra de Augusto Morello, *vide* MORELLO, Augusto Mario. *Opciones y alternativas em el derecho procesal.* Buenos Aires: Lajouane, 2006, p.359 e ss. Contrariamente ao ativismo judicial relevante conferir STRECK, Lenio Luiz. *O que é isto – decido conforme minha consciência?* Porto Alegre: Livraria do Advogado, 2010, p.105 e ss.

[249] Cf. VIANA, Luiz Werneck [*et al*]. *A judicialização da política e das relações sociais no Brasil. Op. cit.,* p. 47 e ss. Neste ponto vale observar as concepções dos autores no sentido de que no Brasil exista, realmente, a judicialização da política e não o ativismo judicial que por singela observação semântica não vem a significa, especificamente, a mesma coisa que a judicialização. Para os autores haverá, realmente, uma judicialização da política onde o judiciário é chamado, por necessidade, a se manifestar sobre questões relevantes para a seara sociopolítica nacional, passando essa judicialização às relações sociais também, sendo algo bem distinto do ativismo que aparenta ser uma intromissão complexa. Sobre a vaga ideia construída sobre o ativismo judicial consular GIACOMUZZI, José Guilherme. *Revista do direito administrativo:* As raízes do realismo americano: breve esboço acerca de dicotomias, ideologias, e pureza no direito dos USA. Rio de Janeiro, 239: 371, 2005.

[250] Sobre a separação dos poderes deve ser conferida a obra de MONTESQUIEU, Charles de Secondat, Baron de. *Do Espírito das Leis.* Tradução de Jean Melville. São Paulo: Saraiva, 2000, p.167-168. Também devemos observar DUVERGER, Maurice. *Constitutions et documents politiques.* Paris: PUF, 1974, p.10. *"Toute société dans laquelle la garantie dês droits n'est pás assurée, ni la séparation des pouvoirs déterminée, n'a point Constitution".* Por tudo isso a separação dos poderes é relevantíssima, pois é a base inicial para um Estado forte. Ademais, conforme acentua o autor português Nuno Piçarra, esta doutrina da separação de poderes remonta à Grécia e Roma antiga. PIÇARRA, Nuno. *A Separação dos Poderes como doutrina e Princípio Constitucional* – Um contributo para o estudo das suas origens e evolução. Coimbra : Coimbra Editora, 1989, p. 31.
O autor lusitano identifica as origens da ideia da separação dos poderes no conceito de constituição mista de Aristóteles em sua obra Política, segundo o qual: "(...) constituição mista, para Aristóteles, será aquela em que os vários grupos ou classes sociais participam do exercício do poder político, ou aquela em que o exercício da soberania ou o governo, em vez de estar nas mãos de uma única parte constitutiva da sociedade, é comum a todas. Contrapõem-se-lhe, portanto, as constituições puras em que apenas um grupo ou classe social detém o poder político." Idem, p.33.

[251] Essa medida é uma exceção à exata separação dos poderes que existe desde Locke e Montesquieu, quando efetivamente difundiram a ideia de divisão de poderes. Nesse sentido para aprofundar o estudo ver BIDART CAMPOS, Germán y CARNOTA, Walter. *Derecho Constitucional comparado.* Buenos Aires: Ediar, 2000, p. 91. Ademais, sobre a organização do poder pode ser conferida a obra FAYT, Carlos S. *Derecho político.* 4. ed., Buenos Aires: ABELEDO-PERRPT, 1962, p.396 e ss.

que cada um dos Poderes exerce um pouco das funções dos demais, mas de forma moderada e pontuada.

Assim como o Poder Legislativo, o Poder Executivo, por vezes, também não cumpre seu papel de bem administrar a coisa pública, seja com escândalos com dinheiro público, fraudes e até mesmo a negatória de pagamento de dívidas estatais e por vezes até de medicamentos, por exemplo, situações que, pela má administração, acabaram parando no Poder Judiciário que acabará solucionado também este problemas, inflando ainda mais a estrutura do Poder Judiciário que acaba recebendo absolutamente todas as celeumas existentes e por vezes "fomentadas" pelo Poder Executivo.

Ainda deve-se agregar a essas problemáticas, ressaltadas anteriormente, o costume litigante dos brasileiros que se acentua mais a cada dia. Nossa sociedade se mostra mais demandante e questionadora a cada dia e isso é bom até certo ponto, especificamente até onde se possa garantir a proteção de direitos e exigir o cumprimento de contratos, por exemplo, mas quando isso descamba para a ideia da simples e desmotivada demanda a problemática surge. O que se tem visto, com muita frequência, é o crescente costume de demandar por qualquer coisa, fazendo o uso do meio processual e da maquina Estatal, em especial do Poder Judiciário, para discutir o óbvio que poderia ser solucionado em muitos casos pela simples composição, tendo como exemplo a justiça restaurativa.[252]

Esse acontecimento também tem sido um forte fator de acúmulo de processos junto ao Judiciário, o que faz com que a situação fique cada vez mais complexa, dotando de maior morosidade[253] as demandas judiciais, prejudicando a obtenção dos direitos que são, por muitas das vezes, intrínsecos e subjetivos, sendo de fácil e rápida proteção caso o volume de processos fosse menor [como por exemplo em Portugal onde a quantidade de processos é infinitamente menor e a celeridade processual existe efetivamente] mas que se torna uma discussão longa em decorrência de toda essa exacerbação e banalização do direito de petição.

Várias consequências muito perniciosas surgem dessa crise que vivencia o Poder Judiciário, uma delas é exposta por Ovídio A. Baptista da Silva, quando fala da "justiça pasteurizada",[254] que seria nada mais do

---

[252] A justiça restaurativa, que hodiernamente é estudada, é interessante, pois parte da ideia de composição da lide, de solução da lide sem o transcurso natural da lide, que é, por sinal, muito delongado. Sobre justiça restaurativa podem ser observadas as lições de Boaventura *vide* SANTOS, Boaventura de Souza. *Para uma revolução democrática da justiça. Op. cit.*, p. 58.

[253] Em relação à morosidade dos processos muito se tem escrito para a busca da solução, o que não é questão fácil, mas para a pesquisa relevante conferir os escritos de OST, François. *O tempo do direito. Op. cit.*, p. 17.

[254] Sobre a justiça pasteurizada, observemos o que pontua Ovídio A. Baptista da Silva dizendo que "Para quem visualiza o sistema pela perspectiva de um operador forense, seu funcionamento não se

que uma prestação da tutela jurisdicional[255] seriada[256] e despreocupada com o caso em concreto, em que o que vale é decidir de forma rápida e se "livrar" o quanto antes daquele processo, que é visto como mais um dos infindos "fardos" que o Judiciário carrega.

Essa "justiça pasteurizada" é maléfica, pois efetivamente limita os direitos dos cidadãos a partir de uma análise descuidada e desmedida que é feita pelo Poder Judiciário, limitando não somente os direitos que são pretendidos, mas também a própria condição de pensar do Poder Judiciário, que tem total liberdade intelectual para bem julgar[257] e fundamentar[258] suas decisões. Com estas decisões produzidas de forma seriada a condição de "pensar" e coerentemente decidir está se afastando a cada dia mais do Poder Judiciário, o que efetivamente é terrível.

Outro grande obstáculo que deve ser superado, e decorre de todas as práticas anteriormente referidas, é ocorrência dos "votos prontos",[259] por

---

mostra apenas insatisfatório. Mostra-se assustador. Como era de supor, a extraordinária litigiosidade que caracteriza nosso tempo, obriga os magistrados a padronizarem suas decisões, praticando – com maior ou menor vocação para o normativismo abstrato – uma jurisdição "pasteurizada", sem compromisso com o 'caso'". O autor ainda continuar: "De qualquer modo, esta prática estimula o arbítrio, porque os julgadores, por várias razões e circunstâncias, julgam-se dispensados de fundamentar adequadamente as sentenças. Quem declara – apenas descompromissadamente declara –, não tem o que justificar. Não está obrigado a fundamentar a possível injustiça declarada, pela qual o declarante não é responsável". SILVA, Ovídio A. Baptista da. *Da função à estrutura* – www.baptistadasilva.com. br/artigos, acessado em 22/05/2010 as 22:40.

[255] Não há dúvida de que as reformas do Código de Processo Civil tiveram como objetivo central a aceleração da tutela jurisdicional, como postura metodológica predominante, a disposição de libertar-se, por natural, de poderosos dogmas plantados na cultura autor ocidental à muitos séculos. Vale conferir DINAMARCO, Cândido Rangel. *Nova era do processo civil.* 3 ed., revista atualizada e aumentada. São Paulo: Malheiros, 2009, p.20 e ss.

[256] Sobre o problema da uniformidade da jurisprudência na America latina vale conferir OTEIZA, Eduardo. *El problema de la uniformidad de la jurisprudencia en América Latina. Revista de Processo.* Ano 31, n. 136, São Paulo: RT, 2006, p.152 e ss.

[257] No sentido de observar o bem julgar propiciador da construção da democracia, vide GARAPON, Antonie. *Bem julgar:* ensaio sobre o ritual judiciário. Lisboa: Instituto Piaget, 1997, p.327.

[258] A fundamentação é requisito indispensável às decisões judicial, em principal a sentença, por ser a forma de convencer as partes da decisão que foi tomada, sendo esse dever de fundamentar do Judiciário uma garantia para o cidadão. Para compreender melhor a ideia utilizada para o princípio da fundamentação, que para alguns é a mesma coisa que motivação, ver NERY JÚNIOR, Nelson. *Princípios do processo civil na constituição federal.* 7. ed., rev. atual., São Paulo: RT, 2002, p.180 e ss. Ademais, sobre a fundamentação nas decisões judiciais vale conferir as pontuações feitas pelo autor Argentino Eduardo Luis Tinant, vejamos: "Particularmente, la justificación de una sentencia judicial requiere una técnica 'per-dis-suasiva' (fundada en argumentos persuasivos y disuasivos), que torne no sólo legítima la decisión alcanzada sino también razonable y aún deseable su cumplimiento (por acción u omisión). Disuadir es inducir, mover a uno con razones a mudar o a desistir de un propósito, en tanto que persuadir es razonar con lo verosímil y con lo opinable, inducir, mover, obligar a uno con razones a creer o hacer una cosa." TINANT, Eduardo Luis. *En torno a la justificación de la decisión judicial.* LA LEY 1997-E, 1395.

[259] "A avalanche de recursos provoca uma extraordinária violência contra a Constituição. A causa é julgada privadamente. O julgamento não é público. Mesmo assim, ele se dá por unanimidade, sem que os demais componentes do colegiado proclamem publicamente seus votos. Para o público que

exemplo, – que são ofertados pelo próprio Poder Judiciário que, antes de tudo, deveria prezar por seus julgados e buscar torná-los cada vez mais fortes e respeitáveis – afrontam, além de toda a boa prestação jurisdicional, os direitos e a possibilidade jurídica de vitória da parte que recorre, ou ainda do recorrente, pois os votos que são preparados antes mesmo do momento do julgamento do recurso, serão simplesmente lidos no dia marcado para o julgamento, gerando frustração à parte que esperava uma possível mudança e ao Advogado que ainda buscou, por exemplo, pela sustentação oral a modificação do julgado, o que jamais se daria frente a esta realidade dos "votos prontos".

Sabe-se que o volume recursal é exorbitante e que isso dificulta e muito a atividade dos julgadores, pois além de julgarem os feitos recursais, ainda devem observar os critérios de admissibilidade dos recursos que tem a função de filtrar cada vez mais a possibilidade recursal, visando desafogar o Judiciário. Não se critica os critérios utilizados como requisitos de admissibilidade, pois estes são extremamente necessários, mas, sim, a má utilização desses critérios e por vezes, inclusive, em "votos prontos", que impossibilitam o conhecimento do que realmente se busca discutir.

Essa problemática também é decorrência de todo o acúmulo de trabalho que se agregou ao Poder Judiciário, fruto de tudo aquilo que discutimos sobre o Legislativo Executivo e as demais modalidades de surgimento de demandas que abarrotam o Judiciário.

Agrega-se a tudo isso, ainda, outra questão que se discute bastante, qual seja a da fundamentação das decisões judiciais, pois como sabemos essa necessidade de fundamentação é imprescindível, pois dota as decisões judiciais de força e de justificação.

As decisões judiciais devem ser fundamentadas[260] demonstrando os argumentos jurídicos que foram utilizados pelo julgador, para que assim a parte possa se convencer da decisão, concordando ou não com ela. A questão fica ainda mais complexa depois que se percebe a existência de uma fundamentação incompleta, por mais que respeitando os critérios

---

assiste à sessão de julgamento, os votos dos demais magistrados, é um segredo, embora se fique sabendo depois que os votos resumiram-se ao tradicional 'de acordo com o relator'. É de supor que tenham votado também na véspera. As comunicações eletrônicas permitem que o julgamento colegiado se dê antes da abertura da sessão pública. Nesta, ouve-se apenas a voz do Presidente a proclamar o resultado". *Vide* SILVA, Ovídio A. Baptista da. *Da função à estrutura* – www.baptistadasilva. com.br/artigos, acessado em 22/05/2010 as 22:40.

[260] Bem assevera o art. 93, IX, da Carta Política, *verbis*: "IX todos os julgamentos dos órgãos do Poder Judiciário serão públicos, e fundamentadas todas as decisões, sob pena de nulidade, podendo a lei limitar a presença, em determinados atos, às próprias partes e a seus advogados, ou somente a estes, em casos nos quais a preservação do direito à intimidade do interessado no sigilo não prejudique o interesse público à informação".

formais, como tem se dado, pois a decisão tem uma fundamentação, em tese, mas isso não é o bastante, pois uma fundamentação deve ser a clara explicação do Judiciário para o cidadão de que terá ou não o direito por tal razão jurídica e/ou fática.

Surge, para a nossa realidade processual caótica, uma crítica forte, mas pontuada e muito relevante para a mudança dessa realidade anacrônica, feita por Ovídio A. Baptista da Silva baseado nas lições de Carnelutti e Chiovenda, sendo relevante um movimento de decisão interna do julgador, antes mesmo de decidir a causa e seus pedidos, pois se o magistrado não se decidir, antes de tudo, menor será a sua condição de decidir a problemática judicial criada e posta a sua frente.[261]

É disso que se fala, de uma explicação efetiva dos motivos decisórios e não de um amontoado de palavras que não se servem a explicar qual tese adotada, ou ainda, qual a realidade fenomênica considerada, por tudo isso antes de qualquer manifestação judicial o julgador deve decidir a sua posição em relação a lide através das provas[262] acostadas ao processo formando essa convicção pelo livre convencimento motivado.[263]

---

[261] Sobre a necessidade de haver decisão anterior do próprio magistrado em relação a qual das teses se convenceu para que depois possa transformar a decisão tomada em decisão judicial. Assim refere o autor Ovídio A. Baptista da Silva, vejamos: "Daí porque, somente haverá autêntica decisão jurisdicional quando o sistema jurídico reconheça a seus juízes algum grau de discricionariedade, para que ele possa, como dissera Carnelutti, antes de decidir, 'decidir-se'. A discricionariedade, como todos sabem, está institucionalmente ausente na jurisdição apenas declaratória. Nossos juízes não decidem apenas julgam. Decidir é ato volitivo, julgar é ato intelectivo. Qualquer calouro em curso de psicologia conhece essa distinção elementar. Decisão é ato de vontade, de que nossos magistrados estão institucionalmente privados, como dissera Chiovenda. Sim, pode haver 'novas interpretações da lei velha', não porém 'como mister do juiz'" vide SILVA, Ovídio A. Baptista da. *Da função à estrutura* – www.baptistadasilva.com.br/artigos, acessado em 22/05/2010 as 22:40.

[262] Sobre o poder probatório das partes e do judiciário na visão europeia consultar o autor italiano Michele Taruffo vide TARUFFO, Michele. *Porteri probatori delle parti e Del giudice in Europa. Revista de processo.* Ano 31, n. 133, São Paulo: RT, 2006, p.239 e ss.

[263] Cf. MARINONI, Luiz Guilherme, MITIDIERO, Daniel. *Código de direito processual civil comentado. Op. cit.,* p.177-178; THEODORO JÚNIOR, Humberto. *Curso de Direito Processual Civil:* Teoria do Direito Processual Civil e o Processo de Conhecimento. v.1, 39. ed., Rio de Janeiro: Forense, 2003, p.38. Ver também PORTANOVA, Rui. *Princípios do processo civil. Op. cit.,* p. 244 e ss. Ademais, vele trazer à baila as ponderações do autor argentino Tinant, *vide:* "De lo cual se deduce que el juez, en principio, se halla en mejores condiciones de conocer las cuestiones de derecho que las cuestiones de hecho. Como también que el modo de crear esa convicción se vincula íntimamente al problema de la apreciación de la prueba". E continua o referido jurista referindo como se pode compreender tal tema frente a realidade da Argentina: "En cualquier caso, ya se aluda a reglas de la 'sana crítica' (expresión proveniente de la ley de enjuiciamiento Civil española de 1855 y adoptada, por ejemplo, por los códigos procesales en lo civil y comercial de la Nación y bonaerense en materia de apreciación, presunciones y pruebas testimonial y pericial, arts. 163 inc. 5º, 384, 456, 474 y concs.), 'libre convencimiento o convicción' (códigos alemán, del Vaticano, del Brasil), 'íntima convicción' o 'convicción sincera' ("sobre la verdad de los hechos juzgados"; cf. art. 373 del nuevo Código Procesal Penal de la Provincia de Buenos Aires) o sistema de 'libres convicciones razonadas' (Dec. Ley 9.550/80 de la Provincia de Buenos Aires – Adla, XL-C, 3089 –, siempre que se trata de una prudente apreciación y un convencimiento (destinado asimismo a convencer) del juzgador acerca del caso concreto." TINANT, Eduardo Luis. *En torno a la justificación de la decisión judicial.* LA LEY 1997-E, 1395.

Além disso, outra coisa se tem percebido e cada vez mais nas decisões judiciais é a decisão que fundamenta somente uma parte da questão, dizendo que uma das partes obteve o direito com base em uma determinada concepção jurídica, não explicando ao sucumbente o motivo da sua derrota. Isso é relevante, pois a fundamentação deve-se dar no sentido de explicar ao vencedor o motivo de seu êxito e ao perdedor as razões de sua derrota. Tudo isso seria também uma forma de reduzir, pelo menos em tese, a incidência recursal, pois se convencida for a parte dos motivos de sua vitória ou derrota, dificilmente viria a recorrer desta decisão desmotivadamente, ou pelo menos causaria severa dúvida na busca da utilização do rol taxativo dos recursos.

Por fim, outro grande ponto decorrente de toda a problemática instalada é o enfraquecimento das decisões de 1º grau, pela simples existência da possibilidade recursal livre e até, em casos pontuados, pelo reexame necessário do art. 475 do Código de Processo Civil, por exemplo. Tem-se percebido uma desvalorização natural da decisão do juízo de instância inicial que foi justamente aquele que, por exemplo, teve contato com a prova que ouviu o depoimento pessoal, ou que fez a inspeção judicial ou que produziu e colheu de forma pessoal as provas que fazem parte do processo. Esse magistrado deveria ter maior valorização tanto de sua atividade, de uma forma geral, como também de suas decisões, fazendo com que esse juiz fosse mais exigido, gerando um grau de responsabilidade maior por parte do juiz, não se limitando apenas a decidir as demandas. Compreendemos que essa ocorrência é uma das problemáticas da crise vivenciada pelo Poder Judiciário, pois o juiz de 1º grau tem sido desvalorizado e desmotivado por toda a exagerada possibilidade recursal decorrente de sua decisão.[264]

Assim, não há como falar da inexistência da crise do Judiciário, pois essa é inerente, mas deve-se falar sim em superação dessa crise que se implantou e que vem causando infindos prejuízos tanto para a sociedade que aguarda muito do Poder Judiciário como também dos próprios mem-

---

[264] O posicionamento de Ovídio A. Baptista da Silva sobre o tema é o seguinte: "O risco de comprometerem-se com a causa, antes da sentença final, é um fator sistemático (conseqüentemente estrutural) predisposto para manter o juiz em sua natural passividade. O sistema recursal é o instrumento que vigia a observância desta imposição. É natural, portanto, que os juízes procurem não se envolver com as questões de mérito da causa, antes de poderem proclamá-la no momento adequado. Temos um magistrado concebido para manter-se passivamente neutro, durante o curso da relação processual". O referido autor ainda complementa sua argumentação arguindo que "O trágico produto do Racionalismo – que se esmerou em tornar o Direito uma 'ciência', segundo o modelo matemático – foi dar-nos um 'juiz irresponsável', metódica e institucionalmente irresponsável, cuja missão está limitada a declarar as injustiças cometidas pelo legislador". SILVA, Ovídio A. Baptista da. *Da função à estrutura* – www.baptistadasilva.com.br/artigos, acessado em 22/05/2010 as 22:40. Sobre o racionalismo jurídico vale conferir VILLEY, Michel. *A formação do pensamento jurídico moderno*. Tradução de Claudia Berliner. São Paulo: Martins Fontes, 2005, p. 612 e ss.

bros deste Poder, que foram preparados para ser, antes de tudo, juristas pensantes e construtores da sociedade, lutando contra as desigualdades, buscando sempre a adimplência da Constituição Federal e dos direitos e garantias fundamentais expansíveis a todos os cidadãos e não meros repetidores da mesmice, ou ainda sendo meramente a boca da lei.

Neste contexto é que, por vezes, em decorrências de decisões aberrantes, inconstitucionais ou simplesmente inaceitáveis é que em certos casos se tornará possível a relativização da coisa julgada como meio de recuperação da dignidade, da constitucionalidade e de justiça na decisão judicial proferida.

Nesta senda, a partir do próximo capítulo será estudada a relativização da coisa julgada e seus consectários, demonstrando a sua ocorrência e formas impugnação e flexibilização da *res iudicata* formada.

# 3. A relativização da coisa julgada

O direito processual[265] civil é responsável pela solução de várias questões litigiosas, estabelecendo regras específicas a serem seguidas para que haja um procedimento adequado e concatenado de atos que possam proporcionar o devido julgamento.

Esse julgamento respeitará os princípios processuais constitucionais,[266] garantindo aos litigantes o devido processo legal[267] e seus consectários como o contraditório,[268] a celeridade,[269] a razoável duração do processo,[270] entre outros.[271]

---

[265] Belíssimo estudo sobre a tutela processual foi construído pelo autor Argentino Roberto Omar Berizonce, *in*: BERIZONCE, Roberto Omar. *As garantias do cidadão na justiça*. Coord. Sálvio de Figueiredo Teixeira, São Paulo: Saraiva, 1993, p. 123 e ss.

[266] A Constituição Federal de 1988 traz em seu arcabouço diversos princípios processuais que são de imensa valia para o direito processual civil brasileiro, dos quais devem ser consultados nas obras: PORTANOVA, Rui. *Princípios do processo civil*. 6. ed., Porto Alegre: Livraria do Advogado, 2005; e NERY JÚNIOR, Nelson. *Princípios do processo civil na constituição federal*. 7. ed. rev. atual., São Paulo: RT, 2002.

[267] Nesse sentido, aduz Nelson Nery Júnior que "O princípio fundamental do processo civil, que entendemos como base a qual todos os outros se sustentam, é o do devido processo legal, expressão oriunda da inglesa *due process of Law*. [...]" NERY JÚNIOR, *op. cit.*, p. 32. Sobre o direito a um processo sem dilações indevidas deve ser observado JUNOY, Joan Picó I. *Las garantías constitucionales Del processo*. Barcelona: JMB, 1997, p. 118 e ss.

[268] NERY JÚNIOR, *op. cit.*, p. 134. Também sobre o direito ao contraditório vale conferir JUNOY, Joan Picó I. *Las garantías constitucionales Del processo*. Barcelona: JMB, 1997, p. 109 e ss.

[269] Sobre a conceituação deste princípio, interessante conferir PORTANOVA, *op. cit.*, p. 171 e ss. Ademais, deve-se observar que a celeridade nem sempre garante justiça, por vezes o que se dá é o contrario, pois a celeridade, por sua natureza, gera injustiças pela ausência de tempo para solucionar a problemática, afastando a ideia da justiça cidadã, *vide* SANTOS, 2008b, *op. cit.*, p. 24.

[270] Para averiguar essa noção de razoável duração do processo deve ser observada a obra de CARVALHO, Fabiano. EC n. 45: reafirmação da garantia da razoável duração do processo. *In Reforma do judiciário*: primeiros ensaios críticos sobre a EC n. 45/2004. Coord. Teresa Arruda Alvim Wambier. São Paulo: Revista dos Tribunais, 2005, p. 216. "Isso importa dizer que todos têm acesso à justiça para postular e obter uma tutela jurisdicional adequada. Nesse contexto, a prestação da tutela jurisdicional em tempo razoável garante o efetivo acesso à justiça, porquanto o direito à prestação jurisdicional dentro de um tempo aceitável é uma exigência da tutela jurisdicional efetiva". Também podem ser trazidas à baila as palavras de MARINONI, Luiz Guilherme. *Curso de processo civil:* Teoria geral do processo. v. 1. São Paulo: RT, 2006, p. 221 e ss. Esse princípio está ligado ao da celeridade, sendo o garantidor máximo da ideia de tempo adequado ao processo, sendo a válvula de escape para que o processo possa ser ao mesmo tempo célere e respeitador do devido processo legal. Sobre a re-

Com a decisão judicial, em relação à questão, acontecerá, por natural, a formação da coisa julgada, instituto jurígeno capaz de estabilizar as demandas visando a não discutibilidade *ad eternum*.

Existem casos em que a decisão não é bem tomada, ou ainda, situações em que a realidade fática não foi à época do julgado plenamente conhecida, muda ainda a norma[272] ou o entendimento do Tribunal que julgou de forma "definitiva" a questão ou ainda decisões que afrontam diretamente a Constituição. De tal modo, esses casos são autorizadores daquilo que modernamente se chama de *relativização da coisa julgada*,[273] que em verdade é uma flexibilização da coisa julgada, que anteriormente colocou, supostamente, fim à discussão judicial.

A relativização da coisa julgada já foi tratada por Chiovenda tempos atrás referindo que esse instituto nada tem em si de absoluto e de necessário, podendo ser modificado em alguns casos, como por exemplo, com base em novas provas, ou até por razões de oportunidade e utilidade social.[274]

Além disso, como diria Chiovenda, as partes podem renunciar aos efeitos do julgado,[275] fazendo com que no máximo, como referiu Ovídio

---

lação tempo e direito – no nosso caso do processo – segundo o autor francês François deve-se tomar o devido cuidado para que as coisas não se acelerem por demais, visto que o direito deve seguir o seu tempo normal, sem uma aceleração exacerbada e desmotivada que prejudicaria e muito a natural preservação de um direito em sua essência máxima. *Vide:* OST, François. *O tempo do direito*. Lisboa: Instituto Piaget, 1999, p. 39. Sobre a relação tempo e processo é interessante conferir MORELLO, Augusto Mario. *In Aceso al derecho procesal civil*. Augusto Mario Morello diretor... [*et. al.*] Buenos Aires: Lajouane, 2007, p. 241 e ss.

[271] Dentre os mais diversos princípios vale dar destaque ao da imparcialidade do juiz, onde este será necessariamente neutro em relação a posições que favoreçam uma das partes. Nesse sentido consultar SILVA, Ovídio A. Baptista da. *Jurisdição e execução na tradição romano-canônica*. 2. ed., São Paulo: RT, 1997, p. 111 e ss.

[272] Sobre a ideia de norma ver THON, Agusto. *Norma giuridica e diritto soggesttivo*. Traducción Alessandro Levi. 2. ed., Padova: CEDAM, 1951, p. 11 e ss.

[273] Teoria que tem ganhado muita força ultimamente, com certas ressalvas, é claro, já que estaríamos frente a uma "queda" de um grande gigante que até o presente momento não demonstrava fragilidade. As teorias são variadas, desde a ocorrência da relativização da coisa julgada em casos de fixação de paternidade – do processo subjetivo – assim como os casos da coisa julgada inconstitucional até o que esse estudo pretende abarcar, qual seja a da relativização da coisa julgada no controle de constitucionalidade – dito processo objetivo – onde a situação de sua ocorrência é diferenciada e bem pontuada. Essa temática será tratada adiante.

[274] Assim Chiovenda: "Questo instituto non há nulla in sè de assoluto e di necessário: dal concetto dell'ufficio del giudice deriva necessariamente soltanto Che la sentenza debba potersi mandare as executione, ma non che debba tenersi in futuro come norma immutabile del caso deciso. Tanto è vero che conosciamodriritti antichi in cui la sentenza è bensì obbligatória per Le parti finchè essa sta, ma può indefinitamente essere impugnata, ora in base a nuove prova ora no". *Vide* CHIOVENDA, 1980, *op. cit.*, p. 906. Ademais, refere ainda o autor italiano "È per mere ragioni di opportunità e do utilità sociale che si introduce Nei varii diritti um limite Allá discutibilità del deciso". Idem, p. 07.

[275] *"Le parti possono rinunciare agli effeti del giudicato"*. Idem, p. 15.

A. Baptista da Silva, torne-se "imutável" a declaração do julgado, mas que sabidamente poderá e acabará caindo em casos especiais.

Ademais, acrescente-se que mesmo em se tratando de direitos indisponíveis não haverá formação de coisa julgada quando a sentença retrata fatos alusivos a uma relação jurídica que se deu em um dado momento. Nessas hipóteses, quando ocorrer alteração substancial em relação à situação fática, a sentença poderá ser modificada por meio de provocação da parte prejudicada. Essa modificação de julgado poderá se dar, como comentado, quando houver a ocorrência de nulidade absoluta que, como refere Chiovenda, não preclui e não se sujeita aos efeitos da coisa julgada.[276]

Essa relativização[277] pode ocorrer através de uma ação rescisória[278] – conforme a sistemática dos arts. 485 e seguintes do Código de Processo Civil –, que tem a finalidade de relativizar a *res iudicata*, visando à maior efetivação da justiça.[279]

Existem outras maneiras de flexibilizar a coisa julgada, podendo ser via ação anulatória ou ainda por ação declaratória, com a finalidade específica de desconstituir a coisa julgada.

A relativização da coisa julgada pode ocorrer tanto nos Tribunas inferiores como nos superiores, tanto pelo processo objetivo como subjetivo, dando maior amplitude a essa discussão que muito influi na realidade que cada uma das partes viverá.

Essa ideia da relativização da *res iudicata* por vezes tem sido mal compreendida, sofrendo, por essa razão, rejeição por alguns.[280] A resis-

---

[276] Nesse sentido Chiovenda refere que as partes podem proteger-se de formas variadas contra a sentença nula em sentido absoluto ou inexistente. O autor cuja a demanda foi respondida poderá novamente efetivar a demanda sem temer a exceção de coisa julgada. O réu poderá através de uma ação de acertamento negativo fazer declarar, por exemplo, a impossibilidade da pretensão. CHIOVENDA, Giuseppe. *Instituzioni di diritto processuale civile*. Napoli: Casa Editrice E. Jovene, 1947, p. 515.

[277] Autorizada doutrina vem sustentando a relativização da coisa julgada material. Trata-se de matéria delicada. Como a coisa julgada tem fundamento "eminentemente pragmático", não há razão para "santificá-la", ou para acobertá-la de proteção inquebrantável. Aliás, a lei prevê uma serie ampla de casos de sua rescindibilidade, admitida ainda a rescisão de julgamento proferido em rescisória. *Vide* ARAUJO CINTRA, Antonio Carlos de. *Comentários ao código de processo civil*. 4. v. arts: 332 a 475. Rio de Janeiro: Forense, 2003, p. 305.

[278] Sobre a utilização da ação rescisória podemos observar as ponderações de Nelson Nery Júnior *vide*: NERY JÚNIOR; NERY, *op. cit.*, p. 776 e ss.

[279] "Os institutos de direito material estão destinados, diria que naturalmente, a mudar de acordo com o surgimento e a diferente avaliação dos interesses em conflito em relação à fruição dos bens materiais e imateriais. Diferentemente dos institutos de direito material, os institutos processuais que visam garantir a tutela jurisdicional dos direitos nascem, por assim dizer, não apenas com o selo terreno, mas com aquele da eternidade, que lhes é aposto por seu próprio destino de garantir a realização da justiça". *Vide* PISANI, Andrea Proto. *Revista da Escola da Magistratura do Rio de Janeiro*. n. 16, 2001, p. 23.

[280] Alguns doutrinadores têm rejeitado a tese da relativização da coisa julgada e dentre eles Nelson Nery Jr. vide NERY JÚNIOR; NERY, *op. cit.*, p. 685 e ss.

tência à noção da relativização, que aduzimos neste trabalho, dá-se pelo temor da ocorrência de violação da segurança jurídica,[281] que sabemos ser relevante, mas jamais absoluta.

A segurança jurídica é, por vezes, produzida pela coisa julgada, já que essa torna as problemáticas sentenciadas e transitadas em julgado "definitivas", gerando uma ideia de segurança jurídica ao sistema, produzindo-se, por consectário, a paz social.

Embora esses fundamentos sejam fortes, não podemos esquecer que, em algumas ocasiões, injustiças são causadas aos cidadãos, que buscam do Judiciário a devida solução. Nesse ínterim, por vezes, injustiças são efetivadas e erros ocorrem causando sofrimento e muitos problemas que, vez ou outra, quebrantam os direitos fundamentais.

É para essas problemáticas que se presta a relativização da coisa julgada, não para buscar o absurdo e incorreto, mas, sim, o que é correto, a correção daquilo que foi efetivado de forma errada, produzindo o tão esperado senso de justiça.[282]

Essas celeumas devem ser sanadas a tempo de causar o menor prejuízo possível às partes. Não se busca, com a flexibilização da coisa julgada, aquilo que não será possível, ou ainda, uma saída maliciosa ao caso concreto, mas, efetivamente, aquilo que é possível e correto, mas que não se aplicou por algum motivo, seja ele um erro material não corrigido pelo Judiciário, alteração fática, mudança de entendimento dos Tribunais ou da própria lei,[283] ou ainda, o que é pior, uma decisão que afronte a própria Carta Política. Nesse sentido, refere Carmem Lúcia Antunes Rocha que não haverá formação de segurança jurídica decorrente da coisa julgada

---

[281] NERY JÚNIOR; NERY, *op. cit.*, p. 687. Também observar Carlos Aurélio Mota de Souza que refere que a segurança está implícita no valor justiça, sendo um 'a priori' jurídico. O doutrinador afirma ainda que se a lei é garantia de estabilidade das relações jurídicas, a segurança se destina a estas e às pessoas em relação; é um conceito objetivo, a priori, conceito finalístico da lei. SOUZA, Carlos Aurélio Mota de. *Segurança Jurídica e Jurisprudência:* um enfoque filosófico-jurídico. São Paulo: LTr, 1996, p. 128.

[282] A lei jurídica passou a ser, efetivamente, uma expressão de consenso político e social, buscando-se, nada mais do que, uma solução razoável para conflitos naturais que os seres humanos vivenciam. *Vide* PERELMAN, Chaim. *Ética e direito.* São Paulo: Martins Fontes, 1996, p. 377.

[283] Quando se fala de lei, se pensa em normativismo, devemos alertar a posição de renomados autores sobre essa ideia de normativsmo, assim *vide*: "[...] cada vez mais fatores vêm impondo a superação de todas as formas de normativismo dogmático, em prol da compreensão hermenêutica do direito processual. Um deles, talvez o mais notável, é a profunda transformação do conceito de lei, abandonando o conceito iluminista de lei, que haveria de portar uma 'vontade' invariável inserida no texto pelo legislador". SILVA, Ovídio A. Baptista da. *Jurisdição, direito material e processo.* Rio de Janeiro: Forense, 2008, p. 141. Neste sentido também pontua Castanheira Neves *vide* NEVES, Antonio Castanheira. *O instituto dos "assentos" e a função jurídica dos tribunais supremos.* Coimbra: separata da RLJ, 1983, p. 584.

que se poste contrariamente à Constituição Federal.[284] Ainda assim a referida autora ainda cita que:

> O ato de qualquer dos poderes estatais (e mesmo das pessoas em geral) que repugna à Constituição não promove direito, não se atém aos adjetivos jurídicos de sua subsistência e validade. E Constituição não protege ou resguarda ato nulo ou espúrio, praticado à sua revelia e com a sua inobservância. Inseguro estaria qualquer jurisdicionado se o juiz pudesse atuar contra a Constituição e esta inconstitucionalidade ficasse petrificada sob o amparo ou ao resguardo de outra norma constitucional que viesse a proibir a desconstituição de seus efeitos pela declaração de nulidade do quanto assim havido.[285]

Nesse sentido, vale trazer as ponderações de Humberto Theodoro Júnior e Juliana Cordeiro Faria, que acabam por referir ser inadmissível a formação de coisa julgada inconstitucional, fazendo a reflexão da temática, *verbis*:

> Nada obstante, sempre que se fala em decisão judicial, à míngua de literatura a respeito, tem-se a falsa impressão de que o seu controle de constitucionalidade, o direito brasileiro, é possível apenas enquanto não operada a coisa julgada, através do último recurso cabível que é extraordinário previsto no art. 102, III da CF. Após verificada esta última, a imutabilidade que lhe é característica impediria o seu ataque ao fundamento autônomo de sua inconstitucionalidade. Corresponde aludida ideia ao modelo de Supremacia da CF buscando no Estado Democrático de Direito?
>
> Pensamos que não. A coisa julgada não pode suplantar a lei, em tema de inconstitucionalidade, sob pena de transformá-la em um instituto mais elevado e importante que a lei e a própria CF. Se a lei não é imune, qualquer que seja o tempo decorrido desde a sua entrada em vigor, aos efeitos negativos da inconstitucionalidade, por que o seria a coisa julgada?[286]

A coisa julgada inconstitucional é aquela cuja efetivação agride a ordem jurídico-constitucional, assim *vide*:

> [...] onde quer que se tenha uma decisão aberrante de valores, princípios, garantias ou normas superiores, ali ter-se-ão efeitos juridicamente impossíveis e, portanto, não incidirá

---

[284] "[...] tem-se, portanto, que no plano da validade dos atos jurídicos, aí inclusos os estatais, dentro os quais se têm os atos sentenciais do juiz, não se há cogitar de admitir-se que a Constituição possa acobertar inconstitucionalidades ou que haja segurança onde houver uma inconstitucionalidade". *In* ROCHA, Carmem Lúcia Antunes. Constituição e segurança jurídica: direito adquirido, ato jurídico perfeito e coisa julgada. *In Constituição e segurança jurídica*. Coord. Carmem Lúcia Antunes Rocha. Belo Horizonte: Fórum, 2004, p. 182.

[285] Id., Ibid.

[286] THEODORO JÚNIOR Humberto. FARIA, Juliana Cordeiro de. A coisa julgada inconstitucional e os instrumentos processuais para seu control. *Revista síntese de direito civil e processo civil*. Porto Alegre: Síntese, v. 4, n.19, set./out. 2002, p. 37. Ademais, vejamos as referências de Alexandre Zamprogno, *vide*: "Assim a questão da coisa julgada inconstitucional não pode e não deve ser tratada somente sob o aspecto de que a mesma não produz eficácia no mundo jurídico ante seu conflito com o texto constitucional, mas deve ser observado que a própria constituição consagra o Estado Democrático de Direito, e como tal qualquer decisão judicial, até as que já se encontram sob o manto da coisa julgada, somente poderá ser desconstituída se observado o devido processo legal consagrado no art. 5º, LVI, da Constituição Federal". ZAMPROGNO, Alexandre. Meio de processuais para desconstituir a coisa julgada. *Interesse Público*. Sapucaia do sul: Notadez, v.5, n.22, Nov./dez.2003, p. 98.

a autoridade da coisa julgada material – porque, como sempre não se concebe imunizar efeitos cuja efetivação agride a ordem jurídico-constitucional.[287]

Nessa linha, Dinamarco vem referindo já existir forte corrente que relativiza a coisa julgada no Superior Tribunal de Justiça, principalmente em casos

[...] em que a sentença passada em julgada encerra uma grave infração constitucional, ou resultado de uma fraude manifesta, ou atenta contra direitos fundamentais de elevada categoria, aquele Tribunal tem autorizado a repropositura da demanda já decidida ou mesmo a propositura de uma outra em sentido inverso.[288]

Deste modo, como assevera o autor, a grave infração da Constituição, a fraude manifesta e a violação dos direitos fundamentais são postados como motivadores da relativização da coisa julgada por natural relevância das ocorrências deste patamar.

No mesmo sentido, como sustentado por Carmem Lúcia Antunes Rocha, não haverá a formação de segurança jurídica se a coisa julgada que daria guarida à segurança jurídica for inconstitucional, quebrando a tese de que a segurança jurídica se formaria e seria a pedra angular para a não ocorrência da relativização da *res iudicata*.

Não bastassem essas posições, Couture também acaba por manifestar a sua visão em favor da relativização em casos de fraude e conluio que ocasionem prejuízos aos litigantes ou a terceiros, vislumbrando a *"revogação da coisa julgada"* como forma de melhor solução da problemática.[289]

A questão é realmente a busca da prática coerente no caso concreto. Isso que deve ser levado em conta, pois os institutos jurídicos devem ter utilidade prática e que alcancem o seu fim de efetivar direitos.[290]

---

[287] BERMUDES, Sérgio. Sinderése e a coisa julgada inconstitucional. *In Estudos em homenagem à professora Ada Pellegrini Grinover*. Organizado por Flavio Luiz Yarshell e Maurício Zanoide de Morais. São Paulo:DOJ Editora, 2005, p. 753. O mesmo autor acaba por referir, embasado nas ponderações de José Delgado, ser admissível as a utilidade das ações de desconstituição ou de declaração da inexistência da coisa julgada formada contrariamente à Constituição, ou aos princípios da moralidade e da legalidade, cujas raízes se encontram na carta política. Idem, p. 754.

[288] DINAMARCO, Cândido Rangel. Liebman e a cultura processual brasileira. *In Estudos em homenagem à professora Ada Pellegrini Grinover, op. cit.*, p. 500-501. Ademais, o próprio autor ainda refere: "Essa orientação, de manifesta legitimidade porque sobrepõe à coisa julgada e à segurança jurídica certos valores que são, realmente, merecedores de maior atenção e também contam com o apoio da Constituição Federal, consiste em repudiar a estabilidade dos efeitos da sentença que contra este valores se choquem. [...]. Fala-se, então, em certas impossibilidades jurídicas que, ao neutralizar efeitos constitucionalmente ilegítimos de sentença,impede que sobre eles se repute incidente a autoridade da coisa julgada material. Trata-se de negar os efeitos de certas sentenças e, indiretamente, levantar o véu da coisa julgada que aparentemente se havia abatido sobre eles". Idem, p. 501.

[289] COUTURE, *op. cit.*, p. 352.

[290] Efetivar os direitos fazendo com que os direitos sejam levados a sério seguindo a ideia de Ronald Dowrkin *vide*: DWORKIN, 2002, *op. cit.*, p. 283 e ss.

Não se está aqui a defender o impossível e o inatingível, mas, sim, aquilo que a própria doutrina vem possibilitando. Assim sendo, a relativização pode ocorrer, facilmente, nas demandas que discutem a paternidade de uma criança, em decorrência de decisão judicial anterior que não contava com o DNA,[291] que é exame mais forte em seu grau de certeza, e considerou não haver relação entre as partes do processo, mas que com a feitura do DNA e descobrindo a relação de parentesco pode fazer com que aquela sentença que havia transitado em julgado seja quebrada e relativizada para ofertar à criança o direito de ter um pai e que esses se relacionem, vivenciando ambos a magnífica experiência da relação parental.

Neste sentido, observe-se a emenda de um julgado do Tribunal de Justiça do Estado do Rio Grande do Sul, de relatoria do Desembargador Rui Portanova:

> APELAÇÃO CÍVEL. NEGATÓRIA DE PATERNIDADE. EXTINÇÃO DO PROCESSO SEM RESOLUÇÃO DO MÉRITO EM FACE DA COISA JULGADA. Atualmente, os efeitos da coisa julgada, em ações de investigação de paternidade, sofrem alguma distenção, em face da possibilidade de um juízo de certeza advinda dos avanços do DNA. Some-se a isso, o fato de estarmos diante de ação de estado, onde a natureza da pretensão – declaratória – é imprescritível, bem como não se operam os efeitos da revelia (art. 320, inciso II do CPC). *Circunstâncias que obrigam, em certos casos, a relativização da coisa julgada, em face da natureza e da importância do direito em discussão.* APELAÇÃO PROVIDA EM MONOCRÁTICA PARA DAR SEGUIMENTO À AÇÃO. (Apelação Cível nº 70022570949, Oitava Câmara Cível, Tribunal de Justiça do RS, Relator: Rui Portanova, Julgado em 25/02/2008).

Alerte-se que nesse caso a relativização ocorreu via ação declaratória, podendo ter sido feita ainda a ação anulatória, chegando ambas a este possível resultado.

Também se pode falar em relativização da coisa julgada nos processos de competência para processamento e julgamento perante o Supremo Tribunal Federal, seja no controle difuso[292] ou no concentrado. Neste, podendo chegar ao Supremo através da ADI, ADC ou ainda pela ADPF, por via de consequência naquele podendo chegar à Corte Suprema através do Recurso Extraordinário.

Pode-se dizer que nessa via de discussão a situação seja mais complexa, pois estar-se-á discutindo a coisa julgada, que sempre foi vista

---

[291] Nesse caso também Luiz Guilherme Marinoni acaba por referir da possibilidade de relativização, embora saibamos que a posição do referido autor vem no sentido contrário à tese da relativização da coisa julgada. Para observar com maior vagar as pontuações do referido autor confira-se MARINONI, Luiz Guilherme. *Coisa julgada inconstitucional.* São Paulo: RT, 2008, p. 179 e ss.

[292] Sobre o controle difuso de constitucionalidade, a partir da tradição republicana que atravessa séculos ver STRECK, Lenio Luiz. *Jurisdição constitucional e hermenêutica:* uma nova crítica do direito. Porto Alegre: Livraria do Advogado, 2002, p. 339 e ss. Já observando a realidade pós 1988 observar o mesmo autor em Idem, p. 361 e ss.

como um dogma,[293] que guarda grande complexidade em sua alteração e também pela discussão a ser efetivada no nível de uma Corte que é [ou quem sabe o mais correto seja "foi"] muito apegada aos institutos e regras jurídicas positivadas. Fato este que causa certa dificuldade em fazer com que essa ponderação seja aceita com facilidade.

Com tudo isso, devemos asseverar que o próprio Ministro Gilmar Mendes, em sua tese doutoral, acolheu o posicionamento do Tribunal Constitucional alemão no sentindo de relativizar a coisa julgada, o que demonstra, por mais que de forma simplória, a abertura desta Corte Máxima no sentido de discutir e até mesmo aceitar a relativização.[294]

Considerando a relativização da *res iudicata*, muita coisa muda, até porque, ocorrendo isso, outra problemática se colocará, qual seja o efeito aplicável, seja *ex tunc*[295] ou *ex nunc*.[296] Isso trará muita repercussão, pois dotará de retroatividade ou não a decisão que relativizou a coisa julgada.

---

[293] Muito interessante observar a arguição feita pelo filósofo alemão Arthur Schopenhauer vide: SCHOPENHAUER, Arthur. *Como vencer um debate sem precisar ter razão: em 38 estratagemas*. Tradução de Daniela Caldas e Olavo de Carvalho, Rio de Janeiro: Topbooks, 1997, p. 168-169. Para o autor gaúcho Ovídio A. Baptista da Silva, "a transformação paradigmática, da qual não nos é possível escapar, sob pena de renunciar ao direito, como instrumento superior de resolução de conflitos sociais, ao mesmo tempo em que permitirá resgatar a figura do juiz 'responsável' – oposto ao juiz do sistema, que não comete injustiças, porquanto sua missão está limitada a declarar a injustiça da lei –, determinará que *o pensamento jurídico renuncie ao dogmatismo*, para recuperar a função hermenêutica na compreensão de textos, sob o pressuposto epistemológico de que o texto carrega várias soluções jurídicas possível, para, enfim, mostrando que texto e norma não são a mesma coisa, reentronizar a retórica como ciência da argumentação forense, que o pensamento linear dos juristas geômetras do século XVII pretendeu eliminar do direito processual". (destacamos) *Vide* SILVA, O. 2008, *op. cit.*, p. 148. Observando o processo também Cândido Rangel Dinamarco critica o apego terrível aos dogmas que por muito tempo prejudicaram a ciência processual. Nesse sentido DINAMARCO, 2009, *op. cit.*, p. 20-21.

[294] Neste sentido e embasado nas lições de Bryde, Gilmar Ferreira Mendes aduz que: "Assim sendo, declarada a constitucionalidade de uma lei, ter-se-á de concluir pela inadmissibilidade de que o Tribunal se ocupe, uma vez mais, da aferição de sua legitimidade, ressalvadas as hipóteses de significativas mudanças fáticas ou de relevante alteração das concepções jurídicas relevantes. Também entre nós se reconhece, tal como ensinado por Liebman com arrimo em Savigny, que as sentenças contem implicitamente a cláusula *rebus sic stantibus*, de modo que as alterações posteriores que modifiquem a situação normativa, bem como eventual mudança da orientação jurídica sobre a matéria, podem tornar inconstitucional a norma anteriormente considerada legitima(inconstitucionalidade superveniente).Daí parece-nos plenamente legitimo que se argua, perante o Supremo Tribunal Federal, a inconstitucionalidade de norma anteriormente declarada constitucional em ação direta de constitucionalidade". MENDES, G., *op. cit.*, p. 294-295.

[295] Como efeitos retroativos, que aplicam a nova decisão anulando a anterior, retroagindo a todos aos atos anteriores à nova decisão para afastá-los, fazendo com que esses atos normativos ou leis sejam considerados nunca antes existentes, neste sentido ver: MORAES, Alexandre de. *Direito constitucional*. 19. ed., São Paulo: Atlas, 2006, p. 651.

[296] A referida declaração de inconstitucionalidade trará seus efeitos a partir da decisão tomada nesse sentido, fazendo com que posteriormente à decisão modifique-se a consideração de constitucionalidade anterior da referida lei ou ato normativo. Nesse sentido SILVA, José Afonso da. *Curso de direito constitucional positivo*. 20. ed. São Paulo: Malheiros, 2001, p. 54.

Por sua vez, no processo subjetivo, a questão será a possibilidade de eficácia *inter partes*[297] ou ainda, em alguns casos por determinação do Tribunal, *erga omnes*,[298] que influirá muito na questão, pois poderá delimitar se o alcance da decisão será somente entre as partes ou se abarcará a todos.

Tudo isso é imperioso cuidar de forma concreta, para que as consequências naturais da decisão que pode relativizar determinada questão surtam suas eficácias corretas e posteriores efeitos adequados.

## 3.1. Algumas posições relevantes sobre a (im)possibilidade da relativização da coisa julgada

Sobre a temática que até aqui se discutiu, vale, por honestidade acadêmica, trazer à baila o firme estudo efetivado por Carlos Henrique Soares,[299] que aborda com enfoque totalmente inverso ao até então postulado, mas não totalmente incongruente com o que se pretende nesse trabalho.[300] Mesmo porque nesse trabalho labuta-se para demonstrar a ocorrência da relativização da coisa julgada em situações bem pontuadas, em relação ao controle de constitucionalidade pelo processo objetivo. Aqui, será possível flexibilizar a coisa julgada em caso de anterior decisão que declare a constitucionalidade de uma lei ou auto normativo que, posteriormente, por natural, acaba por ser declarado inconstitucional, o que em momento próprio será devidamente aprofundado.

Mas vamos ao embate da tese apregoada por Carlos Henrique Soares, que, diga-se claramente, construiu uma tese muito bem pensada para contrariar a relativização da coisa julgada em relação à chamada coisa julgada inconstitucional.

Afirme-se que o referido autor foi claro, preciso, mas ainda assim deixou algumas lacunas e dúvidas efetivamente presentes, além de con-

---

[297] No sentido de entender bem a eficácia *inter partes*, que restringe a força decisória entre as partes litigantes, vale observar MIRANDA, Jorge. *Teoria do estado e constituição*. Rio de Janeiro, 2002, p. 505; SILVA, José Afonso da. *Curso de direito constitucional positivo*. 20. ed. São Paulo: Malheiros, 2001, p. 53-54; BARACHO, José Alfredo de Oliveira. *Direito constitucional contemporâneo: homenagem ao Professor Paulo Bonavides*. Organizado por Fernando Luiz Ximenes Rocha e Filomeno Moraes. Belo Horizonte: Del Rey, 2005, p. 492.

[298] Sobre a eficácia *erga omnes*, que expande o conteúdo decisório a todos, a indicação fica pela obra de José Affonso da Silva *vide*: SILVA, J., *op. cit.*, p. 54.

[299] Vale conferir o livro SOARES, Carlos Henrique. *Coisa julgada constitucional*: teoria tridimensional da coisa julgada: justiça, segurança jurídica e verdade. Coimbra: Almedina, 2009.

[300] Sobre a teoria chamada de "tridimensional da coisa julgada a partir da observação da justiça, segurança jurídica e verdade vale conferir o mesmo autor, *vide* SOARES, *op. cit.*, p. 157-229.

trariar alguns pontos firmes em relação à função social do processo que veremos a partir de então.

O autor relata que só haveria a possibilidade de revisão da coisa julgada em "[...] caso de inobservância dos princípios processuais, do contraditório, da ampla defesa e da isonomia".[301]

Não há discordância de que, nesses casos, realmente se poderia pensar em relativizar a coisa julgada, mas além desses casos o próprio Código de Processo Civil autorizou, como é de conhecimento dos processualistas, a relativização via ação rescisória do art. 485[302] do referido Código.

Mesmo assim, como se sabe, a interpretação conforme a Constituição[303] deu ao Supremo Tribunal Federal a liberdade de literalmente interpretar a Carta Magna e automaticamente atualizar e adequar o texto Constitucional à necessidade real da sociedade pós-moderna.[304]

Isso tem ocorrido de forma diametral. Além do próprio Supremo, os Tribunais mais diversos do país têm movimentado a temática inclusive em casos especiais em que haja um direito naturalmente indisponível, como no caso das ações que buscam relativizar a coisa julgada em relação ao reconhecimento de paternidade, o que se verá adiante.

Continua o autor a relatar que

[...] a tese aqui desenvolvida é, justamente, a de que a coisa julgada só alcança sua imutabilidade e atinge a segurança jurídica à medida que se busca a garantia processual do contraditório. Somente no processo democrático é possível que isso ocorra. A busca pela democracia no processo jurisdicional é que vai permitir a formação da coisa julgada.[305]

Há de se concordar com o autor de que o processo deve ser democrático, mas não somente como pretendia Rousseau, em uma democracia

---

[301] SOARES, *op. cit.*, p. 18.

[302] Vejamos o referido artigo: "Art. 485 – A sentença de mérito, transitada em julgado, pode ser rescindida quando: I – se verificar que foi dada por prevaricação, concussão ou corrupção do juiz; II – proferida por juiz impedido ou absolutamente incompetente; III – resultar de dolo da parte vencedora em detrimento da parte vencida, ou de colusão entre as partes, a fim de fraudar a lei; IV – ofender a coisa julgada; V – violar literal disposição de lei; VI – se fundar em prova, cuja falsidade tenha sido apurada em processo criminal ou seja provada na própria ação rescisória; VII – depois da sentença, o autor obtiver documento novo, cuja existência ignorava, ou de que não pôde fazer uso, capaz, por si só, de lhe assegurar pronunciamento favorável; VIII – houver fundamento para invalidar confissão, desistência ou transação, em que se baseou a sentença; IX – fundada em erro de fato, resultante de atos ou de documentos da causa".

[303] Sobre a interpretação conforme a Constituição vale conferir texto de Virgilio Afonso da Silva. Disponível em: <http://www.direitogv.com.br/subportais/publica%C3%A7%C3%B5e/RDGV_03_p 191_210.pdf>. Acesso em: 9 maio 2011.

[304] Sobre a atuação do Supremo Tribunal Federal em relação interpretação constitucional vale observar Virgilio Afonso da Silva, idem.

[305] SOARES, *op. cit.*, p. 20.

meramente representativa, mas, também, de uma democracia participativa, onde se poderia, sim, chegar ao objetivo democrático do processo.[306]

Mas diga-se que fazer do processo meio de produzir certeza, correteza e justiça é, sim, dotar-lhe de democrático, pois o processo não foi construído para outra finalidade que não seja a de buscar a direção mais correta e justa possível aos seus "utilizadores". Diga-se aqui mais pontuadamente os jurisdicionados, pois criatura não pode dominar o seu criador. Ora, se o processo foi criado pelo ser humano – e hoje pelo legislador – qual a função de uma regra que se preste a prejudicar diametralmente o seu criador?[307]

Claramente não pode o processo ser meio "legal" de tornar o incorreto em correto, assim como não pode ser também um meio pretoriano de tornar o injusto em justo, já que aquilo que é incorreto jamais será realisticamente correto e o processo existe e detém meios de prova para que fosse possível chegar o mais próximo da realidade e da justiça.

Mesmo assim, tecnicamente, o processo não pode ofender o direito fundamental humano, por exemplo, de um filho conhecer o seu pai e gozar das benesses de seu convívio e dele receber alimentos, cuidado e amor. Tudo isso por uma regra "fechada e cartesiana", que não pode vencer de forma alguma o princípio máximo da sociedade que está intitulado de dignidade da pessoa humana esculpido no artigo 1º, III,[308] da Constituição Federal.

Vale trazer a contrariedade de Carlos Henrique Soares em relação à possibilidade da relativização da coisa julgada, mesmo em caso de existência de novo exame de DNA que propicia a mudança de uma situação terrível ao menor e aos seus pais por vezes. Vejamos:

> Nesse sentido, será afastada a possibilidade de revisão da coisa julgada nas ações de reconhecimento da paternidade. O exame de paternidade não reflete a verdade processual e permitir a modificação da coisa julgada com base em técnica probatória nova em nada contribui para evitar a incerteza jurídica e a insegurança.[309]

Nesse ponto, a cautela deve ser grande, já que a coisa julgada, que também é garantia constitucional, não pode ofender de forma alguma ou-

---

[306] Nesse sentido RIBEIRO, 2010, *op. cit.*, p. 95 e ss.

[307] O direito é um produto criado pelo homem e para o homem, sendo a esse naturalmente vinculado. *vide* RIBEIRO, 2004, *op. cit.*, p. 21.

[308] Art. 1º A República Federativa do Brasil, formada pela união indissolúvel dos Estados e Municípios e do Distrito Federal, constitui-se em Estado Democrático de Direito e tem como fundamentos: [...] III – a dignidade da pessoa humana;

[309] SOARES, *op. cit.*, p. 21.

tra garantia de igual hierarquia qual seja a dignidade da pessoa humana e o direito de a criança[310] ter o convívio com seu/sua genitor/a.

Nesse peculiar, vale referir que o autor alerta a sua preocupação par com a verdade processual, da qual também se concorda, mas alerte-se que esse fundamento não pode ser o viés fundamental para a não relativização da coisa julgada, já que, por vezes, como é de conhecimento de todos, muitas decisões basearam-se, para negar a paternidade, em ausência de provas.

Para vencer tudo isso veio o exame de DNA, que de início era muito caro e também não fornecido pelo Estado, sendo tão somente depois de determinado tempo fornecido. Esse acesso ao exame ora trazido à baila fez com que crianças – que nada tem a ver com a coisa julgada mal formada – descobrissem que, mesmo com um processo de investigação e reconhecimento de paternidade que fora julgado improcedente, eram filhos do sujeito que judicialmente tinha sido ilidido de tal possibilidade. E agora, o que fazer?

Prevalecer a segurança jurídica, em um caso concreto, ou relativizar a coisa julgada – para fazer prevalecer a dignidade da pessoa humana, o direito das crianças de gozar dos direitos reconhecidamente existentes de ser filho de alguém e lhe ofertar uma melhor e mais digna vida de amor, afeto e condições econômicas em decorrência da filiação – que já não mais se servia, por óbvio, ao caso daqueles autos, já que há exame exato que aponta a paternidade.

Ademais, diz Carlos Henrique Soares que "[...] se a decisão não for gerada democraticamente, essa nunca ficará sob o manto da coisa julgada, pois tal decisão é manifestamente inconstitucional".[311]

Não há como discordar do autor nesse ponto.

Mas a dúvida vem. O que é a decisão democrática? É aquela meramente argumentativa, discursiva e tecnicamente processual ou é aquela justa que deve se comprometer com a realidade e até em alguns casos se prestar a corrigir as falhas existentes ou até adequar a decisão às novas realidades não conhecidas à época do julgado?

Imagina-se que a resposta deve passar pela segunda opção, já que o processo justo deve restar preocupado com o resultado do processo, com a vida, com o sentimento, dor, engano e verdade, sim, pois se não for por isso e pra isso, por que existir processo?

O processo existe e discute sempre duas ou mais versões sobre uma mesma realidade alegada – e por isso a matéria pode ser de fato e de di-

---

[310] Direitos previstos do art. 226 ao art. 230 da Constituição Federal.

[311] SOARES, *op. cit.*, p. 21.

reito – já que, por mais que passemos pelo debate jurídico, o processo se presta a entregar o bem da vida a quem realmente o merece e na modalidade que mereça.

Seria extremamente técnico e pouco real um processo que detivesse uma decisão muito bem exarada pelo magistrado, mas que não passe de mero papel formal e fique automaticamente impraticável no mundo da realidade. Nesse patamar, o que se pretende é proteger a sociedade e o ser humano que utiliza o processo, não fazendo com que esse último seja um fim em si mesmo.

Carlos Henrique Soares ainda refere que

[...] se uma decisão for inconstitucional, ela o é pelo simples fato de desrespeitar a democracia. Poderá, portanto, ser modificada a qualquer tempo, sem que isso caracterize a "flexibilização" da coisa julgada, uma vez que essa, realmente, nunca se formou e, portanto, nunca poderia ser modificada.[312]

Mesmo contrário à tese da relativização da coisa julgada, o referido autor acaba por concluir, de forma bem clara, que a decisão inconstitucional não transitaria em julgado, por sua natureza inconstitucional. Mas então vêm as perguntas: como poderíamos reconhecer ser ela inconstitucional? Como não permitir que a coisa julgada se realizasse e a execução da decisão não se implementasse?

Poderia ser pela via da declaração. Contudo, aqui iniciam os problemas, pois para concordar que a decisão inconstitucional não faz coisa julgada teríamos que ter meio para atacar a referida decisão. Isso mesmo depois de intermináveis outras tentativas, já que poderá a decisão inconstitucional chegar a ser executada, visto que, se for caso de jurisdição individual e o recurso extraordinário não subir, perfilhar-se-á a possível execução daquela decisão inconstitucional, que possibilitará uma execução também fundada em inconstitucionalidade. Ainda pior poderia ser se transcorrer toda a execução e o prazo da rescisória, e então vem a pergunta. Como solver a situação?

A decisão sabidamente inconstitucional tornou-se firme e, ainda mais, foi executada e nada mudou até então. Como colocar resolver a situação?

Talvez a solução seja permitir a relativização da coisa julgada para correção do equívoco que, por vezes, firma-se e permanece assim pelo próprio Poder Judiciário – no caso do julgador em peculiar – que não possibilitou a discussão da temática e que acabou por consolidar a vitória da inconstitucionalidade.

---

[312] SOARES, *op. cit.*, p. 22.

É para isso que deve ser utilizado o instituto da relativização da coisa julgada, mas não para prejudicar alguém ou perfilhar injustiças, mas, sim, ao inverso, buscando alcançar a correteza que o Estado Democrático de Direito, em tese, apregoa. Outro fundamento seria também a busca constante do respeito ao direito constitucional, visando, sobretudo, a uma interpretação conforme a Constituição Federal.

Carlos Henrique Soares – aduz que "[...] diferentemente da perspectiva abordada por Paulo Otero, a premissa aqui adotada é de que só é possível a formação de coisa julgada se esta estiver em consonância com a constituição".[313]

Exatamente assim como referiu o autor é que deve ser observada a temática, já que o fundamento da relativização da coisa julgada se presta a tentar de forma "desesperada" transformar e corrigir a decisão que está totalmente contrária à Constituição, já que o objetivo é manter a harmonia Constitucional.

Exemplo disso é flexibilizar a coisa julgada em defesa do direito do menor, filho que obteve, por ausência de provas, a declaração anterior de que não era o investigado seu pai, quando posteriormente através do DNA percebeu que o sujeito investigado era sim seu genitor e que nunca teve sequer convívio com ele, perdendo muitos anos de sua infância sem um pai, amor paterno e o auxílio alimentar deste.

Será que não seria esse um caso de adequação de uma decisão que não é mais constitucional e que gera efeitos inconstitucionais frente à criança? O que fazer?

Eis a possível "salvação": a relativização da coisa julgada que não gerará insegurança, pois está a modificar algo – com base em prova – no caso concreto e acima de tudo com fundamento de respeitar a Constituição Federal que, pela dignidade da pessoa humana,[314] e pelo princípio da paternidade responsável – ambos aplicáveis ao direito constitucional de família – prestam-se a buscar corrigir uma injustiça que poderia ser, sim, eternizada pela coisa julgada e pela proteção "absoluta" da segurança jurídica.

---

[313] SOARES, *op. cit.*, p. 277.

[314] Gonzáles Pérez diz que a dignidade da pessoa humana chega a ser um princípio geral de direito. *Vide* GONZÁLES PÉREZ, Jesús. *La dignidad de la persona.* Madrid: Civitas, 1999, p. 108. O papa João Paulo II dizia por ocasião do Dia Mundial da Paz, gostaria de partilhar convosco esta minha convicção: quando a promoção da *dignidade da pessoa* é o princípio orientador que nos inspira, quando a busca do bem comum constitui o empenho predominante, estão a ser colocados alicerces sólidos e duradouros para a edificação da paz. Ao contrário, *quando os direitos humanos são ignorados ou desprezados, quando a procura de interesses particulares prevalece injustamente sobre o bem comum, então inevitavelmente está-se a semear os germes da instabilidade, da revolta e da violência.* (MENSAGEM DE JOÃO PAULO II PARA A CELEBRAÇÃO DO XXXII DIA MUNDIAL DA PAZ 1° DE JANEIRO DE 1999 NO RESPEITO DOS DIREITOS HUMANOS, O SEGREDO DA VERDADEIRA PAZ).

Dessa tese da relativização da coisa julgada em relação ao reconhecimento de paternidade, inclusive, Marinoni, teórico contrário à tese da coisa julgada inconstitucional, acaba por concordar, já que aqui a questão é vida e dignidade.[315]

O próprio autor Carlos Henrique Soares ressalta que "a jurisprudência dos tribunais é no sentido de zelar pela justiça nas decisões, em detrimento da segurança jurídica".[316]

Isso tudo não resta em novidade, já que a jurisprudência está, diariamente, preocupada com a realidade e quiçá com a melhor decisão, pretendendo, sempre que possível, a efetivação da justiça.

Esse é o fundamento para a aceitabilidade da relativização da coisa julgada em seus mais diversos campos e formas, que tanto tem sido aceita tanto pelos Tribunais inferiores como superiores.

Outro não é o fundamento para a flexibilização da *res iudicata* nos casos de investigação de paternidade com base em exame novo aos autos – qual seja o DNA – que modifica totalmente a situação fática e jurídica.

Vem ademais, de forma forte, a crítica do referido autor, vejamos:

> Assim, buscar a flexibilização da coisa julgada com fundamento em nova técnica processual pericial – como, por exemplo, o exame de ADN (DNA), utilizado nas ações de reconhecimento de paternidade – é um equívoco e contribuiu para a insegurança jurídica. A prova não é meio hábil para expressar a "verdade" na decisão jurisdicional.
>
> A verdade da decisão jurisdicional e da coisa julgada refletida na argumentação desenvolvida pelas partes, atendendo ao princípio do discurso. A verdade processual aponta no sentido de legitimidade da decisão. A legitimidade da decisão judicial é garantida à medida que se respeitam os princípios do contraditório, da ampla defesa e da fundamentação das decisões.[317]

Com a máxima vênia, não se pode concordar com as notícias trazidas pelo referido autor, já que a realidade do processo deve, sempre que possível, buscar a realidade fática, já que as provas são, sim, sem sobra de dúvida, firme substância para a formação do livre convencimento motivado, que consequentemente formará o convencimento do magistrado e que influirá muito na decisão do caso concreto.

Impossível dissociar a decisão das provas, desde que relevantes e devidamente produzidas, pois a prova se presta, sim, a demonstrar para o juiz que a realidade que se dá é uma que está sendo respeitada por alguma das partes.

---

[315] MARINONI, Luiz Guilherme. *Coisa julgada inconstitucional*. São Paulo: RT, 2008, p. 179 e ss.

[316] SOARES, *op. cit.*, p. 278.

[317] Idem, p. 279.

Nesse peculiar, a prova do DNA demonstrará que uma criança realmente é filha de um sujeito que fora réu no processo de investigação de paternidade que havia sido julgado improcedente com base em total ausência de provas.

Mas o que mais precisamos? Mais provas?

A própria ciência diz que o exame de DNA pode, sim, ser meio hábil de investigar e reconhecer o não à paternidade de alguém.

Ainda assim, esbarraríamos na coisa julgada que se formou há muitos anos. Como solucionar?

Aguardar que a criança morra sem absolutamente nada que lhe seria de direito? Ou relativizar a coisa julgada com base em prova nova e essencial para quebrar a decisão inadequada e inconstitucional que se perfilhou com base em prova inadequada?

O caminho que a doutrina e a jurisprudência sérias têm seguido, sem dúvida, tem sido o de relativizar a coisa julgada para preservar o direito do menor de saber quem é seu pai, ter a possibilidade do convívio com o mesmo e dele receber os seus direitos como filho, sejam os pecuniários como os não pecuniários.[318]

No seguimento da crítica feita por Carlos Soares, observe-se:

> Verdadeira é a decisão jurisdicional justificada que foi obtida por intermédio do consenso entre os interessados no processo jurisdicional. A verdade em Habermas significa consenso obtido pelo melhor argumento. E o papel do direito processual não se limita à instituição de procedimentos voltados para a aplicação do direito; volta-se, sobretudo, para a garantia de um espaço discursivo no qual os interessados pela decisão jurisdicional também se identifiquem como autores dessa norma jurídica.[319]

Ainda relata o autor contrário à tese da relativização da coisa julgada:

> Permitir, como fazem os legisladores brasileiros, a "flexibilização da coisa julgada" com fundamento em prova nova ou com base em lei ou ato normativo declarado inconstitucional pelo Supremo Tribunal Federal, como prescrito no art. 475-L e no parágrafo único do art. 741, ambos do CPC, é institucionalizar a insegurança jurídica.[320]

---

[318] Nesse sentido, vejamos uma decisão que foi uma das pioneiras no país em relação à possibilidade e relativizar a coisa julgada em relação a investigação de paternidade. Vejamos: "Investigação de Paternidade – Coisa Julgada – Colidência entre Princípios Constitucionais – Razoabilidade – 1. Ante o conflito de princípios constitucionais, como o do art. 5º, XXXVI, da Constituição Federal, que assegura o respeito à coisa julgada, e aquele da dignidade humana, §7º, do art. 226 (entre eles o direito do filho em conhecer sua paternidade efetiva), deve o Poder Judiciário utilizar-se de critérios que permitam ponderar, em virtude da situação concreta, qual seja o direito a prevalecer no caso. 2. A jurisprudência tem olvidado a rigidez da coisa julgada, para, reabrindo a lide, e ante a produção de prova pericial (exame de DNA), diligência que fornece quase cem por cento de certeza, esclarecer a situação biológica do investigante. (TJDF – AI 2002.00.2.004110-8 (168053) – 2ª T. – Rel. Des. Silvânio Barbosa dos Santos – DJU 26.3.2003)".

[319] SOARES, *op. cit.*, p. 280.

[320] Id., ibid.

Mesmo observando as relevantes pontuações do autor,[321] não há como combater aquilo que se institucionalizou mundialmente falando, que é a possibilidade de relativizar a coisa julgada, que antes de ser novidade brasileira, já fora pregado por outros tantos juristas internacionais como anteriormente relatado.

Não há como lutar contra essa realidade, e diga-se mais, da necessidade de relativizar a coisa julgada em casos especificamente prejudiciais a outras tantas garantias fundamentais que poderiam ser suprimidas e sequer mantidas em decorrência de dois institutos que, sabidamente, não são absolutos, quais sejam o da coisa julgada e da segurança jurídica.

A injustiça, o equívoco e o inconstitucional, acima de tudo, não podem prevalecer em um país "democrático" como o Brasil, onde antes de se pensar em dois institutos processuais e constitucionais deve haver a observação de princípios e garantias fundamentais e humanas, como a dignidade da pessoa humana e os direitos da criança e do adolescente. Estes vieram para – pós-revolução – guarnecer o cidadão de uma terrível origem de total desrespeito de seus direitos mais essenciais, o que pode, inclusive, ser revivido pela tese que busca não relativizar a coisa julgada em casos especiais como os já referidos e os posteriormente relatados.

### 3.2. Da possibilidade de relativização da coisa julgada – fixada a partir da jurisprudência – em relação à investigação de paternidade em face do exame de DNA realizado posteriormente: a queda da tese que "impossibilitaria" a flexibilização da coisa julgada nas ações de investigação de paternidade em decorrência da feitura de exame de DNA

Sobre a temática, e sem ser cansativo e tautológico, observe-se o que diz a Corte Máxima do Poder Judiciário no RE 363.889, de relatoria do Ministro Dias Toffoli, que votou no sentido de relativizar a coisa julgada em relação à investigação de paternidade, sendo a *posteriori* suspensa a votação.[322] Confira-se o dispositivo lançado pelo relator:

> Ante o exposto, pelo meu voto, Senhor Presidente, conheço dos recursos extraordinários e lhes dou provimento para, reformando o acórdão recorrido, afastar o argüido óbice da

---

[321] Afirma finalmente Carlos Henrique Soares, que "não transita em julgado a decisão formada em processo ilegítimo, mesmo pelo decurso do tempo, restando descabida a tese da "flexibilização da coisa julgada";" *in* SOARES, *op. cit.*, p. 280.

[322] Posteriormente será observada a decisão por inteira, passando pela posição dos ministros e então selando a quebra da chamada imutabilidade da coisa julgada por meio da conhecida tese da relativização da *res iudicata*.

coisa julgada e, por conseguinte, o decreto de extinção do processo sem apreciação do mérito, para permitir o prosseguimento da ação de investigação de paternidade em tela, até seus ulteriores termos, tal como havia sido corretamente determinado pelo Juízo de Primeiro Grau.

É como voto.

Demonstrando que a temática em relação à paternidade, por sua urgência, é imprescritível observe-se:

RECURSO EXTRAORDINÁRIO. CONSTITUCIONAL. PROCESSUAL CIVIL. LEGITIMIDADE ATIVA DO MINISTÉRIO PÚBLICO PARA AJUIZAR AÇÃO DE INVESTIGAÇÃO DE PATERNIDADE. FILIAÇÃO. DIREITO INDISPONÍVEL. INEXISTÊNCIA DE DEFENSORIA PÚBLICA NO ESTADO DE SÃO PAULO. (STF, RE 248869, 2ª T., Rel. Min. Maurício Correa, j. 07/08/03, DJ 12/03/2004) 1. A Constituição Federal adota a família como base da sociedade a ela conferindo proteção do Estado. Assegurar à criança o direito à dignidade, ao respeito e à convivência familiar pressupõe reconhecer seu legítimo direito de saber a verdade sobre sua paternidade, decorrência lógica do direito à filiação (CF, artigos 226, §§ 3º, 4º, 5º e 7º; 227, § 6º). 2. A Carta Federal outorgou ao Ministério Público a incumbência de promover a defesa dos interesses individuais indisponíveis, podendo, para tanto, exercer outras atribuições prescritas em lei, desde que compatível com sua finalidade institucional (CF, artigos 127 e 129). 3. O direito ao nome insere-se no conceito de dignidade da pessoa humana e traduz a sua identidade, a origem de sua ancestralidade, o reconhecimento da família, razão pela qual o estado de filiação é direito indisponível, em função do bem comum maior a proteger, derivado da própria força impositiva dos preceitos de ordem pública que regulam a matéria (Estatuto da Criança e do Adolescente, artigo 27). 4. A Lei 8560/92 expressamente assegurou ao *Parquet*, desde que provocado pelo interessado e diante de evidências positivas, a possibilidade de intentar a ação de investigação de paternidade, legitimação essa decorrente da proteção constitucional conferida à família e à criança, bem como da indisponibilidade legalmente atribuída ao reconhecimento do estado de filiação. Dele decorrem direitos da personalidade e de caráter patrimonial que determinam e justificam a necessária atuação do Ministério Público para assegurar a sua efetividade, sempre em defesa da criança, na hipótese de não reconhecimento voluntário da paternidade ou recusa do suposto pai. 5. O direito à intimidade não pode consagrar a irresponsabilidade paterna, de forma a inviabilizar a imposição ao pai biológico dos deveres resultantes de uma conduta volitiva e passível de gerar vínculos familiares. Essa garantia encontra limite no direito da criança e do Estado em ver reconhecida, se for o caso, a paternidade. 6. O princípio da necessária intervenção do advogado não é absoluto (CF, artigo 133), dado que a Carta Federal faculta a possibilidade excepcional da lei outorgar o *jus postulandi* a outras pessoas. Ademais, a substituição processual extraordinária do Ministério Público é legítima (CF, artigo 129; CPC, artigo 81; Lei 8.560/92, artigo 2º, § 4º) e socialmente relevante na defesa dos economicamente pobres, especialmente pela precariedade da assistência jurídica prestada pelas defensorias públicas. 7. Caráter personalíssimo do direito assegurado pela iniciativa da mãe em procurar o Ministério Público visando à propositura da ação. Legitimação excepcional que depende de provocação por quem de direito, como ocorreu no caso concreto. Recurso extraordinário conhecido e provido (DJ de 12/3/04).

Deste modo, não restam dúvidas da efetiva indisponibilidade do direito ora em questão, já que não estamos "brincando" com pouca coisa, mais tratando de vida, dignidade e acima de tudo do direito ao nome e ao conhecimento da paternidade biológica, que é deveras importante.

Como se sabe, o exame de DNA por muito tempo sequer existia e quando passou a ser conhecido vivenciou um período em que não era fornecido pelo Estado aos efetivamente necessitados, o que dificultou e muito a situação anteriormente existente.

A esse respeito, observe-se o tratamento que a Suprema Corte Nacional dispensava ao dever do Estado em providenciar que os necessitados tivessem acesso às técnicas de DNA, como forma de conhecer a verdade sobre sua origem genética, em ações de investigação de paternidade. Nesse sentido:

> Recurso extraordinário. Investigação de Paternidade. Correto o acórdão recorrido ao entender que cabe ao Estado o custeio do exame pericial de DNA para os beneficiários da assistência judiciária gratuita, oferecendo o devido alcance ao disposto no art. 5º LXXIV, da Constituição. Recurso extraordinário não conhecido (RE nº 207.732/MS, Relatora a Ministra Ellen Gracie, 1ª Turma, DJ de 2/8/02).

Tendo em vista essa realidade, observe-se agora, para complementar a análise efetivada até então a posição sustentada pelo Ministro Cezar Peluso, proferido nos autos da AC nº 2.182/DF, na qual, depois de dissertar sobre o respeito à garantia constitucional da coisa julgada, que entre nós consubstancia *"[...] conspícuo direito fundamental (art. 5º, inc. XXXVI)"*, asseverou que:

> [...] esse direito fundamental à segurança jurídica não é, como todos os demais, absoluto, podendo ceder em caso de conflito concreto com outros direitos de igual importância teórica. Ora, somente em hipótese nítida de colisão entre direitos fundamentais é que se pode admitir, em tese, a chamada *"relativização da coisa julgada"*, mediante ponderação dos respectivos bens jurídicos, com vistas à solução do conflito (DJ-e de 12/11/08).

De tal modo, o Ministro ora citado acaba por demonstrar a sua concepção acerca da possibilidade de relativização da coisa julgada em detrimento da segurança jurídica em casos especiais, como o tratando até então, já que se discute o reconhecimento de paternidade que fora aferida de forma mais coerente e modernamente por meio do exame de DNA.

Para que fique claro que a tese da relativização da coisa julgada não se dá somente, como muitos pensam, nos casos de investigação de paternidade.

Refira-se que em outros casos a relativização é frequente e já foi assentada inclusive pela Corte Suprema. Neste sentido importantes ponderações foram feitas pelo ministro Marco Aurélio quando do julgamento do RE nº 111.787 (DJ de 13/9/91), pela 2ª Turma do Supremo Tribunal Federal, quando da análise do direito de propriedade quando debate uma desapropriação de terras e a respectiva indenização pelo ocorrido, *vide*:

Senhor Presidente, no caso dos autos, eu poderia dizer que já temos três 'lamentos': o 'lamento' lançado pelo nobre Ministro relator perante o Superior Tribunal de Justiça, quando foi julgado o especial; o 'lamento' consignado no parecer do Ministério Público Federal, e, agora, há pouco, o 'lamento' também referido por v. Exª ao prolatar o voto.

*Aprendi, Senhor presidente, como Juiz, desde cedo, que toda vez que o magistrado se defronta com uma controvérsia, com um interesse resistido, deve idealizar a solução mais justa para o caso concreto.* Ele deve partir para a fixação do desiderato, inicialmente, de acordo com a formação humanística que possui e, somente após, já fixado o desiderato desejável para o caso, partir para a conclusão a que chegou inicialmente. Encontrando esse apoio, como quer o Direito, torna translúcido o Direito no provimento judicial. Não encontrando, aí sim, lamenta e conclui de forma diametralmente oposta à solução idealizada.

O que temos no caso dos autos? *Temos uma situação verdadeiramente teratológica*; temos um provimento que se diz que é um provimento e, ao mesmo tempo, se nega essa natureza a ele; temos um provimento que repousa na premissa segundo a qual reflete a justa indenização de que cogita o artigo 153, § 22, da Carta anterior e, ao mesmo tempo, potencializa-se parte desse provimento para esvaziar-se por completo essa indenização. E por que assim se fez? Porque, simplesmente, diz-se que houve julgamento de embargos declaratórios e a justa indenização a que foi condenada a recorrida passou a estar sujeita ao fator tempo, passou a variar, quanto ao conteúdo econômico, de acordo com a tramitação do próprio processo e a demora dessa tramitação.

Indaga-se: o que está sendo, na hipótese, descumprido, senão a coisa julgada, no que decidiu realmente a lide, ou seja, concluiu pelo direito à verba indenizatória mais justa possível, como quer a Constituição Federal? [...]

Ainda no mesmo julgamento, manifestou-se também o Ministro Carlos Velloso, aduzindo que:

Do exposto, parece-nos razoável concluir, resumindo, que, em caso do aparente conflito de uma norma constitucional com outra, sendo uma delas de proteção à liberdade, aos direitos individuais, há de prevalecer esta última.

Examinemos o caso dos autos.

Aqui, dois princípios constitucionais estão em choque: o que estabelece o respeito à coisa julgada (art. 153, § 3º) e a garantia de respeito ao direito de propriedade, tal seja o da justiça da indenização em caso de desapropriação (art. 153, § 22).

Qual dos dois haveria de prevalecer?

[...]

Respondo, agora, à indagação suso formulada.

Há de prevalecer, no choque entre os dois princípios, aquele que, de forma imediata, é garantidor do direito consagrado na Constituição e que, se não prevalecesse, tornaria letra morta a liberdade pública.

Por outro lado, acentue-se, o outro princípio em debate. O do art. 153, § 3º, que é uma garantia da segurança dos direitos subjetivos em geral – se prevalecesse, na hipótese, agiria de modo contrário à sua finalidade: impediria a efetivação do respeito a um direito individual, a uma liberdade pública.

Importa, destarte, construir, na espécie, para fazer valer o conteúdo teleológico ou finalístico da norma constitucional vista de forma sistematizada.

[...]

Tem-se, no caso, hipótese igual.

De um lado, uma sentença, passada em julgado, assim coisa julgada, a estabelecer uma 'situação teratológica', a consagrar confisco; de outro lado, o princípio constitucional que estabelece a justa indenização por expropriamento de bem alheio. Há, pois, conflito entre dois princípios constitucionais. Qual dos dois deve prevalecer? Há de prevalecer, não tenho dúvida, aquele que, de forma imediata, garante o direito que a Constituição consagra e que, se não prevalecesse, tornaria inócua a liberdade pública. Prevalece, então, o princípio da justa indenização, certo que, se prevalecesse o princípio do respeito à coisa julgada, que é uma garantia da segurança dos direitos subjetivos em geral, *estaria ele agindo de modo contrário à sua finalidade [...]*.

Neste julgado a respeito da desapropriação de terras e da injusta indenização pretendida em decorrência do lapso temporal largo, resolveu-se por relativizar a coisa julgada, quebrando-a para fazer valer a decisão justa e adequada para que não restasse o absurdo petrificado e imodificável ao ponto de causar um prejuízo terrível e inaceitável em desfavor do cidadão.

Assim, sem ser exagerado, a relativização da coisa julgada também já espraiava seus efeitos a outros casos que não de direito de família, mas agora em relação ao direito de propriedade.

Por tudo isso, já se comprovaria que a relativização da *res iudicata* ocorrer a tempos, por mais de que forma não anunciada visto que o injusto, incorreto, absurdo e inconstitucional não merece prosperar e, ainda mais, manter-se em aplicabilidade "imutável".

Seguindo as observações de casos julgados de relativização da coisa julgada, vale observar os julgados oriundos do Tribunal de Justiça do Estado de São Paulo, valendo por todos o proferido sob a relatoria de Viviani Nicolau:

Tendo sido proposta ação de investigação de paternidade antes da entrada em vigor, no Estado de São Paulo, da Lei nº 9.943/98, que tornou acessível a todos o exame de DNA e tendo sido esta julgada improcedente por insuficiência de provas, não se pode impedir sua reproposituta sob o fundamento de contra ela existir o manto da coisa julgada, uma vez que nenhuma regra processual pode ou deve impedir um filho de saber quem é seu pai (Apelação nº 242.534-4/7, da 1ª Câmara de Direito Privado, relator o Desembargador Laerte Nordi, j. 20/08/02).

AÇÃO DE INVESTIGAÇÃO DE PATERNIDADE CUMULADA COM PETIÇÃO DE HERANÇA – PRELIMINARES DE COISA JULGADA, PRESCRIÇÃO, DECADÊNCIA E FALTA DE INTERESSE DE AGIR – REJEIÇÃO – AÇÃO QUE ENVOLVE DIREITO PERSONALÍSSIMO E IMPRESCRITÍVEL – APLICAÇÃO DA TEORIA DA FLEXIBILIZAÇÃO OU RELATIVIZAÇÃO DA COISA JULGADA – POSSIBILIDADE DE PROPOSITURA DE NOVA AÇÃO. DECISÃO MANTIDA. RECURSO IMPROVIDO (Agravo de Instrumento nº 445.862-4/3-00, da 2ª Câmara de Direito Privado, Relator o Desembargador Neves Amorim, j. 13/10/09).

Investigação de paternidade – Preliminar de extinção – Coisa julgada – Indeferimento – Em ações que envolvam direito personalíssimo, que são regidas pela regra "rebus sic stantibus", a coisa julgada deve ser mitigada – A época da ação anterior, sequer existia a possibilidade de realização do exame de DNA – Decisão mantida – Recurso improvido (Agravo de Instrumento n° 606.866.4/4-00, da 8ª Câmara de Direito Privado, Relator o Desembargador Joaquim Garcia, j. 17/6/09).

AGRAVO DE INSTRUMENTO – Investigação de paternidade – Demanda anterior julgada improcedente, por ausência de provas, embora tenha reconhecido, expressamente, que a prova pericial realizada na época não havia excluído a paternidade — Propositura de nova ação — Decisão que indeferiu o pedido de reconhecimento da coisa julgada – Inconformismo – Relativização da coisa julgada em matéria de paternidade, posto ser direito personalíssimo, indisponível e imprescritível – Decisão mantida — Negado provimento ao recurso (Agravo de Instrumento nº 578.433.4/1, da 9ª Câmara de Direito Privado, relator o Desembargador Viviani Nicolau, j. 30/9/08).

Dos milhares de julgados do Tribunal de Justiça do Rio Grande do Sul, sobre a mesma temática possibilitadora da relativização da coisa julgada, pode ser colhido o seguinte:

INVESTIGAÇÃO DE PATERNIDADE. COISA JULGADA. AÇÃO ANTERIORMENTE JULGADA IMPROCEDENTE. INOCORRÊNCIA. 1. Mesmo que tenha sido proposta anteriormente outra ação investigatória, que foi julgada improcedente por falta de provas, pois, na época, ainda não havia o exame de DNA, constitui entendimento jurisprudencial pacífico no STJ que se trata de direito personalíssimo e que, em tal hipótese, a coisa julgada deve ser relativizada. 2. Mesmo acatando a orientação jurisprudencial dominante, tenho que a relativização da coisa julgada deve ser admitida sempre com reserva, com a máxima cautela, sob pena de se correr o risco de banalizar o instituto, gerando mais injustiça, insegurança e intranquilidade social. Recurso desprovido (Agravo de Instrumento nº 70029078813, da 7ª Câmara Cível, Relator o Desembargador Sérgio Fernando de Vasconcellos Chaves, j. 30/9/09).

APELAÇÃO CÍVEL. INVESTIGAÇÃO DE PATERNIDADE C/C ALIMENTOS. AÇÃO ANTERIOR COM O MESMO OBJETO JULGADA IMPROCEDENTE POR FALTA DE PROVAS NÃO FAZ COISA JULGADA. EXAME DE DNA CONCLUINDO PELA PATERNIDADE [...]

A improcedência de ação anterior de investigação de paternidade, não torna definitiva a inexistência da relação parental, não se confundindo com declaração de inexistência da própria relação de filiação, não opondo óbice à propositura de nova ação, não caracterizando e afrontando coisa julgada. Exame de DNA concluindo pela paternidade, ensejando fixação de alimentos em favor da menor investigante, em atenção ao binômio necessidade-possibilidade [...] NEGADO PROVIMENTO AO AGRAVO RETIDO E À APELAÇÃO (Apelação Cível nº 70027403039, da 7ª Câmara Cível, Relator o Desembargador André Luiz Planella Villarinho, j. 8/7/09).

AGRAVO DE INSTRUMENTO. SUCESSÕES. AÇÃO DE INVESTIGAÇÃO DE PATERNIDADE. DECISÃO AGRAVADA QUE REJEITOU A PRELIMINAR DE COISA JULGADA, AUTORIZANDO A REALIZAÇÃO DE EXAME DE DNA. EXISTÊNCIA DE DEMANDA INVESTIGATÓRIA INTENTADA ANTERIORMENTE PELO AGRAVADO, JULGADA IMPROCEDENTE. INEXISTÊNCIA DA PROVA PERICIAL PELO MÉTODO DNA, NA ÉPOCA DO

AJUIZAMENTO DA PRIMEIRA DEMANDA. POSSIBILIDADE DE REALIZAÇÃO DA ALU-DIDA PROVA, DIANTE DA PREPONDERÂNCIA DO INTERESSE SOCIAL EM INVESTI-GAR A VERDADE SOBRE O ESTADO CIVIL DA PESSOA. CASO EXCEPCIONAL, EM QUE NÃO HÁ COISA JULGADA MATERIAL, EM VISTA DE QUE NÃO FOI PRODUZIDA DE MODO CABAL A PROVA NECESSÁRIA AO DESCOBRIMENTO DA REALIDADE EM ANTERIOR DEMANDA JUDICIAL, DE MODO A PERMITIR QUE A VERDADE VENHA À LUZ. DECISÃO AGRAVADA QUE, ADEMAIS, NÃO ATENTA CONTRA A COISA JULGA-DA, POR NÃO AUTORIZAR A REPETIÇÃO DE PROVA JÁ PRODUZIDA EM PROCES-SO ANTERIOR, MAS A REALIZAÇÃO DE PROVA QUE NÃO FOI PRODUZIDA PARA O ESCLARECIMENTO DA VERDADE. RECURSO DESPROVIDO, POR MAIORIA (Agravo de Instrumento nº 70022453955, DA 7ª Câmara Cível, Relator o Desembargador Ricardo Raupp Ruschel, j. 14/5/08).

Já no Superior Tribunal de Justiça, sabendo que existe divergência a respeito do tema, a corrente que entende ser possível a relativização da coisa julgada em relação à investigação de paternidade, que é a majoritá-ria, vem representada pelos seguintes precedentes:

PROCESSO CIVIL. INVESTIGAÇÃO DE PATERNIDADE. REPETIÇÃO DE AÇÃO ANTE-RIORMENTE AJUIZADA, QUE TEVE SEU PEDIDO JULGADO IMPROCEDENTE POR FALTA DE PROVAS. COISA JULGADA. MITIGAÇÃO. DOUTRINA. PRECEDENTES. DI-REITO DE FAMÍLIA. EVOLUÇÃO. RECURSO ACOLHIDO. Não excluída expressamente a paternidade do investigado na primitiva ação de investigação de paternidade, diante da precariedade da prova e da ausência de indícios suficientes a caracterizar tanto a paterni-dade como a sua negativa, e considerando que, quando do ajuizamento da primeira ação, o exame pelo DNA ainda não era disponível e nem havia notoriedade a seu respeito, admi-te-se o ajuizamento de ação investigatória, ainda que tenha sido aforada uma anterior com sentença julgando improcedente o pedido. Nos termos da orientação da Turma, "sempre recomendável a realização de perícia para investigação genética (HLA e DNA), porque permite ao julgador um juízo de fortíssima probabilidade, senão de certeza" na compo-sição do conflito. Ademais, o progresso da ciência jurídica, em matéria de prova, está na substituição da verdade ficta pela verdade real. A coisa julgada, em se tratando de ações de estado, como no caso de investigação de paternidade, deve ser interpretada *modus in rebus*. Nas palavras de respeitável e avançada doutrina, quando estudiosos hoje se apro-fundam no reestudo do instituto, na busca sobretudo da realização do processo justo, 'a coisa julgada existe como criação necessária à segurança prática das relações jurídicas e as dificuldades que se opõem à sua ruptura se explicam pela mesmíssima razão. Não se pode olvidar, todavia, que numa sociedade de homens livres, a Justiça tem de estar acima da segurança, porque sem Justiça não há liberdade'. Este Tribunal tem buscado, em sua jurisprudência, firmar posições que atendam aos fins sociais do processo e às exigências do bem comum (REsp. nº 226.436/PR, da 4ª Turma, Relator o Ministro Sálvio de Figueiredo Teixeira, DJ de 4/2/02).

Direito processual civil. Recurso especial. Ação de investigação de paternidade com pe-dido de alimentos. Coisa julgada. Inépcia da inicial. Ausência de mandato e inexistência de atos. Cerceamento de defesa. Litigância de má-fé. Inversão do ônus da prova e julga-mento contra a prova dos autos. Negativa de prestação jurisdicional. Multa prevista no art. 538, parágrafo único, do CPC. A propositura de nova ação de investigação de paternidade cumulada com pedido de alimentos, não viola a coisa julgada se, por ocasião do ajuizamento da primeira investigatória – cujo pedido foi julgado improcedente por insuficiência de provas –, o exame pelo método DNA não era disponível tampouco havia notoriedade a seu respeito. A não exclusão expressa da paternidade do investigado na primitiva ação investigatória, ante a precariedade da prova e a insuficiência de indícios para a caracterização tanto da paternidade como da sua negativa, além da indisponibilidade, à época, de exame pericial com índices de probabilidade altamente confiáveis, impõem a viabilidade de nova incursão das partes perante o Poder Judiciário para que seja tangível efetivamente o acesso à Justiça [...] (REsp. nº 826.698/MS, da 3ª Turma, relatora a Ministra Nancy Andrighi, DJ-e de 23/5/08).

PROCESSO CIVIL. INVESTIGAÇÃO DE PATERNIDADE. PROPOSITURA DE AÇÃO ANTERIORMENTE AJUIZADA, QUE TEVE SEU PEDIDO JULGADO IMPROCEDENTE PELO NÃO COMPARECIMENTO DA REPRESENTANTE LEGAL DO INVESTIGANDO À AUDIÊNCIA DE INSTRUÇÃO. CONFISSÃO. COISA JULGADA. AFASTAMENTO. DIREITO INDISPONÍVEL. I – Na primitiva ação de investigação de paternidade proposta, a improcedência do pedido decorreu de confissão ficta pelo não comparecimento da mãe do investigando à audiência de instrução designada. Considerando, assim, que a paternidade do investigado não foi expressamente excluída por real decisão de mérito, precedida por produção de provas, impossível se mostra cristalizar como coisa julgada material a inexistência do estado de filiação, ficando franqueado ao autor, por conseguinte, o ajuizamento de nova ação. É a flexibilização da coisa julgada. II – Em se tratando de direito de família, acertadamente, doutrina e jurisprudência têm entendido que a ciência jurídica deve acompanhar o desenvolvimento social, sob pena de ver-se estagnada em modelos formais que não respondem aos anseios da sociedade. Recurso especial conhecido e provido (REsp. nº 427.117/MS, 3ª Turma, rel. Min. Castro Filho, DJ de 16/2/04).

DIREITO CIVIL. AÇÃO NEGATÓRIA DE PATERNIDADE. PRESUNÇÃO LEGAL (CC, ART. 240). PROVA. POSSIBILIDADE. DIREITO DE FAMÍLIA. EVOLUÇÃO. HERMENÊUTICA. RECURSO CONHECIDO E PROVIDO. NA FASE ATUAL DA EVOLUÇÃO DO DIREITO DE FAMILIA, É INJUSTIFICÁVEL O FETICHISMO DE NORMAS ULTRAPASSADAS EM DETRIMENTO DA VERDADE REAL, SOBRETUDO QUANDO EM PREJUÍZO DE LEGÍTIMOS INTERESSES DE MENOR. DEVE-SE ENSEJAR A PRODUÇÃO DE PROVAS SEMPRE QUE ELA SE APRESENTAR IMPRESCINDÍVEL À BOA REALIZAÇÃO DA JUSTIÇA. O SUPERIOR TRIBUNAL DE JUSTIÇA, PELA RELEVÂNCIA DA SUA MISSÃO CONSTITUCIONAL, NÃO PODE DETER-SE EM SUTILEZAS DE ORDEM FORMAL QUE IMPEÇAM A APRECIAÇÃO DAS GRANDES TESES JURÍDICAS QUE ESTÃO A RECLAMAR PRONUNCIAMENTO E ORIENTAÇÃO PRETORIANA" (REsp. nº 4.987/RJ, da 4ª Turma, relator o Ministro Sálvio de Figueiredo Teixeira, DJ de 28/10/91).

Sendo fiel ao levantamento jurisprudencial, pode-se, destarte, concluir, sem esforço, que a tese da relativização da *res iudicata* no direito de família, em especial, em relação à investigação de paternidade, pode acontecer. Também se dará a relativização ora noticiada em casos de decisões absurdas, teratológicas, aberrantes e inconstitucionais, visto que a coisa julgada por mais que garantia constitucional não pode, de forma alguma, ferir mortalmente outras garantidas necessárias à dignidade do cidadão. Além disso, a tese da relativização da coisa julgada não resta fixada somente pelos Tribunais inferires, como visto, como também pelos Tribunais superiores, bem como pelo Supremo Tribunal Federal, como se verá mais adiante. De que a tese existe, é forte e aplicável já não há dúvida, mesmo com a máxima vênia aos autores que seguem desconsiderando essa realidade/necessidade.

### 3.3. A relativização da coisa julgada em foco: a avaliação a partir das posições de ministros e demais participantes da jurisdição

Sobre a temática, vale atualizar ainda mais o debate que sabidamente é muito relevante, moderno e controverso, já que as opiniões são das mais variadas possíveis, tanto na sistemática doutrinária como jurisprudencial.

Nesse sentido, vamos acompanhar a posições de alguns dos ministros do Supremo Tribunal Federal, Superior Tribunal de Justiça e outros agentes públicos que sabidamente auxiliam na construção do futuro da nação diariamente, podendo, assim, colher a receptividade ou não da relativização da coisa julgada.[323]

Favoravelmente à tese da relativização da coisa julgada, vem o Ministro Ricardo Lewandowski aduzindo com precisão que

[...] a coisa julgada não pode ser encarada como um valor absoluto, pois às vezes deriva de decisões teratológicas ou encontra fundamento em falhas ou fraudes grosseiras, podendo sua implementação gerar graves prejuízos ao erário público ou ao patrimônio jurídico de particulares.[324]

No mesmo sentido do postado pelo Ministro anteriormente referido, vem o Ministro Ayres Britto comentando haver a possibilidade de relativização da coisa julgada. Diz o referido julgador que "Pode. Admito a relativização, mas somente em casos excepcionalíssimos. Há processos em andamento na corte a partir dos quais fixaremos as balizas sobre esse tema em breve".[325]

Questionado sobre a relativização da coisa julgada, o Ministro Cezar Peluso mantém o suspense ao referir que "[...] isso será discutido pelo STF em breve. Minha opinião estará no meu voto".[326]

---

[323] Para a devida pesquisa sobre a temática, para quem interesse, vale conferir o Anuário da Justiça de 2011, que foi lançado no início do corrente ano de 2011, intitulado de: O Poder Judiciário da última palavra. Vejamos ANUÁRIO DA JUSTIÇA BRASIL 2011: O Poder Judiciário da última palavra. São Paulo: Consultor Jurídico, 2011. Também podem ser encontrados os referidos posicionamentos, de forma resumida. Disponível em: <http://www.conjur.com.br/2011-abr-04/ministros-stj-divIbid.-relativizacao-coisa-julgada>. Acesso em: 8 maio 2011.

[324] Anuário da Justiça Brasil 2011, *op. cit.*, p. 51.

[325] Idem, p. 79.

[326] Idem, p. 37.

Já em relação aos Ministros do Superior Tribunal de Justiça, vem Hamilton Carvalhido afirmando que a relativização é necessária, mas em casos

[...] absolutamente excepcionais, diz o referido Ministro que não se pode consolidar o abuso. A relativização é algo necessário, mas absolutamente excepcional, porque coisa julgada é garantia individual. Só é possível ocorrer em casos de decisões que não podem subsistir, absolutamente contrárias a todos os princípios e julgados do Supremo.[327]

O Ministro Humberto Martins relata que

Há casos em que a sentença, por conter vícios insanáveis, é considerada inexistente juridicamente. E, se nem sequer existe no mundo jurídico, nunca transitará em julgado. A 2ª Turma já decidiu por unanimidade que 'vício insanável pode ser impugnado por meio de ação autônoma movida após o transcurso do prazo decadencial para ajuizamento da ação rescisória.[328]

Para Arnaldo Esteves Lima, a coisa julgada só pode ser desfeita com ação rescisória. Diz o referido autor que

[...] a coisa julgada só pode ser desfeita com ação rescisória. Mas está se formando uma tendência de que pode ocorrer relativização quando a decisão transitada em julgado for injusta ou condenar a parte ao cumprimento de obrigação onerosa. Isso pode ser aceitável, mas com muita excepcionalidade [...].[329]

Já o Ministro Teori Zavascki acaba por ser favorável à tese da relativização da coisa julgada e diz que há um *"mito"* em torno do tema:

A discussão começou na época da inflação galopante. Ações demoravam tanto e na fase de execução resultava em um valor pífio. Logo, o princípio da coisa julgada comprometia a justa indenização, que é outro princípio constitucional. Mas toda a discussão seria resolvida com um prazo de dois anos para se propor ação rescisória em casos especiais.[330]

Castro Meira refere que

[...] admitir simplesmente a relativização total é muito grave, traz insegurança. Mas, nas questões que envolvem a constitucionalidade, há outros valores. Quando uma lei é declarada inconstitucional, a relativização é plenamente aceitável, mas a decisão que a invalidou também tem de transitar em julgado. E os efeitos só se aplicam a situações que ocorrerem depois disso.[331]

Para o Ministro Herman Benjamin,

[...] a coisa julgada não pode negar a realidade. Se um juiz decidiu errado porque os fatos sobre os quais ele decidiu não eram exatamente aqueles, a coisa julgada deve ser colocada em seus devidos limites. Nenhum direito é absoluto. O direito funciona por válvulas,

---

[327] Anuário da Justiça Brasil 2011, *op. cit.*, p. 124.

[328] Idem, p. 129.

[329] Idem, p. 126.

[330] Idem, p. 125.

[331] Idem, p. 131.

senão a panela explode. Nesse sentido, valem os ensinamentos sobre o diálogo das fontes de Erik Jayme quanto a normas que aparentemente se chocam.[332]

Ademais vejamos:

[...] no lançamento da publicação, o tema também foi repercutido. "O absurdo não transita em julgado", disse o presidente da Associação dos Magistrados Brasileiros, *Nelson Calandra*. O desembargador afirmou que há questões equivocadas que, muitas vezes, mesmo cobertas pela autoridade da coisa julgada, não podem ser objeto de execução. "Na Vara de Fazenda Pública, eu me deparei com centenas de execuções com erro de cálculo imenso, coisa de bilhões de reais, e que estava de algum modo coberto pela coisa julgada', contou. Ele afirmou que procurou afastar o resultado absurdo, mostrando que havia um erro de conta. Calandra lembrou que o Supremo tem se deparado com hipóteses sobre a relativização da coisa julgada. 'Essa decorre muito menos de colocar em dúvida a autoridade daquilo que já não cabe mais recurso, que chamamos de coisa julgada material, e sim do fato da morosidade do processo. Ele demora tanto, percorre um caminho tão longo que, quando bate no Supremo Tribunal Federal, aquele julgado já não se mostra mais adequado à interpretação atual do Supremo".[333]

Por sua vez, reflete o Advogado-geral da União Luís Inácio Adams considerando o tema relevante. *"É um instrumento que, se bem aplicado, evita situações absurdas"*. Foi citado pelo autor o exemplo de uma decisão judicial que declara a isenção ou imunidade fiscal de uma empresa. O Supremo, após julgar uma ação em que foi reconhecida a repercussão geral, emite uma Súmula Vinculante, dizendo que as empresas do setor não têm imunidade. Na concepção do Advogado-Geral da União, manter a isenção para a empresa que tem uma decisão favorável transitada em julgado vai fazer com que ela esteja em uma situação privilegiada em relação às concorrentes no que diz respeito à matéria tributária.[334]

Esses são os Ministros e agentes públicos favoráveis à tese que relativiza a *res iudicata* pelos mais variados fundamentos, como já observados, o que torna a discussão altamente forte, rica e interessante, demonstrando, acima de tudo, que a tese aqui trazida não é irrelevante, mas, sim, muito complexa, importante, controvertida e atual.

Agora vejamos os Ministros do Supremo Tribunal Federal e do Superior Tribunal de Justiça e demais agentes públicos que se posicionam contrariamente à relativização da coisa julgada.

O Ministro Marco Aurélio, quando perguntado sobre a relativização da cosa julgada relata que

[...] não. Se formos ao rol das garantias constitucionais, veremos que a lei não pode menosprezar o direito adquirido, o ato jurídico perfeito e a coisa julgada. A própria Constituição

---

[332] Anuário da Justiça Brasil 2011, *op. cit.*, p. 132.

[333] Disponível em: <http://www.conjur.com.br/2011-abr-04/ministros-stj-divIbid.-relativizacao-coisa-julgada>. Acesso em: 8 maio 2011.

[334] Nesse sentido, conferir Anuário da Justiça Brasil 2011, *op. cit.*, p. 282-283.

tempera esse direito do cidadão, que é o direito ao respeito à coisa julgada. De que forma? Mediante ação rescisória, que precisa inclusive ser ajuizada, sob pena de decadência, em um prazo exíguo. E só é cabível a rescisória em determinadas hipóteses. Há um valor maior que deve ser homenageado, que é a segurança jurídica. Relativizar a coisa julgada além desse parâmetro implica insegurança e prejuízo para os jurisdicionados.[335]

O Ministro Mauro Campbell é taxativo: "No lugar de relativizar a coisa julgada, o Judiciário tem de qualificar ainda mais seus julgamentos, julgar melhor", afirma. Outro ponto para o qual ele chama a atenção é quanto à modulação dos efeitos da decisão (STF, no julgamento do RE 500.171, permite modulação de efeitos em embargos de declaração). "Com isso, evitaremos a necessidade de revisão da coisa julgada, esta sim uma prática de enorme risco à segurança jurídica".[336]

Segundo o Ministro Benedito Gonçalves, em regra, não se pode relativizar a coisa julgada na fase de execução de sentença. "Muitas vezes, um processo leva 15 anos para ser decidido. Depois disso tudo, não me parece razoável rever uma sentença que fixou a regra que está regulando aquela relação social da qual surgiu o conflito".[337]

O Ministro Cesar Asfor Rocha vê com fragilidade a relativização da coisa julgada, estando o seu pensamento muito ligado à não violação da segurança jurídica.[338]

A Diretora jurídica da Souza Cruz, Maria Alicia Lima, acaba por afirmar que é sempre preocupante qualquer tendência que possa, de alguma forma, prejudicar segurança jurídica.

A partir do momento em que há uma posição consolidada do Judiciário, nós contamos com ela. Compreende a entrevistada que a iniciativa de modernização para atender melhor o jurisdicionado que, de certo modo, justificaria essa relativização. Mas, de uma forma geral, preferimos a segurança jurídica a uma situação de indefinição.[339]

Marco Aurélio Bellizze, Desembargador do Tribunal de Justiça do Rio de Janeiro, acaba por referir que relativizar é suprimir a coisa julgada. Afirma o julgador que o mecanismo é fundamental para a segurança jurídica e que só em situações de evidente dolo autorizariam a supressão da coisa julgada. *"A eterna busca pela Justiça perfeita, certamente, impedirá a pacificação das relações sociais. O sistema tem de estar equilibrado para, dentro de um período razoável, julgar com segurança os conflitos".*[340]

---

[335] Anuário da Justiça Brasil 2011, *op. cit.*, p. 47.

[336] Idem, p. 133.

[337] Idem, p. 123.

[338] Idem, p. 130.

[339] Disponível em: <http://www.conjur.com.br/2011-abr-04/ministros-stj-divIbid.-relativizacao-coisa-julgada>. Acesso em: 8 maio 2011.

[340] Idem.

Dessa forma, encerra-se a colheita de posições sobre a temática, onde se pode observar que dez dos ouvidos pelo Anuário de 2011 se posicionaram favoravelmente à tese da relativização da coisa julgada, enquanto seis deles foram desfavoráveis à referida tese.

O debate está aberto a construções. Assim, seguir-se-á na exaustiva tentativa de chegar ao objetivo, certos de que vale sempre o bom combate e que em uma temática como essa nada está definido e que uma coisa é certa, que em certa medida a relativização da coisa julgada é, sim, decorrência da crise do próprio Poder Judiciário, temática que seguiremos analisando a partir de então, complementando aquilo que já referiu-se da crise do Poder Judiciário anteriormente.

### 3.4. A relativização da coisa julgada como decorrência da crise do Poder Judiciário

De toda essa abordagem efetivada, pode-se abstrair a necessária existência da relativização da coisa julgada, assim como a de outros institutos jurídicos, para que o sistema[341] seja balanceado e possa chegar ao fim pretendido qual seja a feitura de justiça.[342]

Com toda essa peculiaridade, percebe-se a existência da crise do Poder Judiciário como algo a ser combatido por todos os juristas, e não somente pelos próprios membros desse Poder.

Essa crise do Judiciário afeta a todos, tanto os juristas como os não juristas, que labutam por seus direitos diariamente, por ser uma ocorrência que interfere inclusive em vários institutos jurídicos, dentre eles o da coisa julgada. A relativização da coisa julgada ganha fundamento também em decorrência dessa crise que o Poder Judiciário vivencia e aca-

---

[341] Que pode ser analisado na perspectiva de Niklas Luhmann, quando defende a ideia de uma teoria sistêmica do direito, chegando a uma conclusão de que o sistema jurídico se autorreproduz, sendo isso a autopoiese. Esse processo que se renova sendo capaz de autorreprodução foi abordado pelo autor LUHMANN, Niklas. *Sitemi sociali: Fondamenti di una teoria generale*. Bolonha:Il Mulino, 1990, p. 64.

[342] Deve-se buscar a justiça, que é sim o fundamento e a esperança de todos que demanda, não buscando, entretanto, a justiça estática, que não será capaz de chegar ao ponto que a justiça efetiva poderia chegar. Assim vejamos Agnes Heller – quando fala da "justiça estática" – justiça do tirando, justiça da verdade do senhor. *Vide* HELLER, Agnes. *Más Allá de la justicia*. Barcelona: editora crítica, 1990, p. 311 e ss. Ademais, a justiça perfeita jamais se encontrará, o que nos motiva, atualmente, a buscar a justiça de forma moderada e não através de uma pretensiosa e ilusória noção de justiça, neste sentido Ovídio A. Baptista da Silva – trás a ideia de ser, a justiça perfeita, *pathos* tirânico de nossa herança iluminista, sendo uma justiça que se tornou normativa, fugindo da vida real para tornar-se apenas conceitual. SILVA, Ovídio A. Baptista da. *Processo e ideologia*. Rio de Janeiro: Forense, 2004, p. 17.

ba afetando diretamente os direitos de diversos cidadãos, como se verá seguidamente.

A crise vivenciada pelo Judiciário é decorrente de tudo o que já foi exposto anteriormente, sendo consectário da inação do Legislativo, ausência de fundamentação adequada aos julgados, a crescente demanda que se impõe a cada dia frente ao Poder Judiciário, a administração inadequada exercida pelo Poder Executivo e outras tantas ocorrências que preocupam a todos.

A coisa julgada também sofre com a ocorrência da crise que se implantou no Poder Judiciário, visto que esse poder acaba por solver os conflitos, por vezes, de forma inadequada ou ainda incorreta. Essa decisão judicial, que merece ser reformada, atinge a todos os tipos de pessoas que demandam direitos por meio do processo, tentando fazer valer seus direitos fundamentais.[343]

A crise fez com que o Poder Judiciário perdesse, por vezes, o foco, decidindo vários processos de forma seriada sem atentar ao detalhe de cada caso que altera e muito a possível solução.

Tudo se deu e se dá em decorrência da busca desenfreada por celeridade, que deve ser pretendida e achada, mas que não pode ser o fundamento básico e único de um *decisum*.[344] O magistrado deve sim buscar a solução rápida,[345] mas dentro de uma razoável duração do processo, e não

---

[343] Sobre os variados direitos fundamentais que os cidadãos possuem vejamos as obras: CANOTILHO, José Joaquim Gomes. *Estudos sobre direitos fundamentais*. 2. ed., Portugal: Coimbra Editora, 2008; ALEXY, Robert. *Teoria dos direitos fundamentais*. Tradução de Virgilio Afonso da Silva, São Paulo: Malheiros, 2008. SARLET, Ingo Wolfgang. *A eficácia dos direitos fundamentais*. 4. ed., rev. atual., Porto Alegre: Livraria do Advogado, 2004.

[344] Deve-se tomar muito cuidado com essa ideia de celeridade que é buscada por todos, sabendo, como já referido, que a celeridade sem cautela passa a ser um problema e não uma solução, tornando a análise mais problemática e perigosa, gerando por vezes injustiças. Umas das formas de utilizar a celeridade para descongestionar o Judiciário é a utilização das sumulas vinculantes e do efeito vinculante. Neste diapasão SANTOS, 2008b, *op. cit.*, p. 25.

[345] No sentido de agilidade, Boaventura de Sousa Santos refere que o pacto de Estado em favor de um Judiciário mais ágil e Republicano foi firmado pelas autoridades máximas dos três poderes da república brasileira que convergiram em 11 compromissos fundamentais para o aperfeiçoamento do sistema judicial: 1) Implementação da reforma constitucional do judiciário; 2) reforma do sistema recursal e dos procedimentos; 3) defensoria pública e acesso à justiça; 4) juizados especiais e justiça itinerante; 5) execução fiscal; 6) precatórios; 7) graves violações contra direitos humanos; 8)informatização; 9) produção de dados e indicadores estatísticos; 10) coerência entre a atuação administrativa e orientações jurisprudenciais já pacificadas; 11) incentivo à aplicação de penas alternativas. Um dos resultados mais visíveis do pacto foi a aprovação de alterações legislativas, notadamente no processo civil. Dentre as principais mudanças promovidas destaco: 1) Lei nº 11.187/05, agravos, racionaliza a utilização dos agravos que passam a ser julgados apenas no momento da apelação evitando o seu uso para fins protelatórios; 2) Lei nº 11.232/05, execução de títulos judiciais, unifica o processo de conhecimento, liquidação e execução de sentença dispensando notificação pessoal do réu após a citação; 3) Lei nº 11.277/06, processos repetitivos, racionaliza o julgamento de processos repetitivos, permitindo ao juiz dispensar a citação do réu e julgar a ação improcedente se a controvérsia exclusivamente de direito e já tiver sido julgada improcedente em diversos casos idênticos

decidir de forma a prestigiar somente a celeridade, pois como se sabe a celeridade desacompanhada da ideia de razoável duração do processo é falha e, vez ou outra, prejudicial aos direitos fundamentais, pois não houve tempo apto para devidamente conhecer da pretensão processual.[346]

Deve haver a maturação da causa, o amadurecimento do processo para que então seja possível tomar uma decisão correta e adequada para o processo. A extrema celeridade acaba tornando inviável o amadurecimento da causa e neste ponto será muito difícil esperar uma decisão que se amolde adequadamente ao caso, visto que para a colheita de provas e a posterior formação do convencimento judicial há a necessidade de que o processo dure um tempo razoável que não seja prematuro e que não seja eterno.

Portanto, deve o Judiciário buscar a decisão adequada no tempo certo, devendo ser a decisão tomada em tempo razoavelmente aceitável para a solução da lide, dentro do tempo[347] do processo, sem acelerar, desnecessariamente, o processo, ou ainda sem eternizá-lo.

Frente a todas essas ocorrências, não há duvidas de que a relativização da coisa julgada, além de outros fundamentos, adveio também dessa ideia de crise do Judiciário, que fez como que esse Poder se imbuísse de uma busca incoerente de celeridade a qualquer preço, esquecendo o real fundamento do processo, e da existência das partes que figuram no processo, qual seja a solvência dos conflitos e a entrega do bem da vida a quem de direito.

Essa realidade caótica deve ser revista em busca de uma solução à tamanha crise que já causou celeumas de grande esfera, como a própria relativização da coisa julgada que foi pensada para superar o erro judicial, a alteração da realidade fática existente no processo, alteração do entendimento do Tribunal, a alteração legal e ainda a coisa julgada inconstitucional, que podem suprimir ou ainda limitar direitos fundamentais que não possam restar limitados ou suprimidos.

De todas as formas já referidas supra, que são ensejadouras da caracterização da relativização da *res iudicata*, o judiciário se coloca com mais frequência, efetivamente, na do erro judicial, que por vezes se dá pelo excessivo volume de processos que os magistrados detém, quer pelo avolumado números de recursos que o sistema prevê, quer pela morosidade natural que o próprio sistema processual civil nacional entronizou.

---

submetidas ao mesmo juízo, 4) Lei n° 11.341/06, processo eletrônico, disciplina a adoção de meios eletrônicos para a prática dos atos judiciais. *In* SANTOS, 2008b, *op. cit.*, p. 26.

[346] Sobre a temática vale conferir as ponderações de RIBEIRO, 2004, *op. cit.*, p. 109.

[347] Assim como a sociedade tem seu tempo, como já dizia François Ost, o processo e o direito também têm o seu tempo em sua justa medida. *Vide* OST, *op. cit.*, p. 23.

Tudo isso é fundamento bastante para que o Judiciário venha chegar ao estágio em que se encontra, situação de caos, o que também é decorrência do parco número de magistrados que o Estado disponibiliza, além de não fomentar na comunidade do próprio Poder Judiciário o devido treinamento[348] e formação direcionada à solução rápida e adequada dos processos, respeitando a razoável duração do processo e a manutenção e proteção dos direitos fundamentais. Esse treinamento seria muito relevante para os novos membros do Judiciário, treinando-os para o exercício desse cargo que ocupa relevância destacada frente à sociedade, por ser o responsável em levar, àqueles que tanto buscam a tão esperada realização e concretização de seus direitos.

Todas essas ocorrências aliadas trazem resultados gravosos a todos, tanto aos cidadãos que buscam no Judiciário a resposta "correta"[349] para seus problemas, como também aos advogados e demais operadores do direito que, com essa crise, se encontram em situação de perplexidade frente ao verdadeiro descaso para com todos os princípios que norteiam o ordenamento jurídico.[350]

A solução imediata que a doutrina apontou, para solver a problemática pelo menos por enquanto, foi relativizar a coisa julgada, o que é, para muitos, incompreensível, mas bem acentuada e necessária para salvaguardar aos cidadãos, que são litigantes, dos equívocos que possam vir a se dar.

Frente a toda essa problemática, analisando a sistemática processual, podemos crer que uma das possíveis soluções seja a de dotar o magistrado de mais responsabilidade[351] para que este venha, antes de qualquer outro sujeito, valorizar a sua própria decisão, sabendo que pode ser responsabilizado pela atuação inadequada ao exarar suas decisões. Isso dotaria o magistrado de maior dever e obrigação para com os processos que venham a estar sob seus cuidados, tendo maior compromisso e menos descaso para com as causas que passem em seus juízo, fazendo com que os direitos dos cidadãos não sejam negligenciados ou sequer desconsiderados.

Além dessa prática, que pode ser implantada e viabilizada, outra que pode auxiliar e muito na superação da crise do Poder Judiciário é a de

---

[348] SANTOS, 2008b, *op. cit.*, p. 66 e ss.

[349] No mesmo sentido deve o Poder Judiciário pretender a resposta mais adequada e não, tão somente, correta, já que aparentemente impossível. Esse debate efetivado entre Ronald Dworkin (reposta correta) e Lenio Luiz Streck (resposta adequada à Constituição) pode ser observado com maior vagar *vide* STRECK, Lenio Luiz. *O que é isto – decido conforme minha consciência?* Porto Alegre: Livraria do Advogado, 2010, p. 97.

[350] Para a compreensão da ideia de ordenamento jurídico interessante conferir BOBIO, Norberto. *Teoria do ordenamento jurídico.* Tradução de Maria Celeste Cordeiro Leite dos Santos. 10. ed., Brasília: Editora Universidade de Brasília, 1999, p. 71 e ss.

[351] Nesse sentido, *vide*: SANTOS, 2008b, *op. cit.*, p. 69.

uma observação mais rigorosa da fundamentação[352] que é emanada pelo Magistrado no corpo de suas sentenças ou decisões interlocutórias, buscando que a fundamentação seja adequada, sendo uma motivação capaz de convencer ao vencido de sua derrota, motivando-o a não utilizar, por vezes, dos recursos processualmente cabíveis para meramente protelar o processo, pois a decisão foi tão adequadamente motivada e convincente por sua correteza que a parte sucumbente perceberá que recorrer talvez não seja o caminho para reformar uma decisão tão embasada e fundamentada.[353]

A fundamentação[354] adequada é um ideal a ser pretendido e buscado[355] por não ser impossível, embora seja trabalhoso. Todo o trabalho será válido, pois dotará as decisões de maior força e aceitabilidade por parte de todos, inclusive dos advogados, dotando, ademais, o próprio Magistrado de maior respeitabilidade por parte da população.[356]

Possibilidades de solução existem, mas essas necessitam ser postas em prática para que possamos pensar em sair dessa situação, visando à manutenção dos direitos fundamentais.

Outra possibilidade que mais modernamente se sustenta é a da colaboração[357] no processo, onde deveria haver por parte do magistrado para com as partes uma conduta colaborativa que tornasse o processo mais

---

[352] A fundamentação, que é requisito juridicamente necessário para que uma decisão seja apta a gerar seus efeitos naturais, deve contar com uma fundamentação eficaz ao ponto de convencer aos sujeitos que recebe a motivação emanada pelo Judiciário, fugindo-se das falsas fundamentações que são altamente reprovadas, assim como já referia o autor Ovídio A. Baptista da Silva, *verbis*: "As falsas fundamentações que, hoje, são empregadas pelo Poder judiciário, são responsáveis por arbitrariedades que muito prejudicam o desenvolvimento nacional". *In* SILVA, O. 2008, *op. cit.*, p. 141. Ademais, essas sentenças que estão com *"roupagem formosa"*, em relação à esperada fundamentação, não passam de mero pronunciamento judicial sem a devida análise por parte do julgador, o que gera em diversas hipóteses *"sentenças arbitrarias"*. Neste sentido CARRÓ, Genaro R; CARRÓ, Alejandro D. *El recurso extraordinario por sentencia arbitrria*. Buenos Aires: Abeledo-perrot, 1983, p. 120.

[353] Para Ovídio A. Baptista da Silva "[...] é correto dizer que o número de recursos aumenta na proporção em que aumenta o número de provimentos judiciais carentes de fundamentação. O resultado inverso também é verdadeiro: quanto mais bem-fundamentado o ato jurisdicional tanto menor será o número de recursos que podem atacar". *Vide* SILVA, O. 2008, *op. cit.*, p. 156.

[354] O autor Ovídio A. Baptista da Silva já afirmava que a sentença deve guardar uma linguagem acessível a todos, até mesmo aos leigos, para que seja uma fundamentação ideal. Idem, p. 155.

[355] A crítica de Ovídio A. Baptista da Silva em relação à fundamentação aduzindo que em raríssimos casos, nossos juízes preocupam-se com as "circunstâncias constantes dos autos". Em virtude de um vício de nossa formação jurídica, costumamos trabalhar com conceitos, consequentemente com regras, desprezando as "circunstâncias constantes nos autos". Idem, p. 146.

[356] A fundamentação bem posta e com a devida cautela, em sua elaboração, "ao invés de diminuir a autoridade do magistrado, a motivação das sentenças dá-lhes prestígio perante o público" *Vide* SANTOS, Moacyr Amaral dos. *A prova judiciária no civil e no comercial*. Rio de Janeiro: Max Limonad, 1952, v.1., p. 395.

[357] Sobre a temática importante conferir a obra de Daniel Mitidiero *in* MITIDIERO, Daniel. *Colaboração no processo civil*: pressupostos sociais, lógicos e éticos, São Paulo: RT, 2009, p.63 e ss.

efetivo e adequado. Esta possibilidade também tem guardado relevo inclusive na proposta legislativo do "novo Código de Processo Civil".

Não resta dúvida de que muitas possibilidades existem para tentar superar as dificuldades apontadas, dentre elas a crise do Poder Judiciário, objetivando a inocorrência de novos danos[358] aos cidadãos que buscam o Judiciário para solucionar os seus problemas, obtendo por vezes, entretanto, mais problemas do que efetivas soluções.

Deve-se alertar que, frente a toda essa ocorrência de crise, não existe um único Poder ou agente a ser responsabilizado, mas, sim, uma somatória de várias ocorrências que foram se agregando e causando esse enorme problema que hoje é intitulado de crise do Poder Judiciário que acaba por influenciar a todos.

Buscando desconstruir e flexibilizar as decisões equivocadamente tomadas que tenham prejudicado as partes do processo e já tenham transitado em julgado, vem a possibilidade de relativizar a coisa julgada, tanto na via do processo subjetivo como objetivo, sempre focando a pretendida correção do erro grave, higidez constitucional e justiça. Desta forma para, posteriormente, adentrar no ponto fulcral da relativização da *res iudicata* no controle de constitucionalidade objetivo, resta agora observar o controle de constitucionalidade[359] que facilitará o "caminho" a ser percorrido adiante.

---

[358] A título de curiosidade sobre danos eminentemente coletivos vale observar a perspectiva do dano moral coletivo, por exemplo, conferindo MORELLO, Augusto Mario. STIGLITZ, Gabriel. *Tutela procesal de derechos personalisimos e intereses colectivos*. La Plata: LEP, 1986, p. 117 e ss.

[359] Sobre o controle de constitucionalidade no Uruguai para quem interesse vale conferir VESCOVI, Enrique. *Tutela procesal de las libertades fundamentales*. La Plata: JUS, 1988, p. 247 e ss.

# 4. Aspectos relevantes sobre o controle de constitucionalidade

## 4.1. O guardião da Constituição em Carl Schmitt

Saber quem venha a ser, efetivamente, o guardião da Constituição[360] é indispensável para que possamos saber qual a realidade de um determinado país ou ainda a forma em que se poderá agir para proteger a Carta Política, sabendo a qual Poder recorrer e frente a quem exigir a integridade deste Texto Magno,[361] que é muito relevante para a proteção e garantia de direitos[362] que foram conquistados após diversas lutas, vindo desde a revolução gloriosa de 1789, fazendo com que nascesse o constitucionalismo[363] capaz de reunir em uma única "Carta" a proteção dos direitos humanos[364] e fundamentais que propiciam ao cidadão uma vida digna.[365]

---

[360] Sobre a força da Carta Constitucional relata o autor argentino Nestor Sagués "cualquier Estado debe tener una constitución formal, de ser posible escrita y en un texto unificado, con supremacía sobre el resto del ordenamiento jurídico, de modo tal que el legislador ordinario se encuentre sometido a ella: si dicta una ley contraria a la contitución, la ley será inválida". *Vide* SAGUÉS, Nestor P. *Elementos de derecho constitucional.* Tomo I. Buenos Aires: Artraz, 1997, p. 05.

[361] Sabe-se que a Constituição escrita é de tamanha importância para que essa norma tenha maior força frente a seus cidadãos. Calha referir que a Constituição escrita, como forma organizada de legalização, teve sua existência inicial nas colônias inglesas nos Estados Unidos, passando a existir também, depois, nos Estados Unidos em meio a sua independência, assim como, também, na França em plena revolução francesa em 1789, tendo sido escrita a referida Constituição em 1791. Nesse sentido conferir PÉREZ ROYO, Javier. *Corso de derecho constitucional.* Madrid – Barcelona: Marcial Pons, 1998, p. 85.

[362] A título de referência para quem querida resta interessante observar uma obra de trata exatamente do exacerbo de efetivação de direitos e até do abuso dos direitos. Assim vejamos CONDORELLI, Epifanio J. L. *El abuso del derecho.* La Plata: Editora Platense, 1971, p. 19 e ss.

[363] Sobre o constitucionalismo importante conferir o que escreveu o autor Nestor P. Sangués: "El llamada constitucionalismo movimento constitucionalista es un proceso político-jurídico que em su versión inicial, a parti del siglo XVIII, tuvo por objetivo establecer en cada Estado un documento legal – la constitución – con determinadas características". SAGUÉS, Nestor P. *Elementos de derecho constitucional.* Tomo I. Buenos Aires: Artraz, 1997, p. 01. Neste sentido também devemos observar as palavras de Marcelo Figueiredo, ao fazer profissão de fé no constitucionalismo democrático, *verbis:* "É preciso valorizar o caráter normativo da constituição, assegurando aos seus preceitos eficácia

Nesse contexto, faz-se necessária a análise de Carl Schmitt – jurista e filósofo político alemão – que foi um dos grandes teóricos da época, tendo combatido fortemente as teses de Hans Kelsen para saber quem deveria ser o guardião da Constituição.[366] Nesse ínterim, formulou relevantes ponderações sobre a temática através de sua ideologia e visão de mundo, que devem ser conhecidas por todos os juristas.[367]

---

jurídica e social. Não se deve adiar o esforço de integrar o Direito Constitucional ao processo histórico de promoção da justiça e da igualdade, no campo real e concreto – e não teórico ou retórico – da superação das estruturas anacrônicas da opressão política e social". *In Revista Latino-Americana de Estudos Constitucionais.*, p. 571-581. Observe-se, também, as palavras sempre atentas de Canotilho *vide* CANOTILHO, José Joaquim Gomes. *Direito constitucional e teoria da constituição.* 7. ed. Coimbra: Almedina, 2007, p. 51. Também relevante observar o viés que é abordado por Gisele Cittadino ao referir o movimento do constitucionalismo comunitário que possivelmente se instalou no Brasil sendo uma visão peculiar sobre a temática, razão pela qual deve ser, pelo menos, referida. CITTADINO, Gisele. *Pluralismo direito e justiça distributiva*: elementos da filosofia constitucional contemporânea. 4. ed. Rio de Janeiro: Lumen Juris, 2009, p. 11-15.

[364] Cabe referir que os direitos humanos, que são a base para os direitos fundamentais, são frutos de uma conquista advinda da modernidade assim como refere RAFFIN, Marcelo. *La experiencia del horror*: subjetividad y derechos humanos en las dictaduras y posdictaduras del cono sur. Buenos Aires: Del puerto, 2006, p. 01. Ainda deve ser observado o texto de TINANT, Eduardo Luís. *Progreso científico y tecnológico y derechos humanos. Con especial referencia al derecho a la salud.* Revista La Ley *on line*, 11/3/09. Valer salientar que com a preservação dos direitos humanos os seres humanos poderão viver ainda mais próximos da paz podendo ofertar ao ser humano o direito de ser feliz. Nesse sentido ver GANDHI, Mahatma. *O pensamento vivo.* Lima: Los libros mas pequenos del mundo, 2007, p. 77 e ss. Vale conferir as lições de Carlos Ayala Corao referindo que "En el constitucionalismo moderno existe una tendencia marcada a equiparar los derechos humanos consagrados en instrumentos internacionales, con los derechos constitucionales. En otras palabras, a los derechos humanos internacionales, el mismo rango y valor de los derechos explícitamente consagrados em la Constitución". *Vide* AYALA CORAO, Carlos. *La convergencia entre el derecho constitucional y el derecho internacional de los derecho humanos. El derecho.* Tomo 160, p. 765.

Por fim, para quem interesse conferir o estudo sobre as três dimensões (por alguns chamada de gerações o que pode causar problemas, já que as gerações acabam por suplantar as anteriores, o que não ocorre no caso da norma constitucional) dos direitos humanos, observar BIDART CAMPOS, Germán y CARNOTA, Walter. *Derecho Constitucional comparado.* Buenos Aires: Ediar, 2000, p. 23 e ss.

[365] Neste sentido, SAGUES Nestor P. *Elementos de derecho constitucional.* tomo I. Buenos Aires: Artraz, 1997, p. 08. *vide*: "En definitiva, los contenidos del constitucionalismo individualista consagran un positivo y minucioso catálogo de facultades, garantias e derechos personales, públicos e privados, vinculados con la dignidad humana (como los de libertad física y de tránsito; libertad de expresión, en particular de la prensa; derecho de reunión y de peticionar a las autoridades; de sufragio; de enseñar y aprender; de libertad de cultos y derecho a la privacidad; de inviolabilidad del domicilio y papeles privados; de derecho procesal y derecho penal, etcétera)".

[366] Assim, "La constitución de un país no es un acto de su gobierno, sino del pueblo que constituye un gobierno". *Vide* PÉREZ ROYO, Javier. *Corso de derecho constitucional.* Madrid – Barcelona: Marcial Pons, 1998, p. 88.

[367] Muito se especula sobre as obras de Carl Schmitt se realmente foram constituídas como embasamento para o nazismo, o que alguns afirmam de forma errônea. O autor deve ser compreendido de forma certa, sabendo que este era, veridicamente, filiado ao partido nacional socialista soviético – sendo, portanto, um nazista – mas com tudo isso suas obras não foram pensadas para o nazismo, muito menos para prejuízo natural dos judeus, mas acabaram por ser utilizadas pelos nazistas por ser realmente conveniente a estes.

Como se sabe, Carl Schmitt é um decisionista[368] e acredita que a Constituição não é um contrato social, como apregoava Rousseau,[369] mas sim uma decisão, sendo essa ideia capaz de ligar ao controlador da Constituição o representante do Poder Executivo – por ser um poder político –, no qual um único ser deteria à atribuição de guardar a Constituição.

Seu âmbito de observação de quem seria o real guardião da Constituição bateu de frente com o que se tornou pensamento corrente de Hans Kelsen, que também foi teórico de grandioso destaque.

Kelsen, por sua vez, posicionou-se sobre a temática contrariando totalmente a construção de Carl Schmitt, o que será abordado em capítulo próprio, instalando-se um debate de altíssimo nível que foi, e ainda é, até nossos dias, revivido por diversos teóricos.

Carl Schmitt, quando analisou, em sua realidade, quem deveria ser o guardião da Constituição, acabou por compreender que o melhor guardião, quem deveria efetivamente concretizar o controle de constitucionalidade das leis e atos normativos, deveria ser somente um sujeito, que para a sua compreensão viesse a ser o chefe do Reich[370] alemão. Isto em nossa realidade equivale ao Presidente da República, por entender que as decisões sejam mais facilmente tomadas de forma monóloga, e não em conjunto. Isso sim pode ter sido muito relevante para a causa dos nazistas, mas esse não é o enfoque da análise aqui esposada.

Para Carl Schmitt, há grande ligação entre o político e o Estado.[371] Essa se constitui uma das suas motivações para acreditar que o dever de "guardar" a Constituição seja algo efetivamente ligado a um Poder que seja eminentemente político, como é o caso do Executivo, no caso de sua realidade do Chefe do Reich Alemão, jamais adotando entendimento de que outro Poder pudesse vir a ser o guardião da Carta Magna.

---

[368] Assim vejamos o conceito de decisionista que Ronaldo Porto Macedo Jr. apregoa: "Para um jurista do tipo decisionista não é o comando enquanto comando, mas a autoridade ou soberania de uma decisão última, dada com o comando, que constitui a fonte de todo e qualquer "direito", isto é, de todas as normas e ordenamentos seguintes". MACEDO JÚNIOR, Ronaldo Porto. *Carl Schmitt e a fundamentação do direito*. São Paulo: Max Limonad, 2001, p. 179.

[369] ROUSSEAU, Jean-Jacques. *O contrato social*. Tradução de Paulo Neves, Porto Alegre: L&PM, 2009, p. 32-35.

[370] Há a noção de que em relação ao chefe do Reich e os partidos políticos exista uma independência política e não apolítica. Assim, conferir BERCOVICI, Gilberto. Carl Schmitt, O Estado total e o guardião da Constituição. *Revista brasileira de direito constitucional*. São Paulo, n. 1, p. 197, jan./jun. 2003.

[371] SCHMITT, Carl. *O conceito do político*. Tradução de Geraldo de Carvalho. Belo Horizonte: Del Rey, 2009, p. 20.

Neste ponto, Schmitt também refere que o Estado[372] detém o monopólio do político,[373] de modo que é natural para o autor que tal ente venha a deter esse monopólio, jamais entregando esse poder aos entes privados por natural. Na busca de um critério político, Carl Schmitt acaba por tratar da diferenciação do amigo e inimigo, passando a compreender que o inimigo não é, necessariamente, mau, por mais que seja desconhecido, sendo para o autor um aparente adversário do Estado.[374]

De tal modo, Schmitt busca demonstrar que o político tem grandiosa força própria que deriva dos mais diversos âmbitos da vida humana, das contraposições religiosas, econômicas, morais e de outros que podem ser determinantes para a formação da força do critério político elencado pelo autor.[375]

Carl Schmitt acaba por demonstrar em suas obras extrema vinculação à ideia de unidade, e não de pluralidade,[376] sendo pedra de toque para a estruturação que efetivará, no sentido de que o Executivo – especificamente o seu chefe – devesse ser o guardião da Constituição, tanto para interpretá-la[377] como para definir o que venha ou não ser constitucional quando, efetivamente, combatido.

Nova distinção entre Carl Schmitt e Hans Kelsen é claramente vislumbrada, visto que este acredita em um critério normativo e que atribui o controle a uma corte em especial. Por outro lado, aquele observa esse controle pelo viés político em que esse poder[378] é exercido por um único

---

[372] A título de indicação para uma pesquisa mais apurada sobre a temática de uma teoria do Estado vale conferir BERCOVICI, Gilberto. *Revista da História das idéias:* As possibilidades de uma teoria do Estado. Vol. 26, 2005, p. 07-31.

[373] SCHMITT, 2009, *op. cit.*, p. 23.

[374] Idem, p. 27 e ss.

[375] Idem, p. 40-41.

[376] Idem, p. 43 e ss. Ainda para aprofundar essa temática observar: SCHMITT, Carl. *O guardião da Constituição*. Tradução de Geraldo de Carvalho. Belo Horizonte: Del Rey, 2007, p. 105 e ss.

[377] A título de referência para quem busque clarear a ideia da hermenêutica vale observar a obra de Lenio Streck *vide*: STRECK, Lenio Luiz. *Hermenêutica jurídica e(m) crise*: uma exploração hermenêutica da construção do direito. 5. ed. rev. atual. Porto Alegre: Livraria do advogado, 2004. Também pode ser consultada a obra de GADAMER, Hans-Georg. *Verdade e método*: traços fundamentais de uma hermenêutica filosófica. Traduzido por Flávio Paulo Meurer. 3. ed., Petrópolis: Vozes, 1999.

[378] O discurso pode traduzir poder como diria Michel Foucault, sendo tanto na via do discurso falado ou escrito. Nesse sentido FOUCAULT, Michel. *El orden del discurso*. Barcelona: Tusquets, 1992, p. 18 e ss. Sobre a relevância de falar e das peculiaridades da linguagem vale tomar nota das lições de Foucault para quem tenha interesse na temática em FOUCAULT, Michel. *Las palabra y las cosas:* una arqueologia de las ciencias humanas. 2. ed., Buenos Aires: Siglo XXI Editores Argentina, 2008, p. 95 e ss. Sobre os diversos campos de disputa do poder vale consultar BOURDIEU, Pierre. *Campo de poder*: campo intelectual. Buenos Aires: Estroboas copia, 2003. Importante observar também a obra de Enrique Marí, *racionalidad e imaginario social en el discurso del orden, en VV.AA., Derecho y psicoanálisis*, onde se discute o que venha a ser o dispositivo do poder, formado pelo discurso de ordem, pela força e pelo imaginário social. *Vide* MARÍ, Enrique. Racionalidad e imaginario social en el discurso del

sujeito qual seja o chefe deste próprio Poder Executivo. Ainda criticando a teoria pluralista, Schmitt aduz que "[...] essa teoria pluralista do Estado é, sobretudo, pluralista em si mesma, ou seja, ela não possui nenhum centro uniforme".[379] Essa análise do autor mais uma vez vai de encontro ao que Kelsen vem a construir sobre a temática.[380]

Quando Carl Schmitt elabora a obra, o conceito político recebe forte resposta e crítica de Hans Kelsen, porém responde prontamente em sua obra o guardião da Constituição, posicionando-se de forma clara sobre quem deva ser realmente o guardião da Carta, dotando essa atribuição ao chefe do Reich alemão de forma explícita.[381]

Deste modo, Schmitt questionou muito a possibilidade de o Poder Judiciário ser o guardião da Constituição, negava com todas suas forças que esse Poder pudesse ser efetivo na função de protetor na Carta Maior, sendo assim postado como o melhor para tal função o Chefe do Reich alemão, que equivale em nossa realidade ao Presidente da República.

As propostas de Carl Schmitt foram notavelmente contrárias ao positivismo alemão, referindo que todo o conceito de direito é fundamentalmente político, criticando a pretensa neutralidade do positivismo[382] encontrado em Kelsen, por não passar de um reflexo disfarçado de ideias liberais na filosofia[383] política e jurídica que visava a garantir a segurança e liberdade burguesa perante o Estado.[384]

---

orden, en VV.AA., Derecho y psicoanálisis. *Teoría de las ficciones y función dogmática.* Buenos Aires: Hachette, 1987. Castanheira Neves fala da ideia de funcionalização do direito, arguindo que para tanto se dá a separação de direito e justiça, tornando por isso mais próxima a ideia de poder e direito. NEVES, Antônio Castanheira. *O direito hoje em com que sentido?* Lisboa: Editora Piaget, 2002, p. 30.

[379] SCHMITT, 2009, *op. cit.*, p. 47.

[380] Nas análises efetivadas por Reinaldo Porto Macedo Jr., percebe-se claramente que Carl Schmitt critica fortemente a teoria pura do direito de Hans Kelsen, pois este autor tentou entender o direito separado das outras ciências o que para Schmitt isso é impossível, assim *vide*: MACEDO JÚNIOR, *op. cit.*, p. 191.

[381] Assim vejamos o que o referido autor aduz: "A ela remonta, muito mais, o catálogo, típico para todas as constituições do século XIX, de prerrogativas e poderes do chefe de Estado (monarca ou presidente), todos imaginados como meio e possibilidades de atuação de tal pouvoir neutre, como, por exemplo, inviolabilidade ou, pelo menos, posição privilegiada do chefe do Estado, assinatura e promulgação de leis, direito de indulto, nomeação de ministros e funcionários públicos, dissolução da câmara eleita". *Vide* SCHMITT, 2007, *op. cit.*, p. 195.

[382] Sobre o positivismo jurídico que por vezes se torna avalorativo deve ser observada a obra de Bobbio, *vide*: BOBBIO, Norberto. *O positivismo jurídico*: lições de filosofia do direito. traduzido por Márcio Pugliesi, Edson Bini e Carlos E. Rodrigues. São Paulo: Ícone, 1995, p. 142 e ss. Em contraponto observando a ideia do realismo que pode ser uma das soluções para toda a problemática vivenciada deve ser observada a obra de GIACOMUZZI, José Guilherme. *Revista do direito administrativo*: As raízes do realismo americano: breve esboço acerca de dicotomias, ideologias, e pureza no direito dos USA. Rio de Janeiro, 239: 359-388, 2005.

[383] Há hoje, sim, uma necessidade de aclarar as coisas aos juristas hodiernos, sendo muito relevante a compreensão de que a filosofia existe e é forma de cognição e entendimento social e humano individual e muito anterior ao direito, podendo por esse ser utilizada para a correta formar de solução

Neste ponto, o controle da constitucionalidade que para Carl Schmitt é efetivada pelo Chefe do Reich alemão não poderia ser entregue, de forma alguma, a outrem que não o Chefe do Estado, sob pena de não haver concreta decisão sobre a dúvida, restando assim decisões naturalmente tomadas por maioria em que a certeza não restaria existente. Se fosse adotado o sistema de um Tribunal, enquanto estando esse poder nas mãos do Presidente do Reich, facilmente se obteria uma decisão que não ponderaria a dúvida.[385]

O autor buscava em sua análise a eliminação da dúvida, o que poderia ser corrente caso se aceitasse o modelo apregoado por Hans Kelsen, que entregaria o poder de decisão a um Tribunal.

Segundo Schmitt, essa dúvida é naturalmente eliminada se o critério utilizado for de entregar o controle da constitucionalidade ao Chefe do Estado, visto que este lida com questões eminentemente políticas e que "[...] tudo o que, de alguma forma, for de interesse público, é de alguma forma político e nada do que diz respeito essencialmente ao Estado pode ser despolitizado".[386]

Já foi afirmado que Schmitt critica a ideia de apego a certa legalidade,[387] vista facilmente em Kelsen. Neste sentido, Carl Schmitt critica a noção de que o ordenamento seja um conjunto de leis,[388] sendo para o autor muito mais do que um mero conjunto normativo. O autor ainda passa a criticar os magistrados em um sistema puro do direito – como o apontado por Kelsen – por entender que estes magistrados se tornariam efetivamente a mera "boca da lei".[389]

Carl Schmitt acaba por referir que a Alemanha de sua época se mostrava menos apegada ao normativismo, o que para o autor indica natu-

---

das complicações que se apresentem. Hoje se fala de filosofia do direito quando deveríamos pensar em filosofia no direito, visto que a filosofia não é modifica pelo e para o direito, mas, sim, o direito que é modificado e adequado no limites da filosofia para que assim essa ciência jurídica possa se "socorrer" da filosofia para que as grandes complexidades sejam resolvidas. Nesse sentido vale observar as pontuadas colocações do jus-filósofo argentino Eduardo Luis Tinant que propõe também, com clareza, a necessidade de pensar no direito na bioética assim como a filosofia no direito. *Vide* TINANT, *op. cit.*, p. 149 e ss.

[384] Esse entendimento é postado por Gilmar Ferreira Mendes quando constrói a apresentação da obra de Carl Schmitt. SCHMITT, 2007, *op. cit.*, p. XI.

[385] Idem, p. 67-68.

[386] Idem, p. 161.

[387] Ronaldo Porto Macedo Jr. Observado os estudos de Carl Schmitt percebe a crítica fortemente posta por este autor, no sentido em que a lei não é um fim em si mesmo, sendo essa a falha dos normativistas que resumem tudo à lei, tendo esta como infalível. MACEDO JÚNIOR, *op. cit.*, p. 171-172.

[388] Idem, p. 168.

[389] Idem, p. 171.

ralmente uma desistência do positivismo jurídico,[390] pensando sempre na Alemanha.

Neste ínterim, Schmitt contribuiu muito para a discussão que resultaria em saber quem deveria, verdadeiramente, ser o guardião da Constituição que poderia não somente interpretar[391] essa norma como também decidir sobre a (in)constitucionalidade da alguma determinada norma ou ato normativo.[392] Grandes contrapontos serão observados em Hans Kelsen e que serão a partir deste momento estudados em busca do correto entendimento de quem venha a ser o guardião da Constituição. Ressaltando, assim, que a teoria de Carl Schmitt prevaleceu no período da guerra, sendo esta teoria superada pela de Kelsen no período pós-guerra e que até hoje é a preponderante.

## 4.2. O guardião da Constituição em Hans Kelsen

Hans Kelsen, que foi um dos teóricos mais importantes de todos os tempos para a ciência jurídica,[393] teve diversas obras dentre as de maior destaque a Teoria pura do direito,[394] na qual passa a estudar o direito de forma separada dos demais ramos da ciência, sendo por isso uma teoria pura do direito, e não uma teoria do direito puro.

A influência de Kelsen é refletida até os dias atuais, formando comunidades jurídicas e influenciando diretamente na constituição jurídica de diversos países, fazendo com que o modo de realização do controle de constitucionalidade[395] seja o que ele próprio construiu a partir de sua experiência como magistrado no Tribunal Constitucional da Áustria.[396]

---

[390] MACEDO JÚNIOR, *op. cit.*, p. 208-209.

[391] Sabe-se que a tarefa de interpretar a Norma Magna não é, e nunca foi, tarefa fácil já que se está frente a situação de grandiosa complexidade. Nesse sentido deve ser observada a obra de Roberto Gargarella. Observe-se GARGARELLA, Roberto. *Teoría y crítica Del derecho constitucional.* Tomo I, Buenos Aires: Albeledo Perrot, 2008, p. 123 e ss.

[392] "Consideram-se atos normativos, por exemplo, a resolução administrativa dos Tribunais de Justiça, bem como deliberações administrativas de outros órgãos do Poder Judiciário, inclusive dos Tribunais Regionais do Trabalho, salvo as convenções coletivas de trabalho". *Vide* MORAES, Alexandre de. *Direito constitucional.* 19. ed. São Paulo: Atlas, 2006, p. 608.

[393] Seja para concordar ou discordar de suas construções, mas de sua importância ninguém dúvida e questiona, já que através dele se deu o verdadeiro início à discussão do que seja ou não positivismo jurídico e suas consequências.

[394] KELSEN, Hans. *Teoria pura do direito.* 4º ed., São Paulo: Martins Fontes, 1994.

[395] Sobre controle de constitucionalidade encontra-se em Kelsen o entendimento de que o exercício e regularidade do Estado são obtidos via um controle de constitucionalidade que é um elemento de um sistema. Neste sentido KELSEN, Hans. *Jurisdição constitucional.* São Paulo: Martins fontes, 2003, p. 124.

Diferentemente de Carl Schmitt, Kelsen sustenta um controle de constitucionalidade que estenda a um Tribunal Constitucional[397] o referido controle das leis, superando a construção de Schmitt no sentido de que o guardião da Constituição seria um Tribunal e não um único sujeito, qual seja o Chefe do Reich.

Para Kelsen, a guarda da Carta Constitucional deveria ser entregue a um Tribunal que fosse totalmente separado dos Poderes Executivo, Legislativo e Judiciário. Para ele, não deveria haver unicidade no controle de constitucionalidade, pois a decisão que viesse a averiguar a (in)constitucionalidade[398] deveria ser tomada em conjunto, um grupo de julgadores que estivessem, realmente, comprometidos com a segurança e força da Constituição.

Hans Kelsen vê um verdadeiro prejuízo em aceitar a tese de Schmitt no sentido de que o monarca não sofreria controle de nenhum outro Poder,[399] tornando-se, assim, naturalmente, um Poder imbatível e detentor, de certa forma, de verdade que simplesmente cederia a interesses pessoais e arbitrariedades. Com tudo isso, o monarca teria controle total, visto que, se controlasse a Constituição, também acabaria por controlar o Legislativo.

Na busca de colocar as teorias em plena aplicabilidade, os autores anteriormente referidos utilizam todo seu intelecto e Kelsen acaba por perceber que Schmitt busca de todas as formas, e até aparentemente de forma desesperada,[400] comprovar que o guardião da Constituição deveria ser o Chefe do Reich, mais precisamente em nossa realidade o Chefe do Executivo.[401]

Segundo o próprio Kelsen, a vantagem de seguir o modelo que dota a um Tribunal o controle da constitucionalidade vem no sentido de que este Tribunal não participa do exercício de poder e não coloca antagonismo entre o parlamento[Legislativo] e o governo[Executivo].[402]

Por isso, não há como agregar as teorias de um autor à do outro, por serem totalmente antagônicas, tornando-se natural o afastamento dos au-

---

[396] KELSEN, Hans. 2003, p. 123.

[397] Idem, p. 240.

[398] Idem, p. 258-259.

[399] Idem, p. 241.

[400] Idem, p. 243.

[401] Para buscar a aplicação da teoria de Schmitt poderíamos pensar em utilizar a *teoria do poder neutro* de Benjamin Constant, mas que é fortemente contestada por Kelsen visto que poderia se dar o descompasso entre os Poderes pois o chefe do Estado estaria acima dos demais Poderes, o que também violaria a teoria da separação dos poderes que frequentemente está sob análise. Idem, p. 245.

[402] KELSEN, 1994, *op. cit.*, p. 277-278.

tores, separando-se de forma abrupta os modos de compreensão da temática. Permanecem, no entanto, as críticas às teses que ambos propõem, o que para a constituição de conhecimento é efetivamente positivo, sendo com o correr do tempo reconhecida amplamente a teoria de Kelsen influenciadora de muitos países. Este autor ainda acaba por criticar a postura de Schmitt em tentar compreender a jurisdição Constitucional como legislação, e não como real jurisdição.[403]

A formulação de Hans Kelsen foi arquitetada no sentido de entregar o controle de constitucionalidade ao Tribunal Constitucional que poderia definir de forma plenamente tranquila o que seria ou não constitucional, sendo um Tribunal passível de outras formas de controle e não sendo um poder autoritário, mas sim propiciador de democracia.[404]

Essa busca pela essência da democracia[405] é realmente muito positiva por ser natural intenção dos teóricos e práticos que vivenciam diversas

---

[403] Id. *Jurisdição constitucional, op. cit.*, p. 259.

[404] Sobre a correta construção do que seja democracia deve ser conferida a obra de Rousseou *vide*: ROUSSEAU, *op. cit.*, p. 80 e ss. Além deste grande teórico da democracia o próprio Hans Kelsen também apregoa a necessidade de busca efetiva de realização da democracia. Neste sentido conferir KELSEN, 2003, *op. cit.*, p. 83. Sobre a busca de democracia também poderá ser conferida a obra de GARGARELLA, Roberto. *Teoría y crítica Del derecho constitucional*. Tomo I, Buenos Aires: Albeledo-Perrot, 2008, p. 149 e ss. Sobre o futuro da democracia vale observar BOBBIO Norberto. *El futuro de la democracia*. Traduzido por José F. Fernández Santillán. México: Fondo de cultura económica, 1999, p. 23 e ss. Um livro muito interessante sobre a democracia foi escrito pela professora da UFSC Maria Lúcia Duriguetto, *vide*: DURIGUETTO, Maria Lúcia. *Sociedade civil e democracia – Um debate necessário*. São Paulo: Cortez, 2007. Norberto Bobbio relembra as menções feitas por Karl Popper no sentido de que o regime democrático é o único que permite aos cidadãos se livrarem de seus governantes por formas pacíficas e sem derramamento de sangue. Tudo isso demonstra o grau de participatividade e força que a democracia devidamente implantada poderia ter. *Vide* BOBBIO, Norberto. *O futuro da democracia:* uma defesa das regras do jogo. 2º ed., da trad. bras., p. 39. Na noção de democracia podemos encontrar segundo Canotilho a forma direita e semi-direta, *vide*: "O exercício do poder directamente pelo povo – democracia directa – pressupõe uma estrutura territorial e social praticamente inexistente na época actual. O arquétipo dos Town Meetings americanos ou das Landsgemeine suíços desapareceu quase por completo nas democracias constitucionais complexas (cfr. entre nós, art. 245°/2 da CRP, que prevê o 'plenário de cidadãos eleitores'). Não desapareceram, porém, os mecanismos político-constitucionais de democracia semi-directa, progressivamente presentes nas constituições modernas de vários Estados (Suíça, Dinamarca, Irlanda, França, Áustria, Alemanha, Itália, Suécia)". CANOTILHO, José Joaquim Gomes. *Direito Constitucional e Teoria da Constituição*. 7º ed., Coimbra: Almedina, 2003, p. 294-295. Deveria a Democracia buscar a efetivação da vontade geral dos cidadãos, que poderia ser garantida através da manifestação dos elegidos que seriam os representantes da nação. Assim refere o autor Ovídio A. Baptista da Silva que "[...] a partir dessa incapacidade demonstrada pelos regimes democráticos para a formação da sonhada "vontade geral" e da persistência das oligarquias e de seus interesses, que a prática política tornaram transparentes e inocultáveis, é que a crise de legitimidade do sistema representativo mais se exacerba e torna-se visível". SILVA, Ovído A. Baptista da. *Participação e processo*. Coord. Ada Pellegrini Grinover. São Paulo: RT, 1988, p. 108. Ovídio refere que "Fica porém evidente que o pressuposto básico para o estabelecimento de uma democracia consistente e durável deve ser buscado não apenas na formação juridicamente perfeita do dispositivo estatal mas, fundamentalmente, no estabelecimento de condições sócio-culturais que possibilitem o surgimento de verdadeiros e autênticos cidadãos". *Vide* SILVA, O., 1998, *op. cit.*, p. 108.

[405] Forte crítica é traçada por Bruce Ackerman ao aduzir que a democracia moderna é, simplesmente, medíocre. Assim, vejamos: "*la democracia moderna parece un sistema mediocre, excepto cuando se la com-*

condutas desrespeitadoras da noção de democracia,[406] que foi apregoada por tantos teóricos de grandioso escalão [como Rousseau e Kelsen] e também por nossa Carta Política.

O autor tem em suas formulações forte base positivista que, por um lado, chega a ser interessante em relação à possibilidade de grandiosa organização e fixação das questões, pendendo de outra banda um provável engessamento não pretendido. Assim, mesmo a sistemática que o autor introduziu se tornou praticamente unânime em grande parte dos ordenamentos jurídicos influenciados pelas concepções kelsenianas.

Deve ser reconhecida a superação da teoria de Schmitt pela de Kelsen, que atribui como guardião da Constituição um Tribunal Constitucional que busque sempre que possível a proteção da Carta Magna.[407]

Essa superação dos ideais apregoados por Schmitt se deu em decorrência da maior facilidade apresentada na construção de Hans Kelsen por ser necessário, somente, a constituição de um Tribunal Constitucional que deteria em suas funções a de guardião da Constituição, sendo órgão plural, e não individual, constituindo-se em um possível propiciador de justiça.[408]

O Tribunal Constitucional que foi disseminado pelo mundo inteiro chegou ao Brasil também, tomando corpo de órgão do Poder Judiciário intitulado de Supremo Tribunal Federal, onde restará efetivado o controle da constitucionalidade das leis e o complexo exercício da jurisdição constitucional. É nesses termos que agora trataremos da jurisdição constitucional em nosso país, passando pelo entendimento de quem venha a ser o efetivo guardião da constituição e a aplicação da tese de Kelsen e sua

---

*para con las alternativas". Vide* ACKERMAN, Bruce. *La política Del diálogo liberal.* Tradução de Gabriel L. Alonso. Barcelona: Gedisa editorial, 1999, p. 89 e ss.

[406] Interessante é observar o papel do processo civil na construção da democracia, sob o olhar não somente da democracia representativa, mas também participativa, onde o povo tem maior enfoque e relevância. Nesse diapasão resta relevante conferir as palavras do autor Darci Ribeiro *vide* RIBEIRO, 2010, *op. cit.,* p. 95 e ss.

[407] A teoria que triunfou na época foi a de Carl Schmitt, devido à ascensão do III Reich alemão, sendo que a teoria de Kelsen só veio a triunfar, verdadeiramente, no pós-guerra, com o restabelecimento e busca da democracia.

[408] Falar de busca de justiça é algo que sempre foi referido por todos sem, no entanto, saber qualificar corretamente o seja essa ocorrência. Esquecendo suas origens e toda a dificuldade de conceituação do justo, podemos utilizar as ideias do autor argentino Augusto Mario Morello quando busca desvendar um processo justo, processo que esteja comprometido em obter o máximo de proximidade ao justo. (MORELLO, Augusto Mário. *El proceso justo:* del garantismo formal a la tutela efectiva de los derechos. La Plata: Platense, 1994, p. 55 e ss.) No sentido do processo justo, pretensão efetiva de muitos processualistas, vem Italo Augusto Andolina falando do processo justo na experiência italiana e comunitária. Vejamos: ANDOLINA, Italo Augusto. Il "giusto processo" nell'esperienza italiana e comunitária. *Revista de processo.* Ano 30, n. 126. São Paulo: RT, 2005, p. 95 e ss. Nesse sentido também observar CHIARLONI, Sergio. *Giusto processo, garanzie processuali, giustizia della decisione. Revista de processo.* Ano 32, n. 152. São Paulo: RT, 2007, p. 88 e ss.

relevância para o sistema jurídico brasileiro chegando a, de forma sucinta, analisar o controle de constitucionalidade vivenciado no Brasil.

## 4.3. O guardião da Constituição na realidade brasileira e sua influência na jurisdição constitucional

O Brasil também acabou por receber forte influência das ideias de Hans Kelsen sobre como gerir o controle de constitucionalidade, buscando dotar de maior efetividade[409] a Carta Política de 1988 em um país que, antes desse movimento, não havia passado por fortes influências constitucionais, tendo sido este país muito apegado às legislações infraconstitucionais como o Código Civil ou ainda Penal, e nem tanto à Constituição Federal, sendo totalmente diferente de nossos dias atuais. Quem sabe nossa sociedade[410] tenha aprendido o real valor de uma Constituição que é advinda de um movimento constitucionalista fruto natural da revolução industrial que tornou o mundo totalmente diferente, restando maior preocupação com os direitos sociais[411] e fundamentais que manteria a dignidade humana.[412]

---

[409] Em relação à efetividade como postulado conferir RIBEIRO, *op. cit.*, p. 79 e ss.

[410] Que vivencia celeumas das mais complexas como a dignidade e possível autonomia da pessoa no final de sua vida, tema que tem sido debatido em todos os cantos do mundo, onde se deve observar qual deve ser o direito a ser preservado nesse caso. Sobre essa temática vale observar TINANT, *op. cit.*, p. 81 e ss. Além dessa problemática de altíssimo grau de complexidade vale trazer a este trabalho para os interessados a necessária observação da situação dos anencefalos e dos *nasciturus*. No caso destes últimos deve ser observada a mesma obra do jurista e filósofo Eduardo Tinant a partir da página 55e as seguintes. Em relação a anencefalia observe-se a mesma obra ora referida do pensador argentino Eduardo Tinant, pontuadamente a partir da página 63 e seguintes. Podem ser observadas a seguintes obras referentes ao conteúdo em discussão: TINANT, Eduardo Luis. *Genética y justicia.* (compilador-director); coautores: BYK, Christian, MAINETTI, José A., MEDINA, Graciela, BIANCHI, Néstor O., MARTÍNEZ MARIGNAC, Verónca L., BERGEL, Salvador D., y LOJO, María Mercedes, SCJBA, La Plata, 2001; LABRUSSE-BRIOU, Catherine. *Le droit saisi par La biologie.* Des juristes au laboratoire, Librairie Générale de droit et de jurisprudence, París, 1996; GILLY, François-Noel. *Éthique et génétique, La bioéthique em questions.* Ellipses, París, 2001.

[411] Interessante o olhar de dois autores argentinos sobre os direitos sociais, devendo esses restar observados como direitos e não uma mera previsão. *Vide* ABRAMOVICH, Víctor. COURTIS, Chistian. *El umbral de la cuidadanía: el significado de los derechos sociales en el Estado social constitucional.* Buenos Aires: Del Puerto, 2006, p. 01 e ss.

[412] Ingo Wolgang Sarlet conceitua dignidade da pessoa humana como sendo uma "qualidade intrínseca e distintiva de cada ser humano que o faz merecedor do mesmo respeito e consideração por parte do Estado e da comunidade, implicando, neste sentido, um complexo de direitos e deveres fundamentais que assegurem a pessoa tanto contra todo e qualquer ato de cunho degradante e desumano, como venham a lhe garantir as condições existentes mínimas para uma vida saudável, além de propiciar e promover sua participação ativa e co-responsável nos destinos da própria existência e da vida em comunhão com os demais seres humanos". SARLET, Ingo Wolfgang. *Dignidade da Pessoa Humana e Direitos Fundamentais na Constituição Federal de 1988.* Porto Alegre: Livraria do advogado, 2001, p. 60. Ainda, No dizer de Luis Prieto Sanchis a dignidade da pessoa humana *"dista de ser una respetable reliquia de la arqueologia cultural"*, compreende um modo de entender-se os direitos funda-

Com toda essa evolução nacional e mundial, quando a questão é o direito e seus pares, muitas realidades e dogmas foram mudados e a sociedade acabou por ser cada vez mais questionadora e ativa frente a seus direitos. Isso tudo é bom e se faz necessário para que sejam esses direitos levados a serio[413] e não sejam meras previsões formais que estão em um catálogo formalista, para que possamos superar a ideia de que ser um procedimentalista como Habermas seria o suficiente para a construção da democracia,[414] sendo um pouco mais substancialista, mas relembrando que o melhor caminho poderá ser a utilização do procedimentalismo[415] agregado a certo substancialismo[416] sob pena de ser a norma totalmente vazia.

Neste entrave, de um país que busca a efetividade de direitos, vale a pena observar a opção legislativa de nosso país, que acabou buscando em Kelsen os moldes básicos para a implementação da Jurisdição[417] constitucional e o controle de constitucionalidade de normas.

Desta feita, com esse modelo teórico, o Brasil entregou nas mãos do Supremo Tribunal Federal o controle da constitucionalidade, fazendo com que um dos Poderes – o Judiciário – viesse a tomar a ponta sobre a questão, não sendo em absoluto aquilo que Kelsen planejava, pois este gostaria que o controle ora referido fosse efetivado por um Tribunal que não fosse parte de nenhum dos poderes, o que não se deu no Brasil, que tem uma vivência e realidade de mundo totalmente distinta da de outros locais.

---

mentais. Assim, vide: PRIETO SANCHIS, Luis. *Estudios sobre derechos fundamentales*. Madrid: Debate, 1990, p. 26. Devemos ter a liberdade de consultar o autor português Canotilho *in*: CANOTILHO, José Joaquim Gomes. *Estudo sobre direitos fundamentais*. São Paulo: RT, 2008, p. 247. ALEXY, Robert. *Teoria dos direitos fundamentais*. Tradução de Virgilio Afonso da Silva. São Paulo: Malheiros, 2008, p. 111. Por fim vide SAGUÉS, Nestor P. *Elementos de derecho constitucional*. Tomo I. Buenos Aires: Artraz, 1997, p. 16.

[413] DWORKIN, 2002, *op. cit.* p. 283 e ss.

[414] Com essa luta pela implementação da jurisdição constitucional torna-se notável o elemento fortalecedor da democracia que sempre foi perseguida por grande parte dos membros dessa sociedade, nesse sentido LIMA, Martonio Mont'Alverne Barreto. *A guarda da Constituição em Kelsen*. Disponível em: <http://sisnet.aduaneiras.com.br/lex/doutrinas/arquivos/031007.pdf>. Acesso em: 27 nov. 2009.

[415] Nessa corrente encontraremos Jurgen Habermas, Antonie Garapon e Jhon Hart Ely. Por esses vejamos: GARAPON, Antonie. *Le guardién de promesses*. Paris: Odile Jacob, 1996; ELY, John Hart. *Democracy and distrust. A theory of judicial review*. Cambridge: Mass, 1980.

[416] Dentre os substancialistas podemos encontrar Alckerman, Capelletti, L.H. Tribe, M. J. Perry. Por todos esses autores conferir PERRY, M. J. *The constitution, the courts and humanrights. An inquiry into the legitimacy of constitutional policymaking by the judiciary*. New Haven and London: Yale University Press, 1982.

[417] A título de esclarecimento para quem queira fiscalizar sólida construção sobre jurisdição voluntária, vale conferir MICHELI, Gian Antonio. *Estudios de derecho procesal civil*. Traducción de Santiago Sentis Melendo. Buenos Aires: Ediciones jurídicas Europa-America, 1974, p. 03 e ss.

Destarte, todo o direito constitucional brasileiro foi influenciado por essas concepções do legislador que preferiu Kelsen a Schmitt, reservando a pequena alteração no entendimento do autor ao entregar ao Judiciário esse dever e atribuições. Talvez essa opção legislativa tenha se dado em decorrência das diversas problemáticas que os outros Poderes vivenciam. Prova vivida da crise do Estado[418] e diga-se dos mais diversos Poderes é a ocorrência da judicialização da política,[419] em que o Judiciário acaba por decidir questões que também demonstram claro interesse político, econômico, social e até jurídico. Aqui não se está a discutir se essa judicialização é boa ou não, mas que sua ocorrência é real e de certa maneira tem influenciado para o bem do sistema, fazendo-nos superar a mera afirmação de que o que se deu foi um ativismo judicial.

Toda a influência de Kelsen, em nosso país, para a constituição desse sistema que hoje se apresenta, iniciou-se com a proposta de uma Corte Constitucional de 1934, efetivada pelo Deputado Nilo Alvarenga,[420] que se utilizou fortemente das lições apregoadas por Hans Kelsen.

Além de tudo isso, vem o autor Gilmar Mendes a informar da necessidade que nosso país apresentava de ter um Tribunal que julgasse com eficácia *erga omnes*[421] as questões de (in)constitucionalidade que viessem a surgir naturalmente.[422]

Nesse sentido, percebe-se no Brasil a clara superação da ideia e teoria apregoada por Carl Schmitt de que o guardião da Constituição deveria ser o chefe do Estado, sendo amplamente aplicada a teoria de Kelsen onde um Tribunal foi criado, mas que, diferente do que apregoava Kelsen, entregou o controle da constitucionalidade e, naturalmente, a guarda da Constituição ao Poder Judiciário.[423]

---

[418] Sobre as diversas formas de crise existente vejamos a obra do autor Jose Luis Bolzan de Morais, *vide* MORAIS, Jose Luis Bolzan de. *As crises do Estado e da constituição e a transformação espacial dos direitos humanos*. Porto Alegre: Livraria do advogado, 2002, p. 23 e ss.

[419] VIANA, Luiz Werneck *et al*. *A judicialização da política e das relações sociais no Brasil*. Rio de Janeiro: Editora Revan, 1999, p. 47 e ss. Neste ponto vale observar as concepções dos autores no sentido de que no Brasil exista, realmente, a judicialização da política e não o ativismo judicial que por singela observação semântica não vem a significa, especificamente, a mesma coisa que a judicialização. Para os autores haverá, realmente, uma judicialização da política onde o judiciário é chamado, por necessidade, a se manifestar sobre questões relevantes para a seara sociopolítica nacional, passando essa judicialização às relações sociais também, sendo algo bem distinto do ativismo que aparenta ser uma intromissão complexa. Sobre a vaga ideia construída sobre o ativismo judicial consular. GIACOMUZZI, *op. cit.*, p. 371.

[420] MENDES, Gilmar Ferreira. *Jurisdição constitucional:* o controle abstrato de normas no Brasil e na Alemanha. 5. ed. São Paulo: Saraiva, 2005, p. 83.

[421] MORAES, Alexandre de. *Direito constitucional*. 19. ed. São Paulo: Atlas, 2006, p. 687- 688.

[422] MENDES, 1999, *op. cit.*, p. 85.

[423] PALU, Oswaldo Luiz. *Controle de constitucionalidade: conceitos, sistemas e efeitos*. 2. ed. São Paulo: RT, 2001, p. 145. "Optaram os constituintes por atribuir ao Supremo Tribunal Federal o papel de

Essa concepção também foi perceptível nas considerações de Gilmar Mendes ao elaborar a introdução a obra de Carl Schmitt[424] (em que é observada a realidade universal, e não somente a brasileira), visto que houve vitória inicial aparente de Schmitt no caso da Prússia contra Reich, sendo, no entanto, essa vitória desconstruída posteriormente. O êxito real de Kelsen é perceptível historicamente, sendo uma decorrência natural do que esse modelo Kelseniano poderia ofertar, tornando-se uma forma, aparente, de realização da democracia.[425]

Neste sentido, observaremos desde já como se dá hoje em nosso país o controle de constitucionalidade altamente influenciado por Hans Kelsen, sendo um modelo que, em tese, vingou no Brasil bem como em outros variados países.

### 4.4. O controle de constitucionalidade: conceituação

O controle[426] de constitucionalidade[427] é tema muito importante para o sistema jurídico nacional, pois é através dele que se garante a estabilidade à Magna Carta[428] e sobretudo sua consolidação, adequando as nor-

---

guardião precípuo da Constituição (art. 102, *caput*, da Constituição do Brasil de 1988)". Neste sentido, Manoel Gonçalves Ferreira Filho também faz referência similar à do autor acima referido, todos com base na opção legislativa que foi construída com base no pensamento Kelseniano. FERREIRA FILHO, Manoel Gonçalves. *Curso de direito constitucional*. 32. ed. São Paulo: Saraiva, 2006.

[424] Nesse caso o livro referido é o guardião da constituição que já tratado anteriormente, onde Gilmar Mendes acaba por explanar qual seria a realidade em que a obra se colocava e o embate fortemente travado entre Schmitt e Kelsen.

[425] SCHMITT, 2007, *op. cit.*, p. xiii-xiv.

[426] Sobre a palavra controle vale trazer as colocações de Sérgio Resende de Barros: "No geral, conceitua-se: controle é a verificação, por um sujeito controlador, da adequação de um objeto controlado a um objeto que serve de paradigma. Aí está claro que o controle não é a adequação de um objeto a outro, que lhe é posto como paradigma; mas é a verificação dessa adequação. Sendo dessa maneira, controle não é binômio entre dois objetos, mas é uma verificação feita por um sujeito sobre esse binômio. Por conseguinte, é trinômio, implicando sempre a presença de três elementos: o sujeito controlador, que realiza o controle, tendo diante de si dois objetos, que são por ele comparados: o objeto controlado propriamente dito e o objeto-paradigma do controle, os quais não raro são chamados, simplesmente, objeto e paradigma do controle". *In* BARROS, Sérgio Resende de. *Revista da Procuradoria-Geral do Estado de São Paulo*. nº 54: dezembro/2000, p. 21-43.

[427] Para o autor argentino Nestor Sagués um sistema completo de controle de constitucionalidade requer vários ingredientes sendo eles: Uma Constituição rígida, um órgão de controle independente, faculdades decisórias do órgão de controle, direito aos prejudicados de reclamar e impulsionar o controle e submeter todo o ordenamento jurídico ao controle. SAGUÉS, Nestor P. *Elementos de derecho constitucional*. Tomo I, Buenos Aires: Astrea, 1997, p. 143-144.

[428] Sobre a prevalência da Constituição em detrimento das demais normas deve-se observar HAMILTON, Alexander; MADISON, James; JAY, John. *The Federalist*. Chicago, Londres, Toronto: William Benton, Publisher, Encyclopaedia Britannica, 1952, p. 231. Importante também conferir HAURIOU, Maurice. *Derecho público y constitucional*. 2. ed., Madri: Reus, 1927, p. 159.

mas infraconstitucionais à Norma Magna, que rege o Estado Democrático de Direito.[429] Portanto, percebe-se por consectário que esse controle se faz imprescindível para a existência de normas formais e materialmente constitucionais, e em respeito à Carta Política.

O controle de constitucionalidade é a forma de se adequar os atos normativos e normas infraconstitucionais à Constituição, por ser a Carta Política a norma nacional de maior hierarquia, e que dispõe em caráter normativo geral, sobre todos os aspectos.[430]

Ricardo Cunha Chiment aduz que "[...] o controle de constitucionalidade tem por pressuposto que a constituição é a norma mais importante de um país e por isso deve ter protegidos sua supremacia e os direitos e garantias dela decorrentes".[431]

Segundo Kildare Gonçalves Carvalho "[...] controlar a constitucionalidade é, pois, verificar a adequação de uma lei ou de um ato normativo com a constituição, nos seus aspectos formais e matérias".[432]

Entende o autor que realmente controlar a constitucionalidade das leis e atos normativos é vê-las em conformidade com a Lei Magna, por ser esta a maior norma hierárquica de um país. Em consequência, se são as leis nacionais ou atos normativos adequados à Constituição Federal, seguindo os preceitos constitucionais, serão, por conseguinte, constitucionais, afastando-se, assim, a inconstitucionalidade que poderá ser declarada pelo Supremo Tribunal Federal.

No dizer de Oswaldo Luiz Palu, o controle de constitucionalidade, que é função complexa e necessária à existência de uma Constituição rígida,[433] foi atribuído ao Supremo Tribunal Federal, órgão máximo do Poder

---

[429] Essa referência se dá tanto no preâmbulo da Constituição Federal como também no artigo 1º. Assim vejamos o preâmbulo: "Nós, representantes do povo brasileiro, reunidos em Assembleia Nacional Constituinte para instituir um Estado Democrático, destinado a assegurar o exercício dos direitos sociais e individuais, a liberdade, a segurança, o bem-estar, o desenvolvimento, a igualdade e a justiça como valores supremos de uma sociedade fraterna, pluralista e sem preconceitos, fundada na harmonia social e comprometida, na ordem interna e internacional, com a solução pacífica das controvérsias, promulgamos, sob a proteção de Deus, a seguinte CONSTITUIÇÃO DA REPÚBLICA FEDERATIVA DO BRASIL". Também vejamos o art. 1º: "Art. 1º A República Federativa do Brasil, formada pela união indissolúvel dos Estados e Municípios e do Distrito Federal, constitui-se em Estado democrático de direito e tem como fundamentos:".

[430] Controlar a constitucionalidade caba sendo a efetiva adequação (compatibilidade) de uma determinada lei ou ato normativo com a Constituição Federal, verificando, naturalmente, seus requisitos formais e materiais. *Vide* SILVA, J., *op. cit.*, p. 49 e ss.

[431] CHIMENT, Ricardo Cunha [*et al.*]. *Curso de direito constitucional, op. cit.*, p. 394.

[432] CARVALHO, K., *op. cit.*, p. 144.

[433] Sobre a firmeza da Carta Política vale observar que "El derecho Constitucional en sentido propio exige una Constitución normativa". *Vide* PÉREZ ROYO, Javier. *Corso de derecho constitucional*. Madrid – Barcelona: Marcial Pons, 1998, p. 92.

Judiciário.[434] Ao seu lado também acrescenta Manoel Gonçalves Ferreira Filho que o Supremo Tribunal Federal controla a constitucionalidade da Norma Magna, e que tal verificação ocorrerá no controle abstrato e difuso, o que demonstra a grande gama de poder centrado na Corte Suprema.[435]

A Corte Suprema é a guardiã da Constituição Federal, exercendo como consequência deste poder o controle da constitucionalidade,[436] adequando às normas infraconstitucionais ao Texto Magno e mantendo o ordenamento jurídico nacional sólido.

### 4.5. Inconstitucionalidade

Para Celso Ribeiro Bastos, a "[...] inconstitucionalidade é o que se dá em um determinado tipo de relação entre a Constituição e um ato que lhe venha imediatamente abaixo".[437]

Quando o autor conota tal conceituação, está claramente a determinar que a inconstitucionalidade ocorre quando uma norma infraconstitucional ou um ato normativo venham a ser contrários à Carta Política, os quais, por consequência, são inconstitucionais, pois deveriam estar de acordo com a Carta Magna e em verdade não estão.

Importante, além de saber que o ato inconstitucional é aquele que é contrário à Norma Magna, é também entender que esta inconstitucionalidade pode ser formal ou material.

No dizer de José Afonso da Silva, a inconstitucionalidade formal se dá "[...] quando tais normas são formadas por autoridades incompetentes

---

[434] "Optaram os constituintes por atribuir ao Supremo Tribunal Federal o papel de guardião precípuo da Constituição (art. 102, caput, da Constituição do Brasil de 1988)". *Vide* PALU, Oswaldo Luiz. *Controle de constitucionalidade:* conceitos, sistemas e efeitos. 2. ed. São Paulo: RT, 2001, p. 145.

[435] Com efeito, é a Corte quem exerce o controle concentrado de constitucionalidade, pois lhe cabe processar e julgar originariamente as ações diretas de inconstitucionalidade, declaratórias de constitucionalidade, bem como a ação de inconstitucionalidade por omissão (art. 102, I). Por outro lado, a ele é dado julgar, em sede de recurso extraordinário, as decisões que contrariem dispositivo da Constituição, houverem declarado a inconstitucionalidade de tratado ou lei federal, ou a constitucionalidade, em face da Lei Magna federal, ou de lei local (estadual) (art.102, III). Assim, ele é quem diz a última palavra no controle incidental de constitucionalidade. *Vide:* FERREIRA FILHO, Manoel Gonçalves. *Curso de direito constitucional.* 32. ed. São Paulo: Saraiva, 2006, p.

[436] Muito se tem falado na Argentina sobre o chamado controle de convencionalidade, onde haverá uma grande intervenção judicial para velar pelo cumprimento da convenção americana de direitos humanos em face de outras normas que lhe seja contrarias. Nesse sentido conferir ALTABE de LERTORA, Martha Helia. *Control de convencionalidad. Revista debates de actualidad.* Nº 200, Associación argentina de derecho Constitucional, Diciembre, 2008, p. 168.

[437] BASTOS, Celso Ribeiro. *Curso de direito constitucional.* 22. ed. São Paulo: Saraiva, 2001, p. 415.

ou em desacordo com as formalidades ou procedimentos estabelecidos pela constituição".[438]

Podemos perceber que as formalidades não se relacionam a conteúdo, e sim, com as maneiras ou formas de se chegar a um determinado conteúdo, pois aqui as formalidades estabelecidas pela própria Constituição ou não são respeitadas, ou quem pratica tal ato não tinha a devida habilitação. Ai está a inconstitucionalidade formal.

Alexandre de Moraes diferencia a inconstitucionalidade formal subjetiva da objetiva, sendo que a primeira

> [...] refere-se à fase introdutória do processo legislativo, ou seja, à questão de iniciativa. Qualquer espécie normativa editada em desrespeito ao processo legislativo, mais especificamente, inobservando àquele que detinha o poder de iniciativa legislativa para determinado assunto, apresentará flagrante vício de inconstitucionalidade.[439]

Podemos perceber que o vício aqui é relativo à pessoa capacitada à prática do ato, pois quem praticou o ato eivado de vício não estava legitimado a fazê-lo, e, portanto torna-se inconstitucional formalmente.

Ademais, o autor complementa o entendimento com a inconstitucionalidade formal objetiva, aduzindo que estas "[...] referem-se às duas outras fases do processo legislativo: constitutiva e complementar. Assim, toda e qualquer espécie normativa deverá respeitar todo o trâmite constitucional previsto nos arts. 60 a 69".[440]

Aqui, o vício foi em relação à forma de se fazer algo, em tese, a maneira de se aprovar a lei, por exemplo, ou a maneira da sua criação ou iniciativa. Neste ponto, o vício não mais é relativo ao sujeito, mas sim à forma que se procede para alcançar seu resultado, em síntese, referente ao processo legislativo.

No dizer de Ricardo Cunha Chiment, a inconstitucionalidade "[...] é material, substancial, quando o vício diz respeito ao conteúdo da norma".[441]

Ainda assim, Clèmersom Merlin Clève refere que a inconstitucionalidade material acaba por se reportar ao conteúdo da lei ou do ato normativo. Importando verificar se a lei ou esse ato normativo é compatível com o conteúdo da constituição. Não sendo a lei e o ato normativo em conformidade com a Carta Política, será materialmente inconstitucional.[442]

---

[438] SILVA, J., *op. cit.*, 2001, p. 47.

[439] MORAES, *op. cit.*, p. 637.

[440] Idem, p. 638.

[441] CHIMENT, *op. cit.*, p. 397.

[442] CLÈVE, Clèmersom Merlin. *A fiscalização abstrata da constitucionalidade no direito brasileiro*. 2. ed. São Paulo: RT, 2000, p. 42.

Como podemos perceber a inconstitucionalidade material é totalmente ligada ao conteúdo, que é contrário à Carta Magna. Esse conteúdo normativo, que é inadequado e ofensivo à Norma Maior, torna-se inconstitucional por trazer ofensa direta e gravíssima ao ordenamento jurídico. Então, seja ato normativo ou lei infraconstitucional, se estiverem em desacordo com a Constituição, poderão ser alcançados pela declaração de inconstitucionalidade, pois realmente já são, em tese, inconstitucionais, apenas dependendo de sua declaração, que será abordada em momento oportuno.

Sobre o tema de inconstitucionalidade, remanesce abordar alguns de seus aspectos como: a inconstitucionalidade parcial, total, por ação e omissão. Os dois últimos serão tratados *a posteriori*.

No dizer de Celso Ribeiro Bastos, a inconstitucionalidade total se difere da parcial no sentido de que naquela se recobre toda a lei, nada lhe sendo aproveitável, e nessa, inversamente, o vício afeta apenas uma parte da norma ou mesmo e tão somente uma ou algumas das normas embutidas em um determinado diploma maior que aceite a eliminação da parte viciada sem desnaturação e prejuízo do restante.[443]

A distinção que o autor faz reside no conteúdo, que se mostra integralmente confrontante com a Carta Política. Passa-se a ter, então, a inconstitucionalidade total do texto. Por outro lado, se somente parte deste texto ofende a Constituição, estar-se-ia frente à inconstitucionalidade parcial, pois nem todo o texto é inconstitucional, o que assegura que o texto focado não deixe de existir, pois somente deixará de vigorar aquilo que foi declarado inconstitucional pelo Supremo Tribunal Federal, ficando o restante da norma sob o manto de validade constitucional.[444]

Portanto, coaduna esta afirmação com o posicionamento anteriormente referido por Celso Ribeiro Bastos, pois mesmo sendo declarada inconstitucionalidade de parte do texto, o restante deste só será inconstitucional se, ainda assim, for contrário à Carta Magna, desde que seja assim declarado. Já não sendo, o texto, ofensor à Constituição, poderá então ocorrer de o restante deste texto parcialmente inconstitucional ter sua vigência e validade mantidas.

---

[443] BASTOS, *op. cit.*, p. 416.

[444] Neste sentido Ricardo Cunha Chiment esclarece que "caso não altere o sentido e o alcance da norma, a decisão do STF pode declarar a inconstitucionalidade de apenas uma parte desta, razão por que muitos afirmam que o controle principal de constitucionalidade admite a parcelaridade(também denominada divisibilidade)". CHIMENT, *op. cit.*, p. 413.

Para José Afonso da Silva, a inconstitucionalidade por ação "[...] ocorre com a produção de atos legislativos ou administrativos que contrariem normas ou princípios da constituição".[445]

Acrescenta Kildare Gonçalves Carvalho que a "[...] inconstitucionalidade por ação, que pressupõe uma conduta positiva do legislador, que se não compatibiliza com os princípios constitucionalmente consagrados".[446]

Consolida-se, então, o entendimento de inconstitucionalidade por ação, por uma conduta de agir, de fazer, que é contrária à Constituição. Este normatizar ou agir, seja na função legiferante ou administrativa, as quais são acometidas de vícios, geram, por consectário, a inconstitucionalidade, pois se vícios não houvesse seriam plenamente válidos.

Celso Ribeiro Bastos, inspirado nas lições de Canotilho, refere que a "[...] inconstitucionalidade por omissão é a negativa, isto é, resulta de um comportamento que, nada obstante exigido ou requerido pela Constituição, faz-se ausente".[447]

A inconstitucionalidade por omissão deriva de uma inocorrência de atos,[448] por parte de quem tem não só a competência, mas o dever de fazer algo. É o caso do legislador, pois quando a Constituição em seu conteúdo possui normas de caráter geral e amplo, depende, desde já, da colaboração do legislador ordinário para a feitura dessas normas que a complementarão. Normas estas específicas para que o ordenamento jurídico não fique sem a norma ordinária infraconstitucional que, deveras, é muito importante. Então, com essa ocorrência, abre-se um precedente através da ADI por omissão para que se discuta a atitude do legislador. Caso similar a este poderia ter ocorrido com a Lei nº 9.882, que regulamentou a ADPF em 1999, que já havia sido prevista pela Constituição através da Emenda Constitucional nº 3, de 17 de março de 1993, que alterou o § 1º do art. 102, da CF. Outra ocorrência desta grave omissão legislativa ocorre com o imposto sobre as grandes fortunas, que está previsto na Carta Magna no art. 153, VII, e que pende, até o presente momento, de lei que venha a regulamentá-lo.

---

[445] SILVA, J., *op. cit.*, p. 47.

[446] CARVALHO, K., *op. cit.*, p. 147.

[447] BASTOS, *op. cit.*, p. 416.

[448] Na compreensão de José Afonso da Silva a inconstitucionalidade por omissão "Verifica-se nos casos em que não sejam praticados atos legislativos ou administrativos requeridos para tornar plenamente aplicáveis normas constitucionais. Muitas destas, de fato, requerem uma lei ou uma providência administrativa ulterior para que os direitos ou situações nelas previstos se efetivem na prática". SILVA, J., *op. cit.*, p. 47.

## 4.6. Formas de controle de constitucionalidade

Existem diversas formas de controlar a (in)constitucionalidade de leis e atos normativos de um país, sendo analisadas primeiramente as formas de controle preventivo e repressivo, e em seguida o controle político, judiciário e o misto.

### 4.6.1. Controles preventivo e repressivo

O controle preventivo é uma forma de se controlar a lei antes mesmo de ser aperfeiçoada ou publicada, ou seja, antes que a norma passe a ter validade em todo o território que ela se propôs a abranger.[449] O grande ponto aqui é que ocorre geralmente no Poder Legislativo, na comissão de constituição e justiça, podendo ainda ocorrer no Poder Executivo através do veto jurídico, que é efetivado pelo Presidente da República.[450]

Nesse sentido, no Brasil o controle preventivo de constitucionalidade é realizado dentro do processo legislativo, em uma das hipóteses pelo Poder Legislativo, através das comissões de constituição e justiça, e em outra pelo Poder Executivo através do veto jurídico.[451]

Aqui, percebe-se, há uma grande tentativa de evitar que a inconstitucionalidade ocorra, pois as comissões de constituição e justiça acabam por analisar tanto as propostas de lei como prováveis emendas frente à Carta Política, fazendo-se, assim, com que se tenha um prévio controle, ou controle antecipado, tentando evitar a inconstitucionalidade.[452]

O segundo caso é aquele pelo qual o Presidente da República pode vetar a norma que em seu entender for inconstitucional. Na verdade, pas-

---

[449] Nesse sentido "se lleva a cabo antes que la norma sea tal; es decir, consiste en un control sobre proyectos". *Vide* SAGUÉS, Nestor P. *Elementos de derecho constitucional.* Tomo I, Buenos Aires: Astrea, 1997, p. 150.

[450] Nesse sentido vale observar as ponderações de FERREIRA FILHO, *op. cit.*, p. 36. *Verbis:* "Distingue-se então o controle preventivo do controle repressivo. Aquele opera antes que o ato particularmente a lei, se aperfeiçoe; este depois de perfeito o ato, de promulgada a lei. Aquele é controle a priori. Este, *a posteriori*".

[451] MORAES, *op. cit.*, p. 643. O referido autor ainda segue afirmando que "a primeira hipótese de controle de constitucionalidade preventivo refere-se às comissões permanentes de constituição e justiça cuja função precípua é analisar a compatibilidade do projeto de lei ou proposta de emenda constitucional apresentados com o texto da Constituição Federal". Idem, p. 642.

[452] Vale referir que além dessa primeira modalidade de controle preventivo da constitucionalidade podemos ter uma segunda forma que pode ser exercida pelo Presidente da República, no caso, em especial, do veto jurídico. "A segunda hipótese encontra-se na participação do chefe do Poder Executivo no processo legislativo. O Presidente da República poderá vetar o projeto de lei aprovado pelo Congresso Nacional por entendê-lo inconstitucional(CF, art. 66, § 1º). É o chamado veto jurídico". Idem, p. 643.

sa a ser uma segunda tentativa de evitar que a norma inconstitucional, que passou pelo Congresso Nacional e depois pelo primeiro crivo da comissão de constituição e justiça, seja então barrada antes de ser a mesma norma sancionada pelo Chefe do Poder Executivo. O que vemos, em verdade, é uma diversificação de tentativas de impedir que normas ou emendas à Constituição, que não estejam de acordo com a Carta Política, entrem em vigor e que sejam, desde já, afastadas do ordenamento jurídico, o que é louvável.

O modelo implementado, com maior vigor, no Brasil, é o repressivo[453] de controle da constitucionalidade, que envolve a participação do Poder Judiciário, já que as formas implementadas no modelo preventivo raramente acabam por dar certo e em raridade acabam por ser eficientes.[454]

Quando a norma estiver em vigor e produzindo seus efeitos que sejam contrários à Constituição, restará a necessidade de ser retirada a norma do ordenamento jurídico. Na verdade, a lei será retirada de sua vigência pelo Poder Judiciário e perderá sua executividade, o que, portanto, dá a possibilidade de se atacar sempre às normas que estejam em plena vigência, desde que sejam inconstitucionais.

Vale, ainda, referir, mesmo que seja de forma breve, que existem as exceções que a própria Constituição previu em relação ao controle repressivo, onde o Poder Legislativo pode atuar, mesmo sabendo que esse controle é efetivado em regra pelo próprio Poder Judiciário.[455]

Eis aqui uma exceção à regra, em que o Legislativo por esta exceção aberta pela própria Carta Magna pode controlar também as ações do Poder Executivo. Controle referente aos arts. 49, V,[456] e 62,[457] ambos da Magna Carta. No primeiro caso, isso ocorre quando o Congresso Nacional perceber que houve uma exorbitância do poder regulamentar ou dos limites de delegações legislativas do Poder Executivo, podendo sus-

---

[453] Sobre a forma repressiva de controle vale observar SAGUÉS, 1997, *op. cit.*, p. 150.

[454] Nesse sentido TEMER, Michel. *Elementos de Direito Constitucional.* 10ª ed., Malheiros, São Paulo, 1993, p. 40 e ss. MORAES, *op. cit.*, p. 643.

[455] "Excepcionalmente, porém, a Constituição Federal previu duas hipóteses em que o controle de constitucionalidade repressivo será realizado pelo próprio poder legislativo. Em ambas as hipóteses, o poder legislativo poderá retirar normas editadas, com plena vigência e eficácia, do ordenamento jurídico, que deixarão de produzir seus efeitos, por apresentarem um vício de inconstitucionalidade". *Vide* MORAES, *op. cit.*, p. 643.

[456] Vejamos: "Art. 49. É da competência exclusiva do Congresso Nacional: V – sustar os atos normativos do Poder Executivo que exorbitem do poder regulamentar ou dos limites de delegação legislativa".

[457] Assim refere a Constituição Federal: "Art. 62. Em caso de relevância e urgência, o Presidente da República poderá adotar medidas provisórias, com força de lei, devendo submetê-las de imediato ao Congresso Nacional".

tar tal ato. A segunda ocorre na medida provisória que foi editada pelo Presidente da República e, portanto, já tem força de lei pelo prazo de 60 dias, nos quais deverá ser apresentada ao Congresso Nacional que poderá aprová-la, convertendo-a em lei ou ainda rejeitá-la. No caso de rejeição quando a comissão temporária mista flagrar inconstitucionalidade na Medida Provisória, editada pelo Chefe do Executivo, poderá, então, o Congresso Nacional fazer o controle repressivo através da rejeição, pois retirará automaticamente a norma infraconstitucional e inconstitucional do ornamento por tal vício.

### 4.6.2. Controles: político, judiciário e misto

Segundo José Joaquim Gomes Canotilho, "[...] o controle da constitucionalidade dos actos normativos (sobretudo leis e diplomas equiparáveis) é feito pelos órgãos políticos (ex.: Assembleias representativas)".[458]

José Afonso da Silva afirma que "[...] o controle político é o que entrega a verificação da inconstitucionalidade a órgãos de natureza política, tais como: o próprio poder legislativo, solução preponderante na Europa no século passado [...]".[459]

O controle de constitucionalidade na forma política é feita por um órgão político, o qual seria órgão do Poder Legislativo. Este órgão, então, poderia dizer o que seria ou não constitucional e fazer o controle de atos e normas, para que se mantivesse a constituição firme.

Já o controle Judiciário, nas palavras de Manoel Gonçalves Ferreira Filho, ocorre "[...] sempre que a verificação de concordância entre um ato e as regras constitucionais é conferida a órgão integrado no Poder Judiciário, contando com as garantias deste".[460]

O controle jurisdicional[461] – que é empregado nos Estados Unidos e no Brasil – é aquele que entrega a um órgão do Poder Judiciário o poder de verificação e declaração do que seja ou não constitucional. Em nosso país, esse órgão é o Supremo Tribunal Federal, que vêm dedicando seus dias e anos de labor em controlar as leis e atos normativos, para que não

---

[458] CANOTILHO, José Joaquim Gomes. *Direito constitucional e teoria da constituição*. 5. ed. Coimbra: Almeida, 2002, p. 888.

[459] SILVA, J., *op. cit.*, p. 49.

[460] FERREIRA FILHO, *op. cit.*, p. 37.

[461] Ainda agrega Ricardo Cunha Chiment ao mencionar que "o controle jurisdicional é aquele exercido pelo Poder Judiciário, conforme se verifica nos Estados Unidos e no Brasil". CHIMENT, *op. cit.*, p. 397.

atinjam ou possam contrariar a Carta Magna, o que causaria uma severa insegurança jurídica.[462]

Dessa forma, compreende-se que o controle jurisdicional tem essas características – no Brasil – de entregar aos órgãos do Poder Judiciário este controle, sabendo-se que os juízes, assim como os Tribunais, são órgãos do Poder Judiciário, realizadores da prestação jurisdicional.[463] Cada um tem sua função e desenvolve seu papel na jurisdição constitucional: os magistrados participando do controle jurisdicional difuso, e o Supremo Tribunal Federal, do controle jurisdicional concreto e concentrado, temática que será em sequência abordada.

O sistema misto[464] de controle de constitucionalidade é na realidade uma forma diferente, e que pode ser entendido como agregador dos sistemas anteriormente mencionados.

Para Kildare Gonçalves Carvalho, "[...] o sistema misto é aquele em que o controle de constitucionalidade é entregue a um órgão especial constituídos por membros do Poder Judiciário e outros estranhos a esse Poder".[465]

O sistema misto é aquele que não só detém o Poder Judiciário, controlando a constitucionalidade de atos e normas, mas também o Poder Político, pois na verdade são entregues a ambos o controle constitucional. É, em real, uma junção dos dois outros sistemas no qual tanto Poder Judiciário quanto Poder Político poderão controlar a constitucionalidade, só que cada um em seu âmbito e de forma diferenciada, respeitando a separação dos Poderes.[466]

Por este motivo, é imprescindível ao entendimento deste sistema, a aguçada percepção da separação dos Poderes[467] articulada no art. 2º da

---

[462] Neste sentido Oswaldo Luiz Palu anota que "Adotou-se o sistema judicial, parâmetro norte-americano para o controle de constitucionalidade das leis, eis que qualquer juiz, de qualquer instância, pode declarar a eiva da inconstitucionalidade; mas também é possível uma ação direta, abstrata, diretamente no Supremo Tribunal Federal, para o mesmo fim". PALU, Oswaldo Luiz. *Controle de constitucionalidade: conceitos, sistemas e efeitos*. 2. ed. São Paulo: RT, 2001, p. 145.

[463] Sobre a temática, visualizar LEAL, Rosemiro Pereira. *Teoria geral do processo:* primeiros estudos. 7 ed., Rio de Janeiro: Forense, 2008, p. 66 e ss.

[464] Sobre o controle misto pode ser observada a obra de SAGUÉS, 1997, *op. cit.*, p. 147.

[465] CARVALHO, K., *op. cit.*, p. 150-151.

[466] Essa modalidade de controle misto de constitucionalidade tem sido observado na suíça, assim como afirma o autor José Afonso da Silva, *vide* "o controle misto realiza-se quando a constituição submete certas categorias de leis ao controle político e outros ao controle jurisdicional, como corre na suíça [...]". SILVA, J., *op. cit.*, p. 49.

[467] "Estaria tudo perdido se um mesmo homem, ou um mesmo corpo de principais ou de nobres, ou do Povo, exercesse estes três poderes: o de fazer as leis; o de executar as resoluções públicas; e o de julgar os crimes ou as demandas dos particulares". *Vide* MONTESQUIEU, Charles de Secondat, Baron de. *O Espírito das leis*. Tradução Pedro Vieira Mota. São Paulo: Ediouro, 1987, p. 165.

Carta Magna, e que é garantia constitucional imutável por estar elencada no rol das chamadas *cláusulas pétreas* dispostas no art. 60, § 4º, III, da Constituição Federal.

Cada controle, como observado, tem sua peculiar forma, cumprindo analisarmos, como pressuposto lógico, o controle judicial que nos trará a possibilidade de entendimento e bom desenvolvimento do conteúdo proposto em analise.

### 4.7. Controle judicial

O sistema judicial é utilizado em nosso país,[468] seja na forma abstrata ou difusa. Em ambos os casos, o Poder Judiciário exercerá o controle de forma veemente, assegurando força normativa à Carta Política. No Brasil, o controle é Judicial, sendo esse ocorrente na via difusa ou ainda concentrada, podendo ambos restar combinados.[469]

O sistema de controle de constitucionalidade judicial é subdividido em duas formas de controle: a concentrada (abstrata) e a concreta (difusa). Ocorreram mudanças que advêm da Constituição de 1988, em que houve clara alteração da prevalência da via de controle, passando o controle concentrado[470] a ter mais força do que o tradicional controle concreto.[471] Essa inversão se deu pela forma com que a Constituição Federal trata cada um desses sistemas.

---

[468] Vale a referência a estudos feitos na Universidade Carlos III de Madrid em 2001, onde se apurou de forma geral os sistemas dos países que compõe a Iberoamérica. *Vide* "control de constitucionalidad en iberoamérica. Instituto de derecho público comparado Manuel García-Pelayo. Universidad Carlos III Madrid – 2001. Sitio http://otri.uc3m.es/docweb/memoria2001_2002/docs/I_GarciaPelayo.pdf acessado em 13/02/2011 as 22:23. Assim vejamos os sistemas de controle de constitucionalidade adotados: a) Bolívia – modelo concentrado; b) Brasil – modelo híbrido, controle difuso e concentrado; c) Chile – modelo misto, de forma preventiva através do Tribunal Constitucional e a Corte Suprema de Justiça pode declarar inaplicável em um processo concreto; d) Colômbia – modelo misto, sendo que na Colômbia o sistema de proteção da Constituição se serve de mecanismos próprios do modelo concentrado (austríaco) e difuso (norte americano); e) Cuba – modelo legislativo; f) México – modelo concentrado; g) Paraguai – modelo judicial concentrado; h) Peru – modelo concentrado e difuso; i) Uruguai – modelo concentrado; j) Venezuela – modelo misto. (tradução livre do autor)

[469] Neste sentido, Juliana Maia refere que "no Brasil, de regra, o controle é do tipo judicial (realizado pelo Poder Judiciário), combinando a via difusa com a via concentrada". MAIA, Juliana. *Aulas de direito constitucional de Vicente Paulo*. 5. ed. Rio de Janeiro:Impetus, 2005, p. 432.

[470] Sobre o controle concentrado importante conferir STRECK, Lenio Luiz. *Jurisdição constitucional e hermenêutica:* uma nova crítica do direito. Porto Alegre: Livraria do Advogado, 2002, p. 425 e ss.

[471] Com esse entendimento resta interessante observar os escritos de Elaine Macedo que refere que "Foi, porem, com a Constituição de 1988, e na mesma orientação suas recentes reformas, que se consagrou o duplo sistema de controle da constitucionalidade, não só com a adoção definitiva do sistema concentrado, como ainda verdadeira inversão, com sua predominância sobre o tradicional controle concreto". MACEDO, Elaine Harzheim. Repercussão geral das questões constitucionais: nova técnica de filtragem do recurso extraordinário. *Revista direito e democracia.* V. 6 – n.1. Ulbra, 2005, p. 85.

O controle concentrado manifesta-se perante o Supremo Tribunal Federal, concentrando neste órgão do Poder Judiciário todo o poder através do processo objetivo (ADI, ADC e ADPF), dizendo o que é ou não constitucional. No controle concreto, através do processo subjetivo, porém, não só o Supremo Tribunal Federal aduz o que seja ou não constitucional, mas qualquer juízo[472] ou Tribunal.

### 4.7.1. Controle judicial difuso

Nesta forma de controle de constitucionalidade, os Tribunais e juízes exercem o poder/dever de, na prestação jurisdicional, mencionar e declarar ser ou não constitucional uma norma ou ato normativo, desde que provocados para tanto.[473]

José Joaquim Gomes Canotilho, de forma bem clara, acaba por referir que "[...] no sistema difuso a competência para fiscalizar a constitucionalidade é reconhecida a qualquer juiz chamado a fazer a aplicação de uma determinada lei a um caso concreto submetido à apreciação judicial".[474]

A explanação do autor português é bem objetiva, demonstrado a possibilidade, por essa forma de controle de constitucionalidade, de juízes das mais diversas instâncias participarem da jurisdição constitucional.[475]

Há de se mencionar que o juiz dirá sobre a constitucionalidade ou não em uma ação que não seja especificamente voltada à declaração de constitucionalidade, mas que incidentalmente busque essa declaração de (in)constitucionalidade naquele caso concreto. Esse controle também é conhecido como controle judicial incidental.[476]

Diga-se que esta vertente se consagrou como sistema difuso, estabelecendo o controle concreto da constitucionalidade das leis e atos normativos, a partir do qual cada parte interessada no conflito pode suscitar a inconstitucionalidade, na defesa de seus interesses, e cada juiz da causa

---

[472] Sobre a crescente desvalorização dos juízes de primeiro grau vale observar CAPPELLETTI, Mauro. *Proceso, ideologias, sociedade*. Traducción de Santiago Sentis Melendo y Tomás A. Banzhaf. Buenos Aires: Ediciones jurídicas Europa-America, 1974, p. 278 e ss.

[473] Segundo alguns essa forma de controle de constitucionalidade é a de *"control concreto"* como diz o autor argentino SAGUÉS, 1997, *op. cit.*, p. 151.

[474] CANOTILHO, 2007, *op. cit.*, p. 889.

[475] No mesmo sentido, Manoel Gonçalves Ferreira Filho aduz que "há controle difuso quando a qualquer juiz é dado apreciar a alegação de inconstitucionalidade". FERREIRA FILHO, *op. cit.*, p. 38.

[476] Ainda em relação a essa sistemática observe-se Manoel Gonçalves Ferreira Filho mencionando que "[...] embora o reconhecimento da constitucionalidade ou inconstitucionalidade da lei decorra da decisão judicial, esta não tem por objeto se não a existência ou não de uma obrigação". Idem, p. 38.

está habilitado a decidir sobre o definitivo conteúdo da Constituição no caso concreto.[477]

Assim, compreende-se que as partes têm autonomia para a busca desta declaração da (in)constitucionalidade no caso concreto, referente a sua lide. Dessa forma, estão os diversos juízes autorizados a declarar se esta questão é ou não constitucional.

Neste controle difuso, ainda poderia também o Supremo Tribunal Federal manifestar-se sobre essa (in)constitucionalidade, porém em um determinado caso concreto, através do Recurso Extraordinário, desde que na competência da própria Corte Suprema, no qual existem partes que litigam, ou até mesmo através de Recurso Ordinário.[478]

Pode ocorrer, no entanto, que ao ser declarada a inconstitucionalidade da norma naquele caso concreto, venha o Supremo Tribunal Federal entender realmente que a norma é inconstitucional. Não só naquele caso, mas de forma geral, podendo a Corte Máxima declarar mesmo em controle difuso a inconstitucionalidade da norma ora discutida, desde que tenha o *quorum* de maioria absoluta de seus membros. No entanto, ainda depende do Senado Federal para conseguir-se que seja suspensa a executividade no todo ou em parte da norma.[479]

De tal modo, para ser mais preciso e pontuado, vale a posição de Lenio Luiz Streck, que segue entendendo que "[...] pelo controle difuso de constitucionalidade, permite-se que, no curso de qualquer ação, seja argüida/suscitada a inconstitucionalidade de lei ou ato normativo, podendo tanto ser municipal, estadual ou federal".[480]

O autor traduz acima a possibilidade de discutir-se na via difusa, de controle de constitucionalidade, se determinada lei ou ato normativo (federal, estadual ou municipal) é contrário à Carta Política. Sendo contrário, poderá ser discutida sua (in)constitucionalidade via recurso extraordinário que chega ao Supremo Tribunal Federal, no caso concreto.

Portanto, percebe-se que o controle difuso é bem amplo, pois vai desde o controle feito por um juiz ao controle máximo feito pelo próprio Supremo Tribunal Federal, e que após chegar a esta Corte, não mais há

---

[477] Nesse âmbito de observação vale conferir o texto de Elaine Macedo, em MACEDO, 2006, *op. cit.*, p. 82.

[478] Neste sentido, Celso Ribeiro Bastos menciona que "no processo a questão de inconstitucionalidade é chamada de incidental ou prejudicial, e pode chegar ao Supremo por meio de recurso ordinário (art. 102, II, a ) ou do extraordinário (art. 102, III, *a, b* e *c*)". *Vide* BASTOS, *op. cit.*, p. 417.

[479] MORAES, *op. cit.*, p. 649.

[480] STRECK, Lenio Luiz. *Jurisdição constitucional e hermenêutica:* uma nova crítica do direito. 2. ed. Rio de Janeiro: Forense, 2004, p. 455.

outra instância para recorrer, por ser esse colendo Tribunal a instância máxima da jurisdição constitucional brasileira.

### 4.7.1.1. Efeitos da Declaração de Inconstitucionalidade no controle difuso

Quando nos referimos aos efeitos da declaração de inconstitucionalidade, falamos em resultado que pode ocorrer no mundo fenomênico, que seria resultado do controle de (in)constitucionalidade realizado pelo órgão judicante. Esses efeitos são importantes para que se possa ter uma noção do que poderia acontecer com a provável declaração, sejam efeitos imediatos ou mediatos. Os efeitos existentes são o *ex tunc* e *ex nunc*, cada um com sua peculiaridade.[481]

Torna-se perceptível que os efeitos desta declaração são retroativos, tornando nulos todos os atos praticados após aplicação da norma, pois sendo esta inconstitucional acaba por ser como se nunca houvesse existido de fato no mundo jurídico, e por natural, merecendo a pena de nulidade.

Sendo assim, em relação aos efeitos, vale referir que esse será *inter partes*,[482] sendo que a declaração obtida só valerá entre as partes do processo litigioso, sendo os resultados ou efeitos retroativos.

Estes efeitos analisados mudam, por completo, se o Senado Federal suspender a executoriedade da norma, passando a existir então efeito *erga omnes*, que se pode opor a todos, exigindo que todos respeitem tal declaração que claramente depende de manifestação anterior do Supremo Tribunal Federal. E, por fim, o efeito *ex nunc* que retirará a executoriedade da norma atacada anteriormente a partir do momento em que o Senado tomar a medida através da resolução suspensiva.[483] Também nesse caso dependendo da decisão anterior do Supremo Tribunal Federal.

Finalizando o entendimento, sobre os efeitos do controle judicial difuso, podemos perceber que em cada declaração teremos um conjunto de efeitos distintos. O primeiro quando a questão é meramente discutida en-

---

[481] Assim, vale observar a abordagem de José Afonso da Silva, ao aduzir que "No que tange ao caso concreto, a declaração surte efeito ex tunc, isto é, fulmina a relação jurídica fundada na lei inconstitucional desde o seu nascimento. No entanto, a lei continua eficaz e aplicável, até que o Senado suspenda sua executoriedade; essa manifestação do Senado, que não revoga nem anula a lei, mas simplesmente lhe retira a eficácia, só tem efeitos, daí por diante, *ex nunc*". SILVA, J., *op. cit.*, p. 54.

[482] Nesse sentido "porém, tais efeitos ex tunc (retroativos) somente têm aplicação para as partes e no processo em que houve a citada declaração". *Vide* MORAES, *op. cit.*, p. 651.

[483] Ocorrendo essa declaração, o Senado Federal terá a possibilidade de editar uma resolução suspendendo a execução, no todo ou em parte, da referida lei ou do ato normativo declarado inconstitucional por decisão definitiva do Supremo Tribunal Federal, que acabará por ter efeitos *erga omnes*, porém, *ex nunc*, ou seja, a partir da publicação da citada resolução senatorial (Idem, p. 651.).

tre as partes e sem qualquer relevância exterior sobre a norma, a explicar uma declaração naquele caso concreto e nada mais, a justificar os efeitos *inter partes* e *ex tunc*, pois a declaração aniquilaria desde a raiz o ato atacado em sua declaração de inconstitucionalidade, produzindo somente entre as partes seus efeitos, não sendo opostos a terceiros. Já na segunda gama, a discussão, que foi entre as partes, surtiu reflexo de análise no Supremo Tribunal Federal, que também passou a entender que a norma em si é inconstitucional. Portanto, ter-se-ia, neste caso, os efeitos *erga omnes* e *ex nunc*, que poderia se opor a todos, não mais vinculando somente às partes, sua inconstitucionalidade declarada a partir de então, e após esta declaração, a suspensão por parte do Senado Federal, que completaria neste único caso, a retirada da executoridade da norma.

### 4.7.2. Controle judicial abstrato

Essa forma de controle, hoje em nosso país, é a forma mais intensa de controle da Norma Maior. Este controle se dá pelo processo objetivo, no qual não existem partes litigando entre si. Na verdade, participam desta forma de controle os legitimados do art. 103 da Constituição Federal, que poderão propor as ações correspondentes à forma objetiva da jurisdição constitucional (ADI, ADC e ADPF). Nesta modalidade de controle, cabe ao Supremo Tribunal Federal dizer que leis ou atos normativos são (in)constitucionais, dever atribuído pelo constituinte originário, disposto no art.102, I, *a*, e § 1º, da Carta Política, consequências estas diretas de sua atribuição de guardião da Constituição.

O controle *concentrado, abstrato*,[484] por via de ação, visa a retirar do sistema jurídico a lei ou ato normativo em tese, ou em abstrato, tidos por inconstitucionais. De fato, enquanto a via de exceção apenas subtrai alguém dos efeitos de uma lei eivada de inconstitucionalidade, a via de ação expunge do ordenamento jurídico a lei inconstitucional.[485]

Neste âmbito do controle de constitucionalidade, busca-se retirar do ordenamento jurídico a lei ou ato normativo eivados de inconstitucionalidade, pois detém um vício totalmente ofensivo à Magna Carta.

Acrescenta José Joaquim Gomes Canotilho, referindo que:

Relacionando com o controlo concentrado e principal, o *controlo abstracto* significa que a impugnação da constitucionalidade de uma norma é feita independentemente de qualquer litígio concreto. O controlo abstracto de normas não é um processo contraditório de partes;

---

[484] O autor argentino Nestor Sagués acaba por referir que é o *control abstracto*. Veja-se em SAGUÉS, 1997, *op. cit.*, p. 151.

[485] Nesse sentido, CARVALHO, K., *op. cit.*, p. 159.

é, sim, um processo que visa sobretudo a defesa da constituição e do princípio da constitucionalidade através da eliminação de actos normativos contrários à constituição.[486]

O autor português nos faz refletir sobre a questão, tendo-se como objetiva esta forma de controle de afastar a inconstitucionalidade de Lei ou ato normativo contrários à Constituição. Realmente, este processo na via objetiva não possui litigantes, pois de um lado se tem os legitimados para argui-la e de outro o legitimado a defendê-la, tendo como objeto da análise a própria norma que sofre o ataque de inconstitucional. Aqui, não se tem litígio porque não há fato controvertido, e sim, uma busca incessante de manter a Carta Magna intocável, sempre firme e respeitada por todas as outras formas normativas infraconstitucionais.

Essa forma de controle que hoje ocupa grande parcela da maneira de se controlar a Constituição frente às inconstitucionalidades existentes no ordenamento jurídico, foi baseada na doutrina de Hans Kelsen, que até os dias contemporâneos oferece aplicabilidade, fazendo-se com que o sistema jurídico viva, em certa medida, grande segurança e estabilidade.[487]

Este controle que foi colaboração das teorias e doutrinas estrangeiras teve grande receptividade em nosso ordenamento jurídico, influenciando inclusive o sistema jurídico vigente, ganhando tamanha importância ao ponto de sobrepor ao controle que já era empregado, o controle difuso.[488]

Esta forma de controle realmente é hoje trabalhada em sua amplitude máxima, tendo sido a mais empregada atualmente quer por sua maior amplitude como pela sua repercussão.[489]

Isso se dá em decorrência de essa forma de controle ir desde a ação, ou fazer inconstitucional, até a omissão do Poder Público que deveria fazer aquilo que a Magna Carta o ordena. Por ocorrência do fazer ou omitir inconstitucional, pode então ser declarada a inconstitucionalidade do ato de fazer que esteja em desacordo com a Norma Magna, ou ainda, da

---

[486] CANOTILHO, 2007, *op. cit.*, p. 892.

[487] Segundo a autora gaúcha Elaine Macedo "desenvolveu-se no sistema europeu, inspirado especialmente por outros modelos de governos e por outras vivências históricas, o denominado sistema concentrado através do controle abstrato da constitucionalidade de leis e atos normativos, a partir em especial, da doutrina de Hans Kelsen". MACEDO, Elaine Harzheim. Repercussão geral das questões constitucionais: nova técnica de filtragem do recurso extraordinário. *Revista direito e democracia, op. cit.*, p. 82.

[488] Nas palavras de Gilmar Ferreira Mendes encontramos esse entendimento, ao referir que "A Constituição de 1988 alterou, de maneira radical, essa situação, conferindo ênfase não mais ao sistema difuso ou incidente, mas ao modelo concentrado, uma vez, que as questões constitucionais passam a ser veiculadas, fundamentalmente, mediante ação direta de inconstitucionalidade perante o Supremo Tribunal Federal". *Vide* MENDES, Gilmar Ferreira. *Jurisdição constitucional.* 3. ed. São Paulo: Saraiva, 1999, p. 80.

[489] Conforme relata Clèmersom Merlin Clève "a fiscalização abstrata tanto pode incidir sobre a ação normativa como sobre a omissão inconstitucional do Poder Público". CLÈVE, *op. cit.*, p. 140.

omissão existente, que desobedece à ordem da Carta Política. Em momento posterior, analisar-se-ão as formas de controle tanto da ação como da omissão inconstitucional.

O controle concentrado de constitucionalidade atribui o poder de dizer o que é ou não constitucional, sendo este poder entregue nas mãos do órgão Máximo da cúpula do Poder Judiciário, o Supremo Tribunal Federal, que tem total autonomia para assegurar à Constituição sua plena e efetiva valoração e força frente aos demais atos normativos. Este controle é feito através da ADI (ação direta de inconstitucionalidade de norma, seja por ação ou omissão), ADC ou conhecida ainda como ADECON (ação declaratória de constitucionalidade de norma) e a ADPF (arguição de descumprimento de preceito fundamental).[490]

Estas ações serão a seguir enfrentadas para que se tenha a devida compreensão e melhor seguimento do conteúdo proposto.

### 4.8. ADI (Ação Direta de Inconstitucionalidade de norma)

A Ação Direta de Inconstitucionalidade de norma[491] tem sua finalidade específica voltada à declaração de inconstitucionalidade de um determinado ato normativo ou de uma lei, que venha a afrontar a Norma Magna, mantendo o ordenamento jurídico em conformidade com a Máxima Norma nacional. Esta ação tem a função de distanciar da Carta Política estas inconstitucionalidades prejudiciais ao sistema, fazendo com que os atos normativos declarados inconstitucionais passassem a ser como normas que se quer existiram.[492]

São conhecidas três formas de controle da constitucionalidade através da ADI, sendo a primeira por ação ou genérica, a segunda por omissão e a última interventiva. Além destas questões, faz-se necessária uma referência do que muito se discute sobre a inconstitucionalidade de norma anterior à Magna Carta, para que se tenha, então, uma melhor compreensão das questões.

Será cabível a ação direta de inconstitucionalidade quando exista a intenção de declarar a inconstitucionalidade de lei ou ato normativo, seja

---

[490] CHIMENT, *op. cit.*, p. 405. Ricardo Cunha Chiment aduz que o "referido controle pode ser desenvolvido por meio de ADIn, ADECON ou ADPF".

[491] Sobre a ADI relevante conferir STRECK, Lenio Luiz. *Jurisdição constitucional e hermenêutica: uma nova crítica do direito*. Porto Alegre: Livraria do Advogado, 2002, p. 427 e ss.

[492] Neste sentido, Celso Ribeiro Bastos menciona que "a característica primordial é atacar o vício da lei em tese". Ainda acrescenta o autor que "o objeto da ação é o próprio vício de inconstitucionalidade da norma". BASTOS, *op. cit.*, p. 418.

ele federal, estadual ou distrital, em relação à competência equivalente e desde que sejam editados posteriormente à promulgação da Constituição Federal, desde que ainda estejam em vigor.[493]

A ADI tem a finalidade de retirar, do ordenamento jurídico, a lei ou ato normativo viciado que foi produzido na vigência da Magna Carta. Desta forma, a norma anterior à Magna Carta não poderá ser declarada inconstitucional, por ser caso de revogação, pois se a norma (lei ou ato normativo) é anterior e ainda assim é contrária à nova Carta Política, será desde logo revogado, não tendo mais efeitos a partir de então, ou seja, efeito *ex nunc*.[494]

No caso de norma anterior à Carta Política que venha a ser combatida, o que poderia ser ocorrente, por natural, seria a revogação da referida lei ou ato normativo, e não a sua declaração de inconstitucionalidade, já que, naturalmente, anteriores à Constituição.[495]

Esclarecidas tais colocações sobre a revogação, passemos a distinguir as formas de ADIs, dentre as quais se encontram:

a) Genérica;

b) Omissão;

c) Interventiva.

A ADI genérica nas palavras do autor Lenio Luiz Streck é "[...] destinada à decretação in abstrato de inconstitucionalidade de lei ou ato normativo federal ou estadual consoante a previsão no art. 102, I, *a*, da Constituição".[496]

Essa ação visa simplesmente à decretação, por parte do Poder Judiciário, de que determinada lei ou ato normativo sejam inconstitucionais por contrariarem a Carta Política, sendo a lei ou ato normativo banidos do ordenamento jurídico.

A ADI por omissão se presta a sanar omissões do Poder Legislativo e Executivo, especialmente quando esse não administra ou não implementa algo que é de extrema necessidade como as políticas públicas

---

[493] Haverá cabimento de ação direta de inconstitucionalidade para declarar a inconstitucionalidade de lei ou ato normativo, *federal, estadual* ou *distrital*, no *exercício* de *competência equivalente* à dos *estados membros*, editados posteriormente à promulgação da Constituição Federal e que ainda estejam em vigor. *Vide* MORAES, *op. cit.*, p. 666.

[494] "Importante, ainda, ressaltar que só há possibilidade de ação direta de inconstitucionalidade de lei ou ato normativo editado posteriormente à constituição". Idem, p. 671.

[495] Assim vejamos o que "entende o Supremo Tribunal Federal que a hipótese não é de inconstitucionalidade, mais sim de revogação". *Vide* CLÈVE, *op. cit.*, p. 219. E ainda menciona o referido autor que "a constituição sobrevinda não torna inconstitucionais leis anteriores com ela conflitantes, revoga-as. Pelo fato de ser superior, a Constituição não deixa de produzir efeitos revogatórios". Idem, p. 220.

[496] STRECK, 2002, *op. cit.*, p. 542.

(saúde, educação dentre outras) e daquele quando deveria legislar sobre determinada matéria que se faz necessária, mas que em verdade nada faz. Aqui a luta é por ação, quando os referidos Poderes ficam em estado de omissão.[497]

Nesse ínterim, percebemos que há um não fazer, seguido de uma violação indireta, pois o legislador assim como o administrador detém discricionariedade[498] para a prática destes atos. Entretanto, esta ausência de prática se torna inconstitucional, porque há, sim, um poder/dever que a própria Carta Magna impõe a estes. A cada um de forma diferente. Devemos entender que essa omissão é inconstitucional e atacável através da ADI por omissão.[499]

A ADI interventiva,[500] como o próprio nome menciona, tem dupla intenção ou objetivo, sendo o primeiro a declaração de inconstitucionalidade de ato normativo ou lei estadual frente à Constituição, e em seguida a promoção, por parte da União, da intervenção federal frente ao Estado-Membro que não está cumprindo devidamente a Norma Magna, de modo que este Ente Federativo também respeite, de forma límpida, a Constituição Federal.[501]

A intervenção desejada pela União, frente ao Estado-Membro, depende diretamente do provimento da ADI, declarando que aquele ato normativo estadual não está em conformidade com a Carta Magna, o que então, ensejaria, após esta declaração de inconstitucionalidade, a possibilidade da devida intervenção federal, por ser contrária e desrespeitar a Constituição. Há de se mencionar ainda uma grande distinção existente

---

[497] Nesse diapasão vale seguir as orientações de José Afonso da Silva ao referir que essa via de controle é "[...] a supridora de omissão: (a) do legislador, que deixe de criar lei necessária à eficácia e aplicabilidade de normas constitucionais, especialmente nos casos em que a lei é requerida pela constituição; (b) do administrador, que não adote as providencias necessárias para tornar efetiva norma constitucional (art. 103, § 2º)". *Vide* SILVA, J., *op. cit.*, p. 52.

[498] Forte crítica é elaborada por Lenio Streck em relação à discricionariedade do Juiz, visto que essa pode causar a arbitrariedade e consequências naturalmente nefastas. Nesse sentido STRECK, Lenio Luiz. *O que é isto – decido conforme minha consciência?* Porto Alegre: Livraria do Advogado, 2010, p. 43.

[499] Segundo Ricardo Cunha Chiment "a inconstitucionalidade por omissão é constatada quando o responsável pela iniciativa legislativa de normas de complementação não toma as medidas necessárias para a sua edição, ou as toma de forma meramente parcial". CHIMENT, *op. cit.*, p. 428-429.

[500] A ação direta interventiva tem dupla finalidade, já que pretende a declaração de inconstitucionalidade formal ou material da referida lei ou ato normativo estadual, sendo a finalidade jurídica, e a declaração de intervenção federal no respectivo estado-membro ou Distrito Federal, sendo essa a finalidade política, constituindo-se, então, um controle direto, com fins concretos, o que torna inviável a concessão de liminar.

[501] Neste sentido acrescenta Kildare Gonçalves Carvalho que: "Para que se verifique a intervenção federal, é necessário que o Supremo Tribunal Federal dê provimento à ação direta de inconstitucionalidade interventiva, proposta pelo Procurador-Geral da República, que detém a legitimação exclusiva". CARVALHO, K., *op. cit.*, p. 184.

nesta ADI interventiva, que é quanto a sua legitimação, concedida exclusivamente ao Procurador-Geral da República, o que não ocorre nas outras ADIs.

Vale mencionar que o procedimento, efeitos e demais peculiaridades são as mesmas das demais ADIs, por serem todas ações diretas de inconstitucionalidade, entretanto, contendo diferenças em suas finalidades, como na ADI genérica, que visa somente à declaração de inconstitucionalidade. Na ADI por omissão busca-se, além de declarar o ato normativo inconstitucional, sanar a omissão; na ADI interventiva visa-se à intervenção Federal em um Estado-Membro que descumpre norma Constitucional.

### 4.8.1. Competência

Em nosso país, o Supremo Tribunal Federal, corte máxima do Poder Judiciário, é o órgão que controla a constitucionalidade das leis e atos normativos, através da ADI, ADC e ADPF, compondo o controle de constitucionalidade.[502] É coerente que seja desta forma entregue ao Supremo Tribunal Federal esse controle tão importante, que é responsável pela manutenção da segurança jurídica.

### 4.8.2. Legitimados

Superado este passo, cabe analisar ainda quem detém legitimidade para propor a ação direta de inconstitucionalidade, para tanto servimo-nos do dispositivo constitucional em seu art. 103, que taxativamente elenca:

I – o Presidente da República;

II – a Mesa do Senado Federal;

III – a Mesa da Câmara dos Deputados;

IV – a Mesa de Assembléia Legislativa ou da Câmara Legislativa do Distrito Federal;

V – o Governador de Estado ou do Distrito Federal;

VI – o Procurador-Geral da República;

VII – o Conselho Federal da Ordem dos Advogados do Brasil;

VIII – partido político com representação no Congresso Nacional;

IX – confederação sindical ou entidade de classe de âmbito nacional.

---

[502] Conforme Kildare Gonçalves Carvalho, "a competência para apreciar a questão atinente à constitucionalidade se concentra em um único órgão do Poder Judiciário, no Brasil, o Supremo Tribunal Federal". Idem, p. 159.

Vale ressaltar que em relação aos partidos políticos se fala em *partido com representação no Congresso Nacional*. Refere-se a partido que tenha pelo menos um representante em uma das casas que formam o Congresso Nacional.[503]

Assevera-se também, a questão das confederações sindicais que devem realmente defender os interesses das classes de trabalhadores, para que sejam assim entendidas e aceitas como legitimadas para a propositura da ADI.[504]

Devemos, ainda, mencionar as funções do Procurador-Geral da República e do Advogado-Geral da União, que são indispensáveis para que a jurisdição constitucional ocorra e alcance seu fim.

O Procurador-Geral da República goza de interessantes poderes, quais sejam o de propor a ação visando à declaração de (in)constitucionalidade da lei ou ato normativo, além de funcionar como fiscal da lei, por natural.[505]

A função do Procurador-Geral da República, que é sim de sublime importância para que a declaração de inconstitucionalidade de lei ou ato normativo seja realmente valorada e legitimada, pois o Procurador-Geral da República funciona como *custos legis*, um verdadeiro fiscalizador e tem o poder/dever constitucional de emanar seu entendimento através de um parecer que poderá ser base da decisão do Supremo. Está aqui o poder de manifestação do Procurador-Geral da República, é amplo, em decorrência da possibilidade de ingressar com as ações autorizadoras do controle de constitucionalidade, também funcionando como fiscal da lei, podendo até mesmo ser requerida pelo próprio *parquet*, a improcedência da ação que antes havia proposto, fazendo-o em seu parecer.[506]

---

[503] MORAES, *op. cit.*, p. 677.

[504] Neste sentido, observando o entendimento embasado na ADI 89-3-DF, decidida pela Corte Suprema, "[...] tratar-se de entidade na defesa de uma categoria profissional, cujo conteúdo seja "imediatamente dirigido à idéia de profissão – entendendo-se classe no sentido não de simples segmento social, de classe social, mas de categoria profissional". Idem, p. 676.

[505] Usamos as palavras de Gilmar Ferreira Mendes mencionando que: "O Procurador-Geral da República dispõem de uma peculiar posição processual no controle abstrato de normas. Ele detém legitimidade para instaurar o processo de controle(art. 103,VI) e, também naqueles, processos que foram instaurados por sua iniciativa, dispõem ele de direito de manifestação (CF, art. 103, § 1°)". MENDES, G., *op. cit.*, p. 42.

[506] O autor Carlos Alberto Alvaro de Oliveira aduz que "outra consequência da natureza objetiva da ação é a possibilidade, há muito reconhecida pelo STF, de o Procurador-Geral manifestar-se pela improcedência da ação direta por ele proposta". *In* OLIVEIRA, [s.d.], *op. cit.*, p. 328. Também nesse sentido vale observar as pontuações de Juliana Maia ao referir que "Segundo o STF, mesmo quando o Procurador Geral da República é o autor da ADIn(art. 103, VI), preserva ele o seu direito de opinar a respeito do cabimento da ação(CF, art. 103, §1°). Poderá, então, opinar pela improcedência da ADIn que ele próprio ajuizou (manifestando-se contra a inconstitucionalidade que ele próprio arguiu)". *Vide* MAIA, *op. cit.*, p. 453.

De outro lado, em relação ao Advogado-Geral da União,[507] resta explícita a função de defesa que lhe foi concedida pela Constituição, devendo proteger o ato normativo ou a norma que está sendo questionada, em sua constitucionalidade, frente ao Supremo Tribunal Federal. As leis ou atos normativos que estão sendo atacados têm neste defensor a figura de seu protetor, que poderá garantir-lhes a permanência na esfera do ordenamento jurídico.[508]

### 4.8.3. Procedimento

Feitas tais considerações, é ainda necessário mencionarmos que o procedimento aplicável à ADI e à ADCON está explicitado na Lei 9.868, de 10 de novembro de 1999. Neste estatuto são disciplinadas as matérias destas ações constitucionais do controle de constitucionalidade, desde suas mais singelas questões, até mesmo ao tratamento de concessão ou não de medida liminar (cautelar), tratando por fim dos efeitos desta decisão.

### 4.8.4. Concessão de medida liminar (cautelar)

Outro ponto relevante é o da concessão de medida cautelar na ADI, conforme menciona Clèmersom Merlin Clève:

> Exige o STF, para a concessão da medida cautelar, a satisfação simultânea de certo requisitos, que se expressam, "(a) na plausibilidade jurídica da tese exposta (*fumus boni juris*), (b) na possibilidade de prejuízo decorrente do retardamento da decisão postulada (*periculum in mora*), (c) na irreparabilidade ou insuportabilidade dos danos emergentes dos próprios atos impugnados; (d) a necessidade de garantir a ulterior eficácia da decisão".[509]

Devem-se relacionar as condições expostas pelo autor com o perigo de estar a lei em vigor ou não, causando o prejuízo que pode ser irreparável se houver a demora na retirada da sua eficácia (*periculum in mora*). Ademais, necessita-se ter neste pedido de cautelar uma ideia de existir coerência no pedido, que se tenha certa parcela de razão (*fumus boni juris*), pois se concedida a cautelar, que poderá ser *in limine*, medida acautela-

---

[507] Trazemos à baila a contribuição de Celso Ribeiro Bastos, "quanto ao Advogado-Geral da União, o constituinte lhe atribuiu a função de defesa do ato normativo ou norma legal que está tendo sua constitucionalidade apreciada, em tese, pelo Supremo Tribunal Federal". Vejamos em BASTOS, *op. cit.*, p. 418.

[508] Nesse sentido "Entendeu o Supremo Tribunal Federal ter a constituição de 1988 elevado o Advogado-Geral da União(ou quem lhe faça as vezes) à posição de curador da norma impugnada ou de "curador da presunção de constitucionalidade da lei". Vejamos CLÈVE, *op. cit.*, p. 180.

[509] Idem, p. 235-237.

tória, poderá a norma ficar suspensa em sua executividade, não produzindo seus normais efeitos, na forma *ex nunc*, ou seja, a partir de então, e frente a todos (*erga omnes*).

Analisadas devidamente estas condições, poderá, ou não, ser concedida a medida pelo Supremo Tribunal Federal, segundo Lenio Luiz Streck:

Interessante notar que, nos termos do art. 11, § 1º, da Lei 9.868/99, a medida liminar (cautelar) tem eficácia contra todos, sendo concedida com efeito *ex nunc*, salvo se o Tribunal entender que deva conceder-lhe eficácia retroativa (*ex tunc*).[510]

Traz o autor um dado importante, a ressalva feita em relação aos efeitos desta liminar (cautelar), que em regra são *erga omnes* e *ex nunc*, passando a ser, entretanto *ex tunc* desde que o Supremo entenda ser caso de retroatividade.

Abordar-se-á a partir de então o questionamento da existência ou não das ADIs estaduais e municipais.

### 4.8.5. Breves noções sobre as ADIs estaduais e municipais

O controle de constitucionalidade estadual também tem a sua relevância, para manter a higidez da Constituição Estadual que também tem poder de fazer valer direitos e colocar em prática políticas públicas e direitos fundamentais.

Frente a toda essa situação, também é constantemente buscada a proteção da Constituição Estadual e do direito estadual, onde os Municípios devem obedecer de forma direta à respectiva Carta Constitucional do respectivo Estado. Para isso existe um controle de constitucionalidade estadual que visa a essa discussão.[511]

Em princípio, necessitamos compreender que a ADI, de uma forma geral, ataca atos normativos ou leis federais ou estaduais, que estejam em desarmonia com a Magna Carta. No âmbito da ADI estadual, há de se entender que existirá o controle da constitucionalidade, mas referente à Constituição Estadual, e não Federal. Aqui serão controlados os atos normativos ou leis estaduais ou municipais que não respeitem a Carta Máxima Estadual.

---

[510] STRECK, 2002, *op. cit.*, p. 544.

[511] Oswaldo Luiz Palu traz consigo a noção da ADI estadual, que "Trata-se de processo objetivo cuja finalidade é a proteção do direito estadual. As constituições dos Estados devem ser obedecidas pelos Municípios, inclusive, eis que, se existe um sistema de controle de constitucionalidade, claro que o parâmetro estadual deve ter preeminência". PALU, Oswaldo Luiz. *Controle de constitucionalidade:* conceitos, sistemas e efeitos. 2. ed. São Paulo: RT, 2001, p. 291.

Referentemente à competência para o julgamento destas ADIs estaduais, o órgão que detém tal poder é, por óbvio, o Tribunal de Justiça do respectivo Estado, por ser, o órgão máximo do Poder Judiciário Estadual.[512]

No que se refere à ADI municipal, trazemos à baila o posicionamento embasado na Reclamação nº 337-0-DF, mencionando que:

> Nestas hipóteses, será inadmissível ação direta de inconstitucionalidade perante o Supremo Tribunal Federal ou perante o Tribunal de Justiça local, inexistindo, portanto, controle de constitucionalidade, pois o único controle de constitucionalidade de lei e de ato normativo municipal em face da Constituição federal que se admite é o difuso, exercido *incidenter tantum*, por todos os órgãos do Poder Judiciário, quando do julgamento de cada caso concreto.[513]

Portanto, será incabível o controle de constitucionalidade de ato normativo ou lei municipal no controle abstrato, pois não se abre essa oportunidade para esses casos, ressalvado o caso da ADPF.[514] Entretanto, resta ainda, uma última forma de controle desta constitucionalidade, o controle difuso, nas discussões de cada parte como litigantes, buscando-se, assim, de forma incidente a declaração de inconstitucionalidade de ato ou norma municipal, naquele caso concreto, com efeitos *inter partes* e *ex nunc*. Estas questões serão decididas pelos diversos órgãos do Poder Judiciário, desde juízes de primeiro grau, até os próprios Ministros do Supremo Tribunal Federal, lembrando que esta declaração ocorrerá na via difusa, e dependendo da suspensão por parte do Senado Federal (CF, art. 52, X).

Assim dispõe a Constituição:

> Art. 52. Compete privativamente ao Senado Federal
>
> X – suspender a execução, no todo ou em parte, de lei declarada inconstitucional por decisão definitiva do Supremo Tribunal Federal;

Pode-se entender que em caso de declaração de inconstitucionalidade na via concentrada, não se faz necessário suspensão feita pelo Senado, pelo simples motivo de ser *erga omnes* a decisão e que desde já com efeito *ex tunc*, via de regra, retirando do ordenamento jurídico nacional o ato

---

[512] Neste sentido, Kildare Gonçalves Carvalho aduz que "No âmbito da legislação dos Estados-Membros e dos Municípios, compete ao Tribunal de Justiça local processar e julgar, originariamente, a ação direta, desde que a lei ou ato normativo estadual venha a contrariar a Constituição estadual, vedada a legitimação para agir a um único órgão: é o que se depreende da dicção do artigo 125, § 2º, da Constituição Federal". CARVALHO, K., *op. cit.*, p. 170.

[513] MORAES, *op. cit.*, p. 670-671.

[514] Sobre a possibilidade de controle de constitucionalidade de atos/leis municipais, que pode ocorrer na via da ADPF, ter-se-á a possibilidade de abordar esta temática em momento posteriormente oportuno nesta própria obra.

normativo ou lei eivada de incongruência constitucional.[515] Esta decisão é demonstrada nos efeitos aplicáveis a todos. Resta necessária a suspensão, por parte do Senado Federal, somente nos casos em que o Supremo Tribunal Federal entenda, por maioria, que na via difusa, seja inconstitucional a lei ou ao normativo, sendo conveniente esta declaração de inconstitucionalidade e a suspensão conseguinte.[516]

### 4.8.6. Efeitos da declaração de inconstitucionalidade (ADI)

Declarada a inconstitucionalidade de lei ou ato normativo federal ou estadual, a decisão terá efeito retroativo (*ex tunc*) e para todos (*erga omnes*), desfazendo, desde sua origem, o ato declarado inconstitucional, juntamente com todas as consequências dele derivadas, uma vez que os atos inconstitucionais são nulos e, portanto, destituídos de qualquer carga de eficácia jurídica, alcançando a declaração de inconstitucionalidade de lei ou do ato normativo, inclusive os atos pretéritos com base nela praticados (efeitos *ex tunc*).[517]

Esses efeitos mencionados acima, que já foram abordados em tópicos anteriores, em decorrência de sua relevância, desde a declaração de inconstitucionalidade feita pelo Supremo Tribunal Federal, através de ADI, serão dotados efetivamente retroativos, tornando a norma ou ato normativo nulos, pois, aquilo que é inconstitucional nem poderia, em tese, existir no ordenamento jurídico.

Como consequência disto, esta declaração também alcançará a todos, sendo, portanto, inconstitucional a norma para qualquer pessoa, como se nunca houvesse existido, sendo ainda vinculativos esses efeitos a todos os órgãos do Poder Judiciário e da administração pública direta e indireta, tanto na esfera federal, estadual quanto na municipal.

A regra é que seja o efeito retroativo *ex tunc*, entretanto, há exceção, que abre a possibilidade de aplicação do efeito *ex nunc*,[518] que é deverás complexo. Nesse caso, o Supremo Tribunal Federal poderá atribuir esse efeito à decisão da declaração de inconstitucionalidade de lei ou ato

---

[515] Cabe simples ressalva que nos é trazida por Manoel Gonçalves Ferreira Filho relatando que: "A jurisprudência do Supremo Tribunal Federal entende desnecessária a suspensão da eficácia quando a inconstitucionalidade foi reconhecida em decorrência de ação direta. O efeito desta decretação, portanto, além de erga omnes, é imediato". FERREIRA FILHO, *op. cit.*, p. 43.

[516] Acrescenta Ricardo Cunha Chiment que "a suspensão prevista no art. 52, X da CF só é necessária quando a decisão do STF se der inter partes, vale dizer, em controle difuso". *Vide* CHIMENT, *op. cit.*, p. 411.

[517] MORAES, *op. cit.*, p. 687-688.

[518] Nesse caso, observar as pontuações do autor STRECK, Lenio Luiz. *Jurisdição constitucional e hermenêutica:* uma nova crítica do direito. Porto Alegre: Livraria do Advogado, 2002, p. 541e ss.

normativo, passando a ter seus efeitos a partir de então, ou seja, a partir daquele momento (efeito *ex nunc)* da decisão transitada em julgado ou em momento posterior (efeito *pro futuro*) e não mais de forma retroativa (*ex tunc*). Cabe, porém, mencionar que essa decisão necessita da votação de 2/3 dos ministros nesse sentido e que haja, ainda, razões de segurança jurídica ou excepcional interesse social, para que seja atribuído o efeito *ex nunc* e não o tradicional efeito *ex tunc*.[519]

### 4.9. ADC/ADECON (Ação Declaratória de Constitucionalidade de norma)

Esta ação que integra o controle de constitucionalidade, capaz de declarar que um ato normativo ou lei federal é coerente à luz da Constituição Federal,[520] leva à cessação da discutibilidade de ser ou não a norma (in)constitucional.

É uma ação que foi criada pela Emenda Constitucional n° 3/93, alterando a alínea *a* do inciso I do art. 102, e que pretende, desde já, afastar a discussão de constitucionalidade ou não da norma.[521] Passando esta norma a estar sobre a eminente discussão de ser ou não constitucional, poderá ela ser desde logo declarada constitucional, desde que um de seus legitimados promovam a ADC, com intuito de obter a declaração do Supremo Tribunal Federal, dirimindo-se a discussão ou dúvida de sua (in)constitucionalidade, trazendo maior segurança jurídica.

A ADC acaba por discutir e declarar a constitucionalidade de ato normativo ou lei federal.[522] Isso mesmo, tão somente ato normativo e lei

---

[519] Nesse viés vale referir a importante ressalva feita por Ricardo Cunha Chiment, vejamos: "Excepcionalmente, porém, ao declarar a inconstitucionalidade de uma lei ou ato normativo em ação direta de inconstitucionalidade, e tendo em vistas razões de segurança jurídica ou de excepcional interesse social, poderá o STF, por maioria de 2/3 de seus membros (8 dos 11 ministros têm de votar nesse sentido), restringindo os efeitos daquela declaração ou decidir que ela só tenha eficácia a partir de seu trânsito em julgado ou de outro momento que venha a ser fixado (efeito ex nunc ou até mesmo pro futuro)". *In* CHIMENT, *op. cit.*, p. 412.

[520] Assim, para melhor compreender a história dessa ação e suas características, resta relevante conferir as pontuações do autor Lenio Streck na obra STRECK, Lenio Luiz. *Jurisdição constitucional e hermenêutica:* uma nova crítica do direito. Porto Alegre: Livraria do Advogado, 2002, p. 587 e ss.

[521] Nas palavras de José Afonso da Silva, a Ação declaratória de constitucionalidade "[...] trata-se de uma ação que tem a característica de um meio paralisante de debates em torno de questões jurídicas fundamentais de interesse coletivo. Terá como pressuposto fático a existência de decisões de constitucionalidade, em processos concretos, contrárias à posição governamental". SILVA, J., *op. cit.*, p. 56.

[522] Nesse sentido vejamos o que relata o autor Ricardo Cunha Chiment, *verbis:* "Leis e atos normativos estaduais ou municipais não são objeto da ADECON perante o STF e não há possibilidade de criação dessa ação pelos Estados, já que se trata de norma excepcional, que deve ser interpretada de maneira restrita". CHIMENT, *op. cit.*, p. 414.

federais, e não estaduais, como se dá com a ADI, que acaba por discutir em ambas as esferas – federal e estadual – e tem a sua extensão maior do que a ADC.

Ainda devemos mencionar que se presume que os atos normativos e leis, por serem emanadas pelo Poder Público, guardam consigo a presunção de legítimos e constitucionais, sendo, no entanto, esta presunção relativa (*juris tantun*), possível de declaração de inconstitucionalidade ou até mesmo de constitucionalidade. Ocorrendo a declaração de constitucionalidade de um determinado ato normativo ou lei, acabamos por converter essa presunção de relativa para absoluta (*juris et jurie*), não mais se admitindo nova discussão sobre a sua constitucionalidade.

### 4.9.1. Legitimados

Segundo Manoel Gonçalves Ferreira Filho, "[...] hoje, por força da emenda constitucional n. 45/2004, têm legitimidade para propor a ação declaratória de constitucionalidade todos os que a possuem para mover a ação direta de inconstitucionalidade".[523]

Portanto, os legitimados para a propositura da ADECON são os mesmos elencados para a ADI, estando estes dispostos no rol do art. 103 da Constituição Federal, conforme destacado e explanado anteriormente.

### 4.9.2. Procedimento

Referimos o procedimento desta ação no item 3.8.3 deste trabalho, quando falamos da ADI, pois o procedimento da ADECON está taxado também na Lei 9.868, de 10 de novembro de 1999, sendo lá feita a disposição de suas peculiaridades, forma de procedimento, julgamento e inclusive da concessão de medida liminar (cautelar).

### 4.9.3. Competência

A competência para processamento e julgamento dessa ação é única e exclusivamente do Supremo Tribunal Federal, por ser o guardião da Constituição e o órgão esculpido para a definição daquilo que seja ou não constitucional em nosso país.[524]

---

[523] FERREIRA FILHO, *op. cit.*, p. 42.

[524] Quando analisamos a competência de julgamento desta ação, utilizamo-nos das palavras de José Afonso da Silva, aduzindo que "a competência para processar e julgar a ação declaratória de constitucionalidade é exclusivamente do Supremo Tribunal Federal". *Vide* SILVA, J., *op. cit.*, p. 60.

Essa atribuição conferida ao Supremo Tribunal Federal não vem somente por ser o guardião da Constituição, mas também por está postado no art. 102, I, da Carta Magna, que atribui tão competência ao Supremo Tribunal Federal, podendo esse Tribunal efetivar o controle da constitucionalidade através destas ações ora estudadas (ADI/ADC) e da que logo analisaremos(ADPF).

O procedimento encontra-se regulado pela Lei 9.868/99,[525] para ser mais específico, estas questões estão reguladas a partir do art. 13 até o art. 21 da lei anteriormente referida.

### 4.9.4. Concessão de medida liminar (cautelar)

Antes da sua edição, houve grande discussão sobre o cabimento ou não de medida liminar (cautelar) nestas ações, pretendendo que fosse desde já conferida a garantia do efeito da norma para que permaneça constitucional pelo menos até o momento posterior, aquele do julgamento. Esta medida foi posta para que houvesse, caso necessário, a manutenção da produção dos efeitos desta norma que sofre discussão sobre a sua constitucionalidade ou não. Este entendimento é perceptível nas palavras de Clèmersom Merlin Clève, *"[...] ela não prevê a concessão de medida liminar na ação direta de declaração de constitucionalidade"*.[526] Oswaldo Luiz Palu completa a informação, atualizando-a, após a edição da norma reguladora, referindo que *"[...] a medida Cautelar na ADC esta prevista pela lei 9.868/99[...]"*.[527] Para ser exato, no art. 21 da referida lei.

Ainda acrescenta Oswaldo Luiz Palu:

> Note-se que, uma vez emitida a liminar na ação declaratória de constitucionalidade, todos os demais juízes e tribunais devem suspender a emissão de decisões que tenham por conteúdo a lei objeto da ação declaratória de constitucionalidade, até que a sua constitucionalidade, ou inconstitucionalidade, seja declarada pelo Supremo Tribunal Federal.[528]

A suspensão mencionada pelo autor é necessária para que se mantenha a segurança jurídica e dessa forma as decisões das jurisdições inferiores sigam a orientação do Supremo Tribunal Federal sobre a constitucionalidade ou não da norma ou ato normativo federal.

---

[525] Kildare Gonçalves Carvalho refere que "o processo e julgamento da ação declaratória de inconstitucionalidade perante o Supremo Tribunal Federal se acham regulados pela lei n. 9.868, de 10.11.1999". *Vide* CARVALHO, K., *op. cit.*, p. 188.

[526] CLÈVE, *op. cit.*, p. 299.

[527] PALU, *op. cit.*, p. 256.

[528] Idem, p. 256.

### 4.9.5. Efeitos da declaração de constitucionalidade (ADCON)

Os efeitos são frente a todos sem exceção,[529] essa vinculação sim que merece cuidado, pois alcança aos demais órgãos do Poder Judiciário – o que para alguns exclui o Supremo Tribunal Federal dessa vinculação, podendo esta Corte em momento posterior contrariar sua declaração, temática essa que será devidamente abordada seguidamente quando observamos a declaração de inconstitucionalidade de norma anteriormente declarada constitucional, sendo esse o caso específico de relativização da coisa julgada cerne central dos estudos dessa obra. De certo, temos que os órgãos do Poder Executivo estão vinculados a esta decisão do Supremo Tribunal Federal, que declara a constitucionalidade da lei ou ato normativo federal frente à Magna Carta.

Se não for por parte dos magistrados e Tribunais respeitada a declaração imposta pela Corte Máxima, caberia então, para se fazer cumprir tal mandamento, a *reclamação*, já que os magistrados e Tribunais estão vinculados a decidir na conformidade da declaração da Corte Suprema, sendo esta *reclamação*[530] analisada pelo próprio Supremo Tribunal Federal.

É de se concluir que em sede de ADI, quando não cumprida ou não aplicada a decisão adotada pelo Supremo, pode-se através dos meios processuais recorrer a esta Corte Máxima, alegando que sua decisão não está sendo respeitada pelos magistrados ou Tribunais, o que ensejaria após seus julgamento, uma ordem do Supremo Tribunal Federal àqueles que não estão a cumprir a norma para que passem a aplicá-la.

Já no caso da ADC, também poderão ser utilizadas as formas processuais por nós conhecidas, mas também, poder-se-ia utilizar da *reclamação* para fazer chegar ao Supremo Tribunal Federal a questão, para que então surta seus efeitos *erga omnes* e *vinculante*, como ordena a Constituição.

Última questão a se referir de forma singela é a de que esta vinculação não alcança ao Poder Legislativo, que mesmo após esta declaração de constitucionalidade pode alterar ou revogar a lei, por exemplo.[531]

---

[529] "Quanto aos efeitos, as decisões de mérito na ação declaratória de constitucionalidade, de acordo com o disposto no § 2º do art. 102 da Constituição, produzirão eficácia contra todos (erga omnes) e terão efeito vinculante relativamente aos demais órgãos do Poder Judiciário e ao Poder Executivo". *Vide* CARVALHO, K., *op. cit.*, p. 191.

[530] Neste sentido, Celso Ribeiro Bastos aduz que "A diferença está em que, enquanto a inobservância, por órgão judicial, da decisão na ação direta de inconstitucionalidade deve ser corrigida através de recursos previsto na legislação processual, o desrespeito ao julgado na ação declaratória de constitucionalidade pode ser reparado não só mediante esses meios processuais, como também por via da reclamação". *Vide* BASTOS, *op. cit.*, p. 425.

[531] Este argumento apresentado está embasado na contribuição do autor Kildare Gonçalves Carvalho, relatando que "os efeitos vinculantes da decisão não alcançam, contudo, o Poder Legislativo, que pode alterar ou revogar a lei". *Vide* CARVALHO, K., *op. cit.*, p. 191.

Tudo isto pela liberdade que possui o Poder Legislativo em sua atuação, como criador ou atualizador de normas, fator este que o condiciona à não vinculação à declaração de constitucionalidade.

### 4.10. ADPF (Arguição de Descumprimento de Preceito Fundamental)

A ADPF, forma de controle de constitucionalidade previsto na Magna Carta, tem em sua função a proteção de preceito fundamental, evitando-se, através dessa ação constitucional, que tal preceito seja violado ou desrespeitado por ato do Poder Público. Dentro desta proteção ao preceito fundamental, encontramos subdivisões nas quais primeiramente se propõe a evitar a lesão a preceito fundamental, e por seguinte se presta, esta ação constitucional, a reparar lesão a preceito fundamental. Por fim, quando for relevante a controvérsia constitucional sobre ato normativo ou lei federal, estadual ou municipal, ou ainda, as questões de norma anterior à Constituição Federal vigente.[532]

O que se percebe, no particular, é que a ADPF possibilita o controle de ofensas que venham a afrontar e não aplicar os preceitos fundamentais. Trata-se de reprimir atos contrários aos princípios ou preceitos da Magna Carta, preceitos esses fundamentais e base da sociedade. A Carta Política confirmou a relevância destes preceitos fundamentais ao colocá-los entre as *cláusulas pétreas*, sendo, portanto, ponto imutável da Constituição, ressalvado uma nova reconvocação do poder constituinte[533] originário, para elaborar sua nova Carta Política. É muito importante que essa forma de controle ocorra, pois através dela se garante a efetividade e efeitos dos preceitos fundamentais.

Temos por preceitos fundamentais os que estão dispostos nos arts. 1º ao 5º, 6º, 7º da Constituição Federal, art. 34, VII, somados as do art. 60, § 4º, denominadas estas últimas de *cláusulas pétreas*.[534]

---

[532] Nesse sentido, STRECK, Lenio Luiz. *Jurisdição constitucional e hermenêutica:* uma nova crítica do direito. Porto Alegre: Livraria do Advogado, 2002, p. 629 e ss.

[533] Sobre o Poder Constituinte, vale conferir LOEWENSTEIN, Karl. *Teoria de la Constitución.* Barcelona: Ariel, 1983, p. 160.

[534] Adotou-se nesse trabalho a posição de Ricardo Cunha Chiment sobre os preceitos fundamentais, restringindo-se a esse âmbito de observação. Assim o referido autor aduz "Por preceito fundamental devem ser entendidos os princípios constitucionais (inclusive os princípios constitucionais sensíveis arrolados no inciso VII do art. 34 da CF), os objetivos, direitos e garantias fundamentais previstos nos arts. 1º a 5º da CF, as clausulas pétreas, os princípios da Administração Pública e outras disposições constitucionais que se mostrem fundamentais para a preservação dos valores mais relevantes protegidos pela Constituição Federal". *Vide* CHIMENT, *op. cit.*, p. 421.

Percebe-se que a ADPF tem função de proteção dos direitos que a sociedade adquiriu ao longo dos séculos, visando a que estes não sejam simplesmente afetados por um ato ou norma do Poder Público. Direitos como o do voto direto, secreto, universal e periódico, os direitos da pessoa humana, cidadania, dentre outros como os direitos fundamentais. Portanto, qualquer violação ou ameaça de violação a estas *"joias da sociedade"* serão desde logo afastadas, buscando manter protegidos esses direitos pela possibilidade de se ingressar no Supremo Tribunal Federal com uma ADPF para salvar de agressão ou ameaça a estes preceitos.

Há de se mencionar que é desde logo necessário que se esgotem todas as formas judiciais possíveis de defesa dos direitos fundamentais, para que então, quando não mais haja outra forma de se sanar o ato ou norma lesivos, possa ser utilizada a ADPF. Assim aduz o autor Lenio Luiz Streck *"[...] que exige-se o esgotamento de todos os meios para o saneamento do ato lesivo"*.[535]

Além de sua finalidade ser a proteção dos preceitos fundamentais, é também a de dirimir as relevantes controvérsias constitucionais sobre lei ou ato normativo, federal, estadual ou municipal. E, por fim, as controvérsias entre atos ou leis anteriores à Constituição vigente. Essa disposição vem a sanar lacunas existentes em nosso sistema, nas quais não haveria discussão sobre a constitucionalidade de norma anterior, mas somente a sua revogação. Ainda corrigiu a falha referente às discussões constitucionais referente a leis e atos normativos municipais frente à Magna Carta, que não possuíam tal espaço para sua análise. Agora com a ADPF podem ser feitos tais debates sem maiores prejuízos.

Assim se posicionou Lenio Luiz Streck dizendo que "[...] releva notar que a nova ação veio a preencher antiga lacuna existente em nosso sistema, ao permitir que o STF examine a constitucionalidade de atos normativos anteriores à Constituição de 1988".[536]

Somando-se a esta afirmação acima, vem Kildare Gonçalves Carvalho referindo que:

> [...] o legislador ordinário incluiu a lei ou ato municipal no âmbito da arguição, possibilitando que o Supremo Tribunal Federal em jurisdição concentrada, examine controvérsia constitucional, decidindo pela validade ou não de lei municipal, em face da Constituição Federal, quando foi relevante o fundamento.[537]

---

[535] STRECK, 2004, *op. cit.*, p. 813.

[536] Idem, p. 816.

[537] CARVALHO, K., *op. cit.*, p. 193.

### 4.10.1. Procedimento

Cabe agora a breve menção sobre seu procedimento que nas palavras de Oswaldo Luiz Palu está "prevista no art. 102, § 1º, da Constituição da República, foi regulamentada, recentemente, pela lei 9.882/99[...]".[538]

Neste estatuto encontram-se as informações básicas desde seu procedimento inicial até a possibilidade de concessão de medida liminar (cautelar) sua decisão e efeitos, temática que não é foco central desse trabalho, motivando a singela referência.

### 4.10.2. Competência

O órgão competente para o processo e julgamento é o Supremo Tribunal Federal. Conforme o disposto no art. 102, § 1º, da Carta Magna, a atribuição foi outorgada ao Supremo Tribunal Federal, que recebeu a competência para o processamento e julgamento desta ADPF, lógico por ser o órgão máximo da jurisdição constitucional brasileira e, portanto, o guardião da Constituição Federal e seu efetivo controle.

### 4.10.3. Legitimados

Os legitimados à propositura desta ação são os mesmos da ADI e ADC, indo desde o Presidente da República até a confederação sindical, questões estas já explanadas anteriormente e previstas no art. 103 da Constituição Federal.

### 4.10.4. Concessão de medida liminar (cautelar)

Quanto à concessão de medida liminar (cautelar), encontra-se disposição prevista na Lei 9.882/99, em seu art. 5º, que menciona ser possível conceder a medida, entretanto, dependendo de decisão da maioria absoluta dos membros do Supremo Tribunal Federal. Caso em que será ela concedida suspendendo qualquer julgamento referente àquela discussão até que seja devidamente analisada e decidida pela Corte Suprema. Por isso é que ficarão suspensas as decisões que seriam dadas em jurisdições inferiores, que guardem relação com o tema objeto de ADPF, suspendendo-se, assim, o andamento destes processos e até mesmo os efeitos das decisões judiciais. Exceção a essas suspensões ocorrerá se for

---

[538] PALU, *op. cit.*, p. 263.

a ação fruto da coisa julgada, pois já produziu seus efeitos e, portanto, é intocável em tese.[539]

### 4.10.5. Efeitos da decisão da ADPF

Oswaldo Luiz Palu relata que "[...] os efeitos da decisão da argüição de descumprimento de preceito fundamental são, também, erga omnes, como característica do controle concentrado, bem assim de caráter vinculante".[540]

Assim como na ADC a ADPF também tem efeitos *erga omnes*, que alcançam a todos, fazendo com que todos de forma incondicional sejam afetados pela declaração feita pelo Supremo Tribunal Federal na decisão da ADPF, seja para afastar uma violação a preceitos fundamentais ou simplesmente garantir o seu implemento.

Este efeito que alcança a todos é vinculante, pois vincula os juízes e Tribunais à obediência desta declaração, mas não só estes, como os demais órgãos do Poder Público, devendo todos estes colocar em prática a referida decisão e não agirem contrariamente a esta declaração da Corte Suprema. Não respeitando tal declaração, caberia à parte interpor *reclamação* frente ao Supremo Tribunal Federal, por não estar sendo cumprida tal determinação da Suprema Corte. [541]

De tal modo, veja que a decisão obtida é irrecorrível, mesmo se tentada através de rescisória. Cabendo, entretanto, a reclamação – em caso de descumprimento do que fora fixado pelo Supremo – que seguirá a forma do Regimento Interno do Supremo Tribunal Federal, pois lá nesta regulamentação está o procedimento e forma de julgamento desta reclamação que fará com que se cumpra a decisão tomada anteriormente pela Corte Suprema.

Mesmo frente a tudo isso, quando se fala em relativização da coisa julgada nas ações declaratórias de (in)constitucionalidade e descumprimento de preceito fundamental, fala-se de complexidade doutrinária, que será a partir de então abordada para que possa ser possível chegar à devida conclusão.

---

[539] "A liminar poderá consistir na determinação que juízes e tribunais suspendam o andamento de processo ou os efeitos de decisões judiciais, ou de qualquer outra medida que apresente relação com a matéria objeto da arguição de descumprimento de preceito fundamental, salvo se decorrente de coisa julgada;" Idem, p. 710.

[540] PALU, *op. cit.*, p. 264.

[541] CARVALHO, K., *op. cit.*, p. 195. Vejamos como salienta Kildare Gonçalves Carvalho que "É irrecorrível a decisão que procedente ou improcedente a arguição, não podendo ser objeto de ação rescisória, cabendo reclamação contra o seu descumprimento, na forma do Regimento Interno do Supremo Tribunal Federal".

# 5. A relativização da coisa julgada no processo objetivo do controle de constitucionalidade

Para chegar à relativização da coisa julgada,[542] deve-se analisar as diversas posições existentes sobre o instituto, por ser um tema ainda pouco explorado e que sempre é de grande discussão.

Para tanto, faz-se necessário abordar o conteúdo material das decisões do Supremo Tribunal Federal nas ADIs, ADCs e ADPFs, onde passaremos a analisar a existência ou não da relativização da *res iudicata*.

## 5.1. Da formação da coisa julgada no controle de constitucionalidade concentrado

Para solucionar eventuais problemáticas, buscando facilitar a compreensão, resta informa que no controle de constitucionalidade tanto pela via concreta como concentrada há formação da coisa julgada formal e material.

No controle concreto de constitucionalidade a *res iudicata* poderá se dar depois de firmada a questão em Recurso Extraordinário que transite em julgado.

Da mesma maneira que se forma a coisa julgada como ocorre no controle concreto de constitucionalidade se dará também em relação ao controle concentrado.

No controle concentrado de constitucionalidade, temática que interessa para este estudo, a formação da coisa julgada é natural assim como o efeito vinculante e eficácia *erga omnes*.

---

[542] Ademais, interessante observar as pontuações do autor argentino Roberto Omar Berizonce que acaba fazendo um levantamento sobre a relativização tanto na teoria do Brasil passando por Cândido Rangel Dinamarco, José Delgado e Humberto Theodoro Jr e ao final faz o comparativo com a doutrina argentina que com base em Eduardo Couture, onde se começou a pensar em relativizar a coisa julgada a partir do posicionamento desse autor uruguaio em 1939, gerando muita influencia em outros tantos processualistas nacionais. *In* BERIZONCE, 2008, *op. cit.*, p. 383 e ss.

Neste sentido, em relação à formação da coisa julgada formal, vale conferir as palavras de Antonio Carlos Torres de Siqueira de Maia e Pádua:

Antes de mais nada, é necessário verificar se de fato o acórdão em controle abstrato de constitucionalidade pode ser coberto pela coisa julgada. No que toca à coisa julgada formal, não há como ter dúvidas, pois o simples fato da ação direta ou da ação declaratória chegar a um termo implica na imutabilidade da decisão final daquele processo.[543]

Assim, não resta dúvida sobre a formação inicial da coisa julgada formal no controle de constitucionalidade abstrato, ao falar de ADI e ADC, que seguidamente é acompanhada pela formação da coisa julgada material. Neste sentido refere Teori Albino Zavascki que:

As sentenças de mérito proferidas em ações de controle abstrato de constitucionalidade das normas fazem coisa julgada formal e material, isto é, tornam-se imutáveis e indiscutíveis, não só no próprio processo, como em qualquer outro.[544]

Não resta dúvida de que exista a formação de coisa julgada em relação às decisões no controle de constitucionalidade abstrato, visto que decididas as questões suscitadas e transitada em julgada a situação estaria firmada.[545]

Solidificando ainda mais a questão, para que não fique a mínima dúvida, continua Teori Albino Zavascki aduzindo que:

Ocorre que, em nosso sistema, também estão cobertas pela coisa julgada as sentenças de mérito que declaram a *constitucionalidade* da norma, ou seja, as de improcedência na ação direita de inconstitucionalidade e as de procedência na ação declaratória. Delas decorre, conseqüentemente, a afirmação da *validade* do preceito normativo e, portanto, a sua permanência e a sua força impositiva no ordenamento jurídico.[546]

A dúvida poderia existir em decorrência da previsão legal que não afirma de forma direta e clara a existência da coisa julgada nas decisões do controle de constitucionalidade abstrato. Neste sentido, interessante constatar que o art. 28, parágrafo único, da Lei nº 9.868/99, diz que "a declaração de constitucionalidade ou de inconstitucionalidade, inclusive a interpretação conforme a Constituição e a declaração parcial de inconstitucionalidade sem redução de texto, têm eficácia contra todos e efeito vinculante em relação aos órgãos do Poder Judiciário e à Administra-

---

[543] PÁDUA, Antonio Carlos Torres de Siqueira de Maia e. *A mutação constitucional no controle abstrato de constitucionalidade:* análise de um fragmento da jurisprudência do Supremo Tribunal Federal. Brasília: UNB, 2006, p.71-72.

[544] ZAVASCKI, Teori Albino. *Eficácia das sentenças na jurisdição constitucional.* São Paulo: Revista dos Tribunais, 2001, p. 103.

[545] Neste sentido também considerando a existência de formação de coisa julgada formal e material em relação às decisões no controle de constitucionalidade abstrata vem BARROSO, Luís Roberto. *O controle de constitucionalidade no direito brasileiro.* São Paulo: Saraiva, 2004, p. 153.

[546] ZAVASCKI, Teori Albino. 2001, *op. cit.*, p. 104.

ção Pública federal, estadual e municipal". No mesmo sentido, o art. 102, § 2º, da Constituição Federal, afirma que "as decisões definitivas de mérito, proferidas pelo Supremo Tribunal Federal, nas ações diretas de inconstitucionalidade e nas ações declaratórias de constitucionalidade produzirão eficácia contra todos e efeito vinculante, relativamente aos demais órgãos do Poder Judiciário e à administração pública direta e indireta, nas esferas federal, estadual e municipal".

Antes da Emenda Constitucional n. 3/93 não existia norma legal ou constitucional que regulasse os efeitos derivados das decisões proferidas no controle concentrado de constitucionalidade. Foi a jurisprudência do Supremo Tribunal Federal que, gradualmente, construiu a tese dos efeitos *erga omnes* da decisão de inconstitucionalidade.

Solucionada a problemática, com estas pontuações, resta relembrar que o Ministro Moreira Alves proferiu voto em 1979 referindo que as decisões da Corte Suprema "passam em julgado",[547] ou seja, transitam em julgado o que naquela época já solucionaria qualquer dúvida pendente.

Também Luiz Guilherme Marinoni acaba por referir a posterior existência da *res iudicata* nas decisões advindas do controle abstrato de constitucionalidade. Assim observe-se:

> De modo que se entende, há muito tempo, que a decisão de inconstitucionalidade produz efeitos contra todos. Entretanto, a atribuição de eficácia *erga omnes* às decisões definitivas de inconstitucionalidade teve como premissa a coisa julgada que lhes qualifica. Muito embora a eficácia direta da decisão não se confunda com a coisa julgada, a primeira necessita da segunda para permitir a indiscutibilidade e a estabilidade da decisão transitada em julgado.[548]

Ainda continua Luiz Guilherme Marinoni aduzindo que:

> Entendeu-se que o dispositivo da decisão de inconstitucionalidade, isto é, a declaração de que a norma "x" é inconstitucional, tornar-se-ia imutável e indiscutível, e que tal dispositivo alcançaria a todos. Perceba-se que importaram, de forma isolada e autônoma, a coisa julgada material e a eficácia da decisão em relação a todos. Não bastaria apenas a coisa julgada nem somente a eficácia *erga omnes*.[549]

Finaliza Luiz Guilherme Marinoni dizendo que:

> De qualquer forma, se poderia dizer que, bem ou mal, a decisão de constitucionalidade produziu coisa julgada material.[550]

---

[547] STF, Representação n. 1016-3, Pleno, Relator Min. Moreira Alves, julgado em 20.09.79.

[548] http://ufpr.academia.edu/LuizGuilhermeMarinoni/Papers/149256/Coisa_Julgada_Erga_Omnes_e_Eficacia_Vinculante, acessado em 30/10/2010 as 20h21min.

[549] Idem.

[550] Idem.

Desta forma, sem ser delegando e tautológico, resta dizer que, assim como visto por variadas posições doutrinárias lançadas, existe formação de *res iudicata* em relação às decisões no controle de constitucionalidade abstrato, especialmente em relação à (in)constitucionalidade de lei ou ato normativo.

Está formação de coisa julgada possibilitará, como se tornará perceptível mais adiante, a relativização da coisa julgada que se dá de forma pontual e limitada.

## 5.2. Conteúdo das decisões do Supremo Tribunal Federal em (in)constitucionalidade de lei

A Corte Máxima Nacional, ao decidir questões de (in)constitucionalidade de leis e atos normativos, produz em seu *decisum* uma declaração, que naquele determinado ato normativo ou lei poderá ser mantido como constitucional ou, ainda, obter o condão de inconstitucional.

O acertamento de ser a decisão do Supremo Tribunal Federal declaratória é também asseverado por Oswaldo Luiz Palu "[...] como espécies fungíveis, podem conter a declaração de constitucionalidade ou inconstitucionalidade atribuído em uma ou em outra, independentemente do pedido efetivamente elaborado".[551]

Além deste autor, a própria Lei nº 9.868/99 também expressa esse entendimento em seus arts. 26 e 27, mencionando que a decisão do Supremo Tribunal Federal é declaratória, pois esta declaração é que poderá afastar a inconstitucionalidade que paira sobre uma lei ou ato normativo, ou ainda firmar que determinada lei ou ato normativo seja em verdade constitucional.

Nas palavras de José Joaquim Gomes Canotilho:

> Distingue-se entre um sistema em que o órgão competente para fiscalização da constitucionalidade anula o acto com eficácia *erga omnes* (*Allgemeinwirkung*) e um *sistema de desaplicação* com eficácia *inter partes*. No primeiro caso, diz-se que há *efeitos gerais*, pois o acto normativo, uma vez declarada a inconstitucionalidade, é eliminado do ordenamento jurídico; no segundo tipo, existem *efeitos particulares*, pois o acto normativo reconhecido como inconstitucional é desaplicado no caso concreto submetido à cognição do juiz, mas continuará em vigor até ser anulado, revogado ou suspenso pelos órgão competentes.[552]

O autor Português assinala que a decisão declaratória do Supremo Tribunal Federal poderá ter efeito *erga omnes* ou *inter partes*. No primeiro

---

[551] PALU, *op. cit.*, p. 188.

[552] CANOTILHO, 2007, *op. cit.*, p. 895.

caso se obtém a declaração na via concentrada através do processo objetivo (ADI, ADC e ADPF). Neste caso, a declaração se impõe frente a todos, ou a uma coletividade, para que estes venham a respeitar a decisão emanada pela Corte Máxima Nacional. Na eficácia *inter partes*, por sua vez, a declaração de (in)constitucionalidade se dá na via difusa em que qualquer magistrado pode declará-la, fazendo com que naquele caso concreto as partes possam respeitar tal decisão.

Relembre-se que os resultados da declaração de (in)constitucionalidade no processo objetivo contêm eficácia *erga omnes* e produz efeito vinculante, e não *inter partes* por ser este último resultado da declaração de (in)constitucionalidade na via difusa.

A própria Constituição menciona em seu art. 102, § 2º,[553] que as decisões definitivas de mérito, proferidas pelo Supremo Tribunal Federal, nas ações diretas de inconstitucionalidade e nas ações declaratórias de constitucionalidade produzirão eficácia contra todos e efeito vinculante, relativamente aos demais órgãos do Poder Judiciário e à administração pública direta e indireta, nas esferas federal, estadual e municipal.

O efeito vinculante garante que esta decisão do Supremo Tribunal Federal será acatada pelo Poder Judiciário, em suas diversas esferas e pela Administração Pública, ficando estes vinculados a decidir suas questões em conformidade com a decisão do Tribunal Máximo Nacional, que declarou determinada lei ou ato normativo (in)constitucional.[554]

Existem dois efeitos temporais possíveis nas decisões do Supremo Tribunal Federal que declaram a (in)constitucionalidade, sendo eles *ex nunc* e *ex tunc*. O primeiro referente a efeitos que ocorrerão a partir de então (da decisão tomada), caso em que uma lei ou ato normativo que anteriormente tinha eficácia plena passa a não ter mais essa eficácia. É a partir da declaração que a considera inconstitucional que passa a não ter mais a validade. De outra banda, o efeito *ex tunc* é retroativo, portanto, um ato normativo que tenha sido declarado inconstitucional em um momento retroagirá a sua feitura e passará a não existir mais desde lá. É, em verdade, como se nunca houvesse existido, por ser assim considerado.[555]

---

[553] "Art. 102, § 2º – As decisões definitivas de mérito, proferidas pelo Supremo Tribunal Federal, nas ações diretas de inconstitucionalidade e nas ações declaratórias de constitucionalidade produzirão eficácia contra todos e efeito vinculante, relativamente aos demais órgãos do Poder Judiciário e à administração pública direta e indireta, nas esferas federal, estadual e municipal".

[554] Nesse sentido, Gilmar Ferreira Mendes aduz que "proferida a declaração de constitucionalidade ou inconstitucionalidade de lei objeto da ação declaratória, ficam os tribunais e órgãos do Poder Executivo obrigados a guardar-lhe plena obediência". *In* MENDES, Gilmar Ferreira. *Direitos fundamentais e controle de constitucionalidade:* estudos de direito constitucional. 2. ed. São Paulo: Celso Bastos Editor, 1999, p. 450.

[555] Nesse sentido, vale trazer as afirmações de José Joaquim Gomes Canotilho sobre o efeito *ex nunc* e diferenciá-lo do *ex tunc*, referindo que "Existem efeitos prospectivos quando se atribui a decisão

O ponto chave é de que no efeito retroativo a norma era já inconstitucional desde sua feitura, restado necessária somente esta declaração, já no efeito prospectivo não, ela era constitucional e só passa a não mais ser assim considerada após a declaração de inconstitucionalidade, ressalvada os direitos adquiridos, pois quem em tempo anterior a esta declaração teve em seu favor constituído determinado direito decorrente desta lei, permanecerá com este.

### 5.3. Eficácia *inter partes* x *erga omnes* no processo objetivo

O ponto em discussão aqui é em que momento ocorrerá, cada uma destas eficácias, em relação à declaração de constitucionalidade ou não.

No processo subjetivo se pode discutir a (in)constitucionalidade de uma norma de forma incidental, na qual o principal objeto da ação não é a (in)constitucionalidade da norma frente a coletividade, mas, sim, no caso concreto que se está analisando. A lide versa sobre matéria fática, a princípio distinta, que não traz à baila a discussão sobre a constitucionalidade ou não da norma. Entretanto, no decorrer e desenrolar do processo pode um magistrado, em qualquer grau de jurisdição,[556] produzir ato normativo contrário à Magna Carta, o que então poderá ser de forma incidente atacado pelas diversas formas podendo chegar a utilizar, inclusive, o Recurso Extraordinário, visando à solução naquele caso concreto da (in)constitucionalidade do ato decisório emanado anteriormente. Por isto, é que a eficácia é *inter partes*, pois alcança os litigantes, não se exteriorizando daquela relação processual.[557]

Para José Alfredo de Oliveira Baracho: "Os efeitos da coisa julgada partem da compreensão de um princípio geral que se expressa no aforis-

---

de anulação uma eficácia *ex nunc*, no sentido de que o efeito da invalidade só começa a partir do momento em que seja declarada a inconstitucionalidade; fala-se de efeitos retroativos ou de eficácia *ex tunc*, com efeitos retroativos, próprios da nulidade em sentido técnico, quando a eficácia invalidade abrange todos os actos, mesmo os praticados antes da declaração de inconstitucionalidade (cfr. art. 282)". CANOTILHO, 2007, *op. cit.*, p. 895.

[556] Sobre o monopólio estatal da jurisdição relevante conferir: RIBEIRO, 2010, *op. cit.*, p. 35 e ss. No mesmo sentido o referido autor aduz que "Es El Estado quien administra la justicia y detenta El monopólio de la jurisdicción[...]" *vide* RIBEIRO, 2004, *op. cit.*, p. 75.

[557] Na mesma linha refere: José Afondo da Silva que: "Em primeiro lugar, temos que discutir a eficácia da sentença que decide a inconstitucionalidade na via de exceção, e que se resolve pelos princípios processuais. Nesse caso, a arguição da inconstitucionalidade é questão prejudicial e gera um procedimento incidenter tantum, que busca a simples verificação da existência ou não do vicio alegado. E a sentença é declaratória. Faz coisa julgada no caso entre as partes". SILVA, J., *op. cit.*, p. 53-54.

mo res iudicata inter partes, pelo qual a decisão afeta apenas aqueles que participam da demanda constitucional".[558]

Portanto, percebe-se que a coisa julgada no processo subjetivo tem sua força relativamente, em regra, postada entre as partes que litigam no processo.

Jorge Miranda menciona que:

[...] em principio, a eficácia da decisão – consoante os sistemas – decisão do Tribunal Constitucional ou de órgão homólogo ou decisão do ultimo tribunal de recurso – apresenta-se restrita, pois:

a) Esgota-se no caso;

b) É eficácia apenas *inter partes*, não *erga omnes*;

c) Só ai faz coisa julgada (coisa julgada formal).[559]

De outro lado, a eficácia *erga omnes* é distinta da *inter partes*, pois se põe frente a todos, e não somente às partes como ocorre na eficácia *inter partes*. Esta força ocorre no processo objetivo, também chamado de concentrado ou abstrato, que ocorre através de ADI, ADC e ADPF. Nestas ações movidas por seus legitimados se obtém um resultado que será oponível a todos, vinculando-os.[560]

Essa eficácia, que é a possibilidade de a decisão ser oponível a todos, é prevista pela Lei nº 9.868/99, que ocorre no processo objetivo, justamente por ser a forma de se declarar (in)constitucional uma lei ou ato normativo, fazendo com que os órgãos do Poder Judiciário e da Administração Pública sejam então vinculados a esta decisão que será tomada pelo Supremo Tribunal Federal.

Por tudo que se pôde analisar, fica assim compreendido que no processo objetivo de controle de constitucionalidade a eficácia é *erga omnes*, e não *inter partes*, por ser esta típica do processo subjetivo.

## 5.4. A relativização da coisa julgada em ADI, ADC e ADPF

Ao analisarmos estas ações constitucionais, que são forma de se controlar a constitucionalidade, percebeu-se que existe a formação da coisa julgada em todas suas decisões. Entretanto, a relativização ocorrerá so-

---

[558] BARACHO, José Alfredo de Oliveira. *Direito constitucional contemporâneo:* homenagem ao Professor Paulo Bonavides/ Fernando Luiz Ximenes Rocha e Filomeno Moraes, organizadores. Belo Horizonte: Del Rey, 2005, p. 492.

[559] MIRANDA, Jorge. *Teoria do estado e constituição.* Rio de Janeiro, 2002, p. 505.

[560] José Afonso da Silva relata que "portanto, qualquer decisão, que decrete a inconstitucionalidade, deverá ter eficácia erga omnes (genérica) e obrigatória". *Vide* SILVA, J., *op. cit.,* p. 54.

mente nos casos de leis ou atos normativos praticados e que foram declarados constitucionais por ADC ou sendo atacados por ADI que foi improcedente, permanecendo a lei ou ato normativo como se constitucional fosse.

Contudo, em casos específicos perceberemos que a coisa julgada poderá ser relativizada, e somente para declarar inconstitucional aquilo que foi declarado constitucional anteriormente, seja de forma direta ou indireta.

### 5.4.1. A relativização da coisa julgada no processo subjetivo como base para o processo objetivo

Vivencia-se a um momento histórico em que se discute e se analisa se existe, realmente, a relativização da *res iudicata*. Chegou-se à conclusão, como já afirmado anteriormente, tanto da existência como da frequente ocorrência e aplicação dessa crescente tese da relativização da *res iudicata*.[561]

Que o tema é de complexidade elevada não resta dúvida, assim como anteriormente alertado e referido, necessitando, naturalmente, de um cuidado imenso em relação ao seu trato, por ser, a coisa julgada, garantia constitucional e que pode fazer com que se tenha ou não a devida segurança jurídica nas relações processuais.

Nesse ínterim, Antônio Carlos de Araujo Cintra, embasado em Cavalcanti Filho, menciona que "[...] a coisa julgada é instituto destinado a assegurar a estabilidade das relações jurídicas e, por conseguinte, a própria segurança jurídica".[562]

Após estas palavras, o autor passa a analisar a existência ou não da relativização da coisa julgada, aduzindo que:

---

[561] Em voto proferido pelo Ministro José Augusto Delgado no Superior Tribunal de Justiça, em Recurso Especial, foi aceita a tese de relativização da coisa julgada, destituindo-se o seu caráter, para aquele Tribunal, até então absoluto, tendo sido vencedora a tese do referido julgador por 3 a 2 em seus votos. Para conferir observe-se STJ, 1º T., REsp n. 240.712, j. 15.2.2000, rel. José Delgado. Em caso em que também se relativizou a coisa julgada o próprio Supremo Tribunal Federal se pronunciou de forma favorável à referida tese, através de manifestação do Ministro Rafael Mayer em julgamento histórico onde relata o referido julgador que "não ofende a coisa julgada a decisão que, na execução, determina nova avaliação para atualizar o valor do imóvel, constante de laudo antigo, tendo em vista atender à garantia constitucional da justa indenização". *Vide* STF, 1º T., RE n. 93.412, j. 4.5.1982, rel. Rafael Mayer. No mesmo sentido da decisão anterior, onde se pugnou pela justa indenização para relativizar a coisa julgar, em relação ao grande lapso temporal da demanda, de forma similar, mas distinta em relação ao lapso temporal – pois menor – o Ministro Néri da Silveira também acabou por relativizar a coisa julgada. Para quem interesse conferir STF, 1º T., RE n. 105.012, j. 9.2.1988, rel. Néri da Silveira.

[562] ARAUJO CINTRA, Antonio Carlos de. *Comentários ao código de processo civil.* 4 v. arts: 332 a 475. Rio de Janeiro: Forense, 2003, p. 304.

Autorizada doutrina vem sustentando a relativização da coisa julgada material. Trata-se de matéria delicada. Como a coisa julgada tem fundamento "eminentemente pragmático", não há razão para "santificá-la", ou para acobertá-la de proteção inquebrantável. Aliás, a lei prevê uma série ampla de casos de sua rescindibilidade, admitida ainda a rescisão de julgamento proferido em rescisória.[563]

O autor confirma a já conhecida tese da relativização da coisa julgada material, pois o que vem a ser possível de rediscussão é a matéria que foi anteriormente decidida pelo magistrado.

Não se discute a relativização da coisa julgada formal, visto ser a mesma imutável desde já. Isso porque perfez um caminho que a torna realmente imutável, já que para obtê-la deixou-se passar o prazo recursal *in albis* ou ainda se utilizou todas as formas recursais possíveis e se chegou a um ponto em que não mais poderia recorrer por não existir outra forma recursal para tanto.

Ademais, formada a coisa julgada formal, essa não impede o novo ingresso de demanda na mesma sistemática, o que faz com que essa formação da coisa julgada não tenha grande firmeza e até porque aqui não será aventada matéria, eminentemente, meritória. Tão somente serão discutidas temáticas que, embora relevantes, não são imprescindíveis em relação à questão da demanda, já que não impedem a feitura de nova demanda. Ainda assim, esta discussão paira sobre a coisa julgada material.

Antônio Carlos de Araujo Cintra ainda relata que "[...] a sentença faz coisa julgada às partes entre as quais é dada e, portanto, a coisa julgada não atinge a terceiros, nem para beneficiá-los, nem para prejudicá-los".[564]

Primeiramente, o autor refere que os efeitos da coisa julgada poderiam ocorrer somente em relação às partes que discutem o litígio e não se estenderiam a terceiros nem para prejudicá-los ou beneficiá-los, posição que foi adotada muito anteriormente pelo autor italiano Francesco Carnelutti. Entretanto, esta orientação foi combatida por Enrico Tullio Liebman ao difundir que a sentença tem eficácia em relação ao terceiro, mas que este não está sujeito à autoridade da coisa julgada, ou seja, não se sujeita a sua força, por isso poderá o terceiro sempre que tiver interesse jurídico impugnar a sentença, e assim repelir o efeito danoso que lhe foi causado.

No processo subjetivo, a coisa julgada ocorre entre as partes, como a própria lei menciona, vale asseverar que o terceiro que tem interesse jurídico na questão e não participou desta decisão judicial poderá a qualquer tempo romper essa *res iudica* formada para, então, discutir suas questões, pois a coisa julgada não o atingiu, bastando que este sujeito venha a legi-

---

[563] ARAUJO CINTRA, *op. cit.*, p. 305.

[564] Idem, p. 318.

timar-se para obter a possibilidade de discutir a questão já decidida, da qual poderia ter participado, mas não o fez.

O ponto aqui é que a coisa julgada se formou entre as partes do litígio, por isso *inter partes*, o que se diferencia do processo objetivo que será analisando, sendo neste *erga omnes*.

Antônio Carlos de Araujo Cintra refere que:

Nos termos do disposto do artigo 468 do código de processo civil, a sentença passada em julgado tem força de lei nos limites da lide deduzida no processo. Isto quer dizer, ensina Carnelutti, que a autoridade da coisa julgada não vai além das partes, uma vez que estas constituem um dos elementos da lide. Assim parece claro que a disposição em exame, afirmando que a sentença faz coisa julgada às partes entre as quais é dada, apenas explicita o que já está contido no artigo 468.[565]

Entenda-se que esta relativização[566] ocorre na via *incidenter tantum*, ou seja, no processo subjetivo onde se discute, em uma determinada lide, as questões conflitantes entre as partes.

Nesta baila, encontra-se o recuso extraordinário como forma de se discutir a (in)constitucionalidade desta demanda e que após sua decisão poderá ser ou não relativizada.

Oswaldo Luiz Palu, utilizando das lições de Enrico Tullio Liebman, menciona que:

A coisa julgada nos processos objetivos ocorre nos mesmos moldes dos processos subjetivos. Parece claro, como foi dito, que, alteradas as circunstâncias jurídicas e o entendimento a respeito da norma que levou o Supremo Tribunal a determinada orientação, a coisa julgada anterior não impede a revisão do posicionamento porque toda coisa julgada tem, sempre, a clausula *rebus sic stantibus*.[567]

Essa relativização não é explícita, mas implícita, por ter sempre uma cláusula *rebus sic stantibus*, que é a cláusula de possibilidade de alterabilidade, no caso a relativização da *res iudicata*.

Importante pensar na relativização da coisa julgada no processo objetivo, que ocorre em conformidade com o processo subjetivo, distinguindo-se em relação ao seu alcance, que no processo objetivo é maior, sendo a eficácia *erga omnes*, e não *inter partes*. Outra grande distinção está nas partes e no conteúdo a ser discutido, haja vista que no processo subjetivo

---

[565] ARAUJO CINTRA, *op. cit.*, p. 318.

[566] Favoravelmente à relativização da coisa julgada, com base em vários casos argentinos, vem o autor argentino HITTERS, Juan Carlos. *Revisión de la cosa juzgada*. La Plata: Platense, 1977, p. 325. Também pode ser observada a concepção do Português Paulo Otero que acaba por construir a ideia de que seria relativizável a coisa julgada quando houvesse contrariedade à Lei Maior de Portugal: a) de forma direta e imediatamente; b) mediante aplicação de determinada norma inconstitucional; ou ainda c) pela recusa da aplicação de uma norma legitimamente constitucional. OTERO, Paulo. *Ensaio sobre o caso julgado inconstitucional*. Lisboa: Lex, 1993, p. 78 e ss.

[567] PALU, *op. cit.*, p. 233.

existem partes e litígio embasado em ocorrências eminentemente fáticas, já no processo objetivo não há partes, mas sim alguns legitimados a suscitar a discussão e a matéria sobre a qual se controverte a própria lei.

Cabem, entretanto, algumas ressalvas uma vez que existem peculiaridades em cada um dos sistemas. Deve-se referir que toda coisa julgada tem a possibilidade de ser alterada dependendo do caso em análise.

### 5.4.2. A relativização da coisa julgada no processo objetivo (ADI, ADC e ADPF)

Neste ponto de discussão já foi possível perceber que a coisa julgada não é absoluta e que pode ser relativizada,[568] necessitando trazer como base o processo subjetivo, e a parir deste, então, chegar a desenvolver um raciocínio da existência ou não desta relativização nas decisões do Supremo Tribunal Federal que envolvem o controle de constitucionalidade concentrado, diga-se, processo objetivo ou também conhecido controle de constitucionalidade abstrato.

Sabe-se que as decisões da Corte Suprema Nacional transitam em julgado, e que no processo objetivo seu efeito é perante todos (*erga omnes*), por ser discussão sobre a (in)constitucionalidade de uma lei ou ato normativo, que influenciará na vida de vários indivíduos,[569] se não de todos.

Vale lembrar que neste âmbito de jurisdição não existem partes litigantes, mas sim legitimados que estão fixados no art. 103 da Constituição Federal e que poderão propor a ação, recordando que a lei ou ato normativo impugnado será defendido pelo Advogado-Geral da União, possibilitando o contraditório e a ampla defesa.

---

[568] Vejamos algumas decisões dos Tribunais Superiores que acabaram por relativizar a coisa julgada: 1) "O deferimento de nova avaliação em sede de liquidação, em casos excepcionais, conforme entendimento da Suprema Corte, não encontra obstáculo na coisa julgada" (AG. n. 75.773, DJU, de 3.5.79, p. 3.496 rel. Min. Leitão de Abreu; RE n. 68.608, RTJ 54/376, 1º Turma, Ag. N. 47.564- Pleno, DJU de 26.09.69, p. 44.063). 2) "A razão está em que um processo não se constitui nem se desenvolve validamente sem a citação do réu, para que lhe seja assegurada a possibilidade de aduzir as razões que tem [...]Não tendo havido citação, o processo nasceu com nulidade, que viciou mortalmente a sentença. Esta jamais poderá transitar em julgado". (RE 96696 – RTJ 104/830, rel. Min. Alfredo Buzaid) 3) "Lei inconstitucional é lei natimorta; não possui qualquer momento de validade. Atos administrativos praticados com base nela devem ser desfeitos, de ofício pela autoridade competente, inibida qualquer alegação de direito adquirido". (EROMS 10527-SC, rel. Min Edson Vidigal – STJ, j. em 03.02.2000 DJU 08.03.2000)

[569] Assim Gilmar Ferreira Mendes afirma que "Parece legitimo admitir, portanto, que, já no modelo da emenda n. 16/65, tanto a decisão que, no processo de controle abstrato de normas, declarava a inconstitucionalidade de uma lei, como aquela, na qual se afirmava a legitimidade da norma, transitava em julgado, com eficácia *erga omnes*". MENDES, G., *op. cit.*, p. 289. Gilmar Ferreira Mendes ainda complementa relatando que "do prisma estritamente processual, a eficácia geral ou erga omnes obsta, em primeiro plano, que a questão seja submetida, uma vez mais, ao Supremo Tribunal Federal". *In* Idem, p. 291.

Deve-se mencionar que ações que sejam fundadas em fatos supervenientes é nova ação, não recebendo a incidência da coisa julgada da demanda anterior, pois haverá a modificação da causa de pedir e dos pedidos, o que não ofende a *res iudicata*.[570]

Frente a tudo isso, resta importante observar as pontuações de Gilmar Ferreira Mendes, que nos traz a problemática que surgiu na Alemanha:

> Questão que tem ocupado os doutrinadores diz respeito, todavia, à eventual vinculação do Tribunal no caso de declaração de constitucionalidade.
>
> Poderia ele vir a declarar, posteriormente, a inconstitucionalidade da norma declarada constitucional? Estaria ele vinculado à decisão anterior?
>
> Tal como referido, a questão suscitou controvérsias na Alemanha.[571]

No Tribunal Constitucional alemão (*bundesverfassungsgericht*), questionava-se se poderia haver ou não essa vinculação, na qual chegamos a nos perguntar se o Supremo Tribunal Federal também se vincula a declaração de constitucionalidade proferida anteriormente.

O autor começa solucionando o caso no Tribunal Constitucional alemão dizendo que "[...] embora a Lei orgânica do Tribunal Constitucional alemão não seja explícita a propósito, entende a Corte Constitucional se inadmissível construir-se aqui uma autovinculação".[572]

O autor relata, em sua colocação, a ideia de parte da doutrina daquele país, que entende não ser possível a vinculação da Corte Suprema alemã à declaração de inconstitucionalidade de norma anteriormente declarada constitucional.

Trazendo agora a questão para análise nacional, Gilmar Ferreira Mendes refere que:

> A fórmula adotada pela Emenda n. 3, de 1993, parece excluir também o Supremo Tribunal Federal no âmbito da aplicação do efeito vinculante. A expressa referência ao efeito vinculante em relação *aos demais órgãos do Poder Judiciário* legitima esse entendimento.
>
> De um ponto de vista estritamente material também é de se excluir uma autovinculação do Supremo Tribunal Federal aos fundamentos determinantes de uma decisão anterior, pois isto poderia significar uma renúncia ao próprio desenvolvimento da Constituição, a fazer imanente dos órgãos da jurisdição constitucional.[573]

---

[570] Assim, o autor José Maria Rosa Tesheiner acrescenta "ação fundada em fato superveniente não é renovação de ação. É outra ação, com nova causa de pedir. Não se defronta com o obstáculo da coisa julgada". Confira-se TESHEINER, José Maria. *Eficácia da sentença e coisa julgada no processo civil*. São Paulo: RT, 2001, p. 19.

[571] MENDES, Gilmar Ferreira. *Jurisdição constitucional*. 3. ed. São Paulo: Saraiva, 1999, p. 291.

[572] MENDES, [s.d.], *op. cit.*, p. 449.

[573] Idem, p. 450.

Esta vinculação, que é afastada do Supremo Tribunal Federal, é referente à possibilidade de discutir-se, através de ADI, a inconstitucionalidade de norma que anteriormente foi declarada constitucional através de uma ADC procedente, ou de uma ADI improcedente.

Sendo assim, não ocorrerá a vinculação, haja vista que uma lei ou ato normativo que tenha sido declarado constitucional, em um dado momento, poderá não mais ser constitucional em momento posterior, por terem ocorrido mudanças de costumes e condutas.

Estas modificações são naturais, visto que hoje se vive em uma sociedade hipercomplexa e que modifica suas concepções, culturas e formas legais diariamente, sendo fruto efetivo de uma globalização desenfreada que se instalou e que "força" à evolução científica e humana.

Tal fato poderá influenciar na possível declaração de inconstitucionalidade da lei ou ato normativo que foi alvo de declaração de constitucionalidade anterior. A questão realmente é delicada.

Oswaldo Luiz Palu, embasado nas lições de Konrad Hesse, agrega:

> [...] não fica a Corte impedida de rever seu posicionamento, em outro processo objetivo, não podendo ser obstada a propositura de nova ADIn sobre o tema já decidido. Sempre haverá a possibilidade de nova compreensão dos princípios constitucionais, novas propostas interpretativas ou mesmo o alargamento da disciplina constitucional a novos problemas, sendo que a coisa julgada anterior poderá não mais prevalecer, o que não é incomum em matéria de um texto que deve ter uma perene pretensão de validade.[574]

Vê-se aqui a possibilidade de a Corte Máxima, então, reanalisar através de uma ADI aquilo que já havia declarado constitucional anteriormente em ADC ou ADI improcedente, visto que poderá existir uma mudança na compreensão dos princípios constitucionais, sendo sua interpretação[575] em um dado momento diferente da obtida anteriormente.

Ademais, se pode esquecer que poderá também haver a alteração da Norma Magna, através do constituinte derivado,[576] excetuando as *cláusulas pétreas*.

Há de se perceber que a coisa julgada, que anteriormente protegia tal declaração por parte do Supremo Tribunal Federal, poderá ser relativizada desde que seja através de uma nova demanda ou ação própria do processo objetivo, nada mais coerente que seja através de uma ADI, conforme manda a Constituição Federal.

---

[574] PALU, *op. cit.*, p. 232.

[575] Sobre a interpretação da norma processual resta interessante conferir CARNELUTTI, Francesco. *Lezioni di diritto processuale civile*. v. I, Pádova: Edizioni Cedam, 1986, p. 247 e ss.

[576] Sobre a reforma constitucional interessante fiscalizar os escritos de LOEWENSTEIN, Karl. *Teoria de la Constitución*. Barcelona: Ariel, 1983, p. 170 e ss.

Então, a lei ou ato normativo anterior que fora declarado constitucional, poderá ser declarado inconstitucional pelo Supremo Tribunal Federal através da ADI. Diga-se que não poderá, entretanto, uma norma declarada inconstitucional vir a ser declarada constitucional a *posteriori* pela simples razão de ter deixado, aquela lei ou ato normativo, de existir no ordenamento jurídico após sua declaração de inconstitucionalidade através do efeito *ex tunc.*

Neste sentido e embasado nas lições de Bryde, Gilmar Ferreira Mendes aduz que:

> Assim sendo, declarada a constitucionalidade de uma lei, ter-se-á de concluir pela inadmissibilidade de que o Tribunal se ocupe, uma vez mais, da aferição de sua legitimidade, ressalvadas as hipóteses de significativas mudanças fáticas ou de relevante alteração das concepções jurídicas relevantes.
>
> Também entre nós se reconhece, tal como ensinado por Liebman com arrimo em Savigny, que as sentenças contem implicitamente a clausula *rebus sic stantibus*, de modo que as alterações posteriores que modifiquem a situação normativa, bem como eventual mudança da orientação jurídica sobre a matéria, podem tornar inconstitucional a norma anteriormente considerada legítima (*inconstitucionalidade superveniente*).
>
> Daí parece-nos plenamente legítimo que se argua, perante o Supremo Tribunal Federal, a inconstitucionalidade de norma anteriormente declarada constitucional em ação direta de constitucionalidade.[577]

O autor demonstra que, em regra, não se deveria discutir novamente questão já decidida pela Corte Máxima, por já ter sido analisada e declarada a constitucionalidade da lei ou ato normativo, e que, por consectário, transitou em julgado.

No entanto, agregando a colocação anteriormente feita por Oswaldo Luiz Palu, Gilmar Ferreira Mendes também traz o entendimento de que em casos de [1]fatos novos que possam influir na decisão da Corte Suprema, [2]alterado o entendimento e interpretação daquela questão, ou até mesmo uma [3]alteração da Norma Magna, poderiam possibilitar a chamada "relativização da coisa julgada".

Isto ocorreria, no entanto, de forma peculiar, e somente num destes casos em que foi anteriormente declarada constitucional uma lei ou ato normativo e que a partir de um determinado momento histórico não mais é considerada constitucional, poderá ser afastada pela ADI.

Somente neste caso poderia haver a flexibilização da coisa julgada, para que não fossem aplicadas interpretações arcaicas a um ornamento jurídico que se moderniza a cada dia,[578] por ser dinâmico, buscando a

---

[577] MENDES, G., *op. cit.*, p. 294-295.

[578] Sobre o alto grau de mutação legal, consequência de uma sociedade extremamente volátil e célere, vale conferir as palavras de WALDRON, Jeremy. *A dignidade da legislação.* Tradução de Luíz Carlos

efetividade[579] do processo, respeitando o devido processo[580] legal, o contraditório e a ampla defesa e, principalmente, a razoável duração do processo.

Portanto, nestes casos, o Supremo Tribunal Federal poderia novamente conhecer da ADI e inclusive declarar inconstitucional o que foi declarado constitucional no passado.

Neste raciocínio, Lenio Luiz Streck coloca que:

> Não há, pois, um caráter absoluto na decisão que declara, de forma direta ou indireta, a constitucionalidade de um ato normativo, *uma vez que a mutação do contexto social-histórico pode acarretar uma nova interpretação.* Por isso, a hermenêutica de matriz fenomenológica pode contribuir para a elucidação dessa problemática, uma vez que o processo de interpretação é sempre produtivo (*Sinngebung*), e não meramente reprodutivo (*Auslegung*). *Uma lei pode ser constitucional em um dado momento histórico e inconstitucional em outro.*[581]

Como se vê, a hermenêutica[582] jurídica é de grande valia para que se possa interpretar, de forma adequada, o texto da lei ou da Constituição,[583] visto que, em casos específicos em que venha a existir, em um dado momento histórico, uma forma distinta de se interpretar determinado dispositivo, abrir-se-á, então, a possibilidade da ocorrência da relativização da coisa julgada.

---

Borges. São Paulo: Martins Fontes, 2003, p. 8. "[...] todos os dias surge outra exigência de nova legislação para lidar com alguma dificuldade ou reorganizar algum aspecto dos assuntos sociais, sejam estes a educação, a higiene pública ou a reforma do serviço público".

[579] Sobre a ideia de tutela judicial efetiva, que é aquilo que muito se busca em nossa comunidade jurídica vale conferir RIBEIRO, 2004, *op. cit.*, p. 75 e ss. Também observar a lições de BEDAQUE, José Roberto dos Santos. *Efetividade do processo e técnica processual.* 2. ed., São Paulo: Malheiros, 2007, p. 49 e ss. Ainda sobre a efetividade pode ser consultado MARINONI, Luiz Guilherme. *Curso de processo civil:* Teoria geral do processo, v. 1, São Paulo: RT, 2006, p. 215 e ss.

[580] Sobre o devido processo vale conferir OTEIZA, Eduardo. *Debido proceso.* Organización de Ronald Arizi. Santa Fe: Rubinzal-culzoni, 2003, p. 03 e ss. Na mesma obra vale conferir a análise sobre o devido processo e seu prazo razoável. *Vide* CIOCCHINI, Pablo Agustín Grillo. *Debido proceso.* Organizaciónde Ronald Arizi. Santa Fe: Rubinzal-culzoni, 2003, p. 175 e ss

[581] STRECK, 2002, *op. cit.*, p. 569.

[582] Como diría o jus-filósofo argentino Tinant "De tal modo, el resultado de la interpretación judicial alberga un saber no sólo jusfilosófico y científico jurídico (con el auxilio del arte o técnica procesal) sino – fundamentalmente – prudencial-retórico. La función de la prudencia jurídica (la prudencia judicial por excelencia) es establecer en qué consiste la acción o dación que se debe concretamente por razón de justicia, en tanto lo retórico implica la necesidad de mostrar la razonabilidad y justicia contenida en la conclusión del silogismo prudencial con la finalidad de persuadir a sus destinatários" *in* TINANT, 1395, *op. cit.* Sobre como "compreender" como uma das formas de entender a hermenêutica vejamos ANTONIO OSUNA HERNÁNDEZ, Largo. *Hermenéutica Jurídica en torno a la hermenéutica de Hans-Georg Gadamer.* Valladolid: Universidad de Valladolid, 1992, p. 43 e ss. A função da hermenêutica é dizer aquilo que não foi dito assim como refere STRECK, 2010, *op. cit.*, p. 37.

[583] Sobre a interpretação conforme a constituição interessa conferir STRECK, Lenio Luiz. *Jurisdição constitucional e hermenêutica:* uma nova crítica do direito. Porto Alegre: Livraria do Advogado, 2002, p. 443 e ss.

Vale mencionar que a hermenêutica[584] em tempos contemporâneos pode ser entendida como forma de se interpretar, desvelar ou traduzir algo que se torne difícil de compreender.

Clèmersom Merlin Clève menciona que poderá ocorrer a relativização não somente de lei ou ato normativo declarado constitucional por ADC, que venha a ser impugnado por ADI, mas também no caso de ADI improcedente na qual a partir desta declaração indireta de constitucionalidade é que será possível a declaração de inconstitucionalidade em momento posterior. Nesse sentido:

> A coisa julgada, entretanto, não "congela" ("engessa") de modo definitivo a jurisprudência do Supremo Tribunal Federal, já que no Brasil, como nos demais países (EUA, por exemplo) a alteração das circunstâncias fáticas pode autorizar o deslocamento da compreensão constitucional de dada matéria. Assim, declarada a constitucionalidade de uma determinada lei, em virtude da sentença que julga improcedente a ação direta, não está impedido o Supremo Tribunal Federal de, mais tarde, uma vez alterado o sentido da norma paramétrica ou mesmo da normativa-objeto, e quando devidamente provocado decretar a inconstitucionalidade do dispositivo atacado.[585]

Quando houver a propositura de uma primeira ADI visando à declaração de inconstitucionalidade de determinada lei ou ato normativo, e esta for improcedente, restará declarada constitucional a lei ou o ato normativo impugnado, sendo a declaração indireta, uma vez que o objetivo da ADI era a declaração de inconstitucionalidade do ato normativo, que se converte em declaração de constitucionalidade por serem ações ambivalentes,[586] ou seja, fungíveis.

A partir de então, haveria a possibilidade de impugnar-se, novamente, o ato normativo através de outra ADI, desde que embasado na altera-

---

[584] Sobre a palavra devemos observar a origem grega "[...] herme-neuein, adquirindo vários significados no curso da história. Por ela, busca-se traduzir para uma linguagem acessível aquilo que não é compreensível. Daí a ideia de Hermes, um mensageiro divino, que transmite – e, portanto, esclarece – o conteúdo da mensagem dos deuses aos mortais. Ao realizar a tarefa de hermeneus, Hermes tornou-se poderoso. Na verdade, nunca se soube o que os deus disseram; só se soube o que Hermes disse acerca do que os deuses disseram. Trata-se, pois, de uma (inter)mediação". In STRECK, Lenio Luiz. Dicionário de filosofia do direito. Coord. Vicente de Paulo Barreto. Rio de Janeiro: Renovar, 2006, p. 430. Ademais, a hermenêutica é vista por Gadamer como a arte do anúncio, tradução, explicação e interpretação, vide GADAMER, Hans-Georg. Verdade e método II. Traduzido por Flávio Paulo Meurer. Petrópolis, Rio de Janeiro: Vozes, 1997, p. 112. Neste sentido Kelly Susane Alflen da Silva relata que "En este sentido, a pesar de que según el aspecto del origen terminológico las expresiones hermenêutica e interpretación son comprendidas en una relación de igualdad, la misma equivalencia no vale en el sentido de los términos bajo el aspecto histórico-comprensivo de la hermenêutica, particularmente sobre el problema hermenêutico, del que son separadas en razón Del aspecto individual interno de cada una, aunque es significativo que estos tres momentos reciban el nombre de subtilitas". ALFLEN DA SILVA, Kelly Susane. Hermenéutica jurídica y concreción judicial. Bogotá – Colômbia: TEMIS, 2006, p. 09.

[585] CLÈVE, op. cit., p. 240.

[586] Sobre o caráter ambivalente do controle abstrato introduzido pela lei 9.868 vele a pena conferir STRECK, Lenio Luiz. Jurisdição constitucional e hermenêutica: uma nova crítica do direito. Porto Alegre: Livraria do Advogado, 2002, p. 440 e ss.

ção fática, interpretava ou normativa da Magna Carta. Essa possibilidade pode ocorrer relativizando-se, então, a coisa julgada em decorrência de serem a ADI e ADC ambivalentes.[587]

Pode-se, portanto, entender que a relativização da *res iudicata* ocorre quando em ADC procedente ou ADI improcedente forem leis ou atos normativos declarados constitucionais pelo Supremo Tribunal Federal, sendo, ainda, possível um novo ataque às normas declaradas constitucionais através de uma ADI, desde que estejamos nas condições mencionadas anteriormente.

Citam-se, nesse contexto, casos como o de mudança fática e elementos da questão, uma possível interpretação distinta da anterior por parte da Corte Suprema Nacional que se dá pela evolução da sociedade e sua realidade ou, ainda, a alteração normativa que assim autorizaria nesse caso em exceção a relativização da coisa julgada.

Neste sentido, Oswaldo Luiz Palu aduz que:

> O efeito vinculante não afasta mecanismo de modificabilidade à competência do Tribunal Supremo. Sempre poderá o Supremo Tribunal Federal voltar a decidir a questão objeto da ação declaratória de constitucionalidade (anterior), em nova ação, se novos elementos surgirem e que possam influenciar na decisão.[588]

Para a compreensão desta questão posta pelo autor, faz-se necessário analisar o efeito vinculante, pois esse efeito não afasta a possibilidade de a Corte Suprema reanalisar a questão, desde que dentro das condições exploradas até então.

Deve-se compreender que o efeito vinculante não é sinônimo de coisa julgada. A *res iudica*, em regra, poderia fazer com que aquela declaração não mais pudesse ser alterada, entretanto, possui em si exceções que são capazes de relativizá-la.

Segundo Gilmar Ferreira Mendes: "Afirma-se que fundamentalmente, são vinculantes as decisões capazes de transitar em julgado. Tal como a coisa julgada, o efeito vinculante refere-se ao momento da decisão".[589]

Percebe-se que as decisões que transitam em julgado são vinculantes, ressalvados os casos analisados anteriormente. Essa vinculação alcança os órgãos do Poder Judiciário e autoridades administrativas, desde que no processo objetivo. Isso porque, estando no processo subjetivo,

---

[587] Neste sentido, Oswaldo Luiz Palu aduz que "Tal fato demonstra que a ação direta de inconstitucionalidade e a ação de declaratória de constitucionalidade tem caráter ambivalente ou fungível, sendo que proposta com pedido de constitucionalidade pode ser concedida com efeito contrário; concedida com pedido de inconstitucionalidade pode ser concedida, também contrariamente". Vejamos PALU, Oswaldo Luiz. *Controle de constitucionalidade:* conceitos, sistemas e efeitos, *op. cit.*, p. 252.

[588] Idem, p. 258.

[589] MENDES, [s.d.], *op. cit.*, p. 442.

essa vinculação não ocorre desta forma, vinculando, no entanto, somente as partes.

Vê-se, portanto, que a coisa julgada é algo que se dá em momento distinto do efeito vinculante. O efeito vinculante pode ocorrer logo em seguida à decisão tomada e esse efeito é o poder que cerca os órgãos do Poder Judiciário e autoridades administrativas, sendo distinto da *res iudicata* que, quando ocorre, torna, em tese, indiscutível a questão anteriormente decidida, com ressalva dos casos já apresentados.

A vinculação está ligada às pessoas que deverão submeter-se a esta decisão, e a coisa julgada está disposta para que não se discuta novamente a questão, ressalvados os casos excepcionais. Gilmar Ferreira Mendes continua a distingui-las:

> Problema de inegável relevo diz respeito aos limites objetivos do *efeito vinculante*, isto é, a parte da decisão que tem efeito vinculante para os órgãos constitucionais, tribunais e autoridades administrativas. Em suma, indaga-se, tal como em relação à coisa e a força de lei, se o efeito vinculante está adstrito à parte dispositiva da decisão (*Ulteilstenor; entscheidungsformel*) ou se ele se estende também aos chamados *fundamentos determinantes* (*tragende Grunde*), ou, ainda, se o efeito vinculante abrange também as condições marginais, *as coisas ditas de passagem*, isto é, os chamados *obiter dicta*.
>
> Enquanto em relação à coisa julgada e à força da lei denomina a ideia de que elas hão de se limitar à parte dispositiva da decisão (*Tenor, Entscheidungsformel*), sustenta o *Bundesverfassungsricht* que o efeito vinculante se estende, igualmente, aos fundamentos determinantes da decisão (*tragende Grunde*).[590]

Outra distinção foi apresentada acima pelo autor, trazida do Tribunal Constitucional alemão, distinguindo que o efeito vinculante está ligado tanto à parte dispositiva da decisão como em relação aos seus fundamentos, o que já não ocorre com a coisa julgada, em tese.

No caso do efeito vinculante os motivos ou fundamentos utilizados pelo julgador para tomar tal decisão sobre a constitucionalidade ou não, se vinculam, enquanto, na coisa julgada o dispositivo que declara a (in)constitucionalidade é que se vincula e se tornaria imutável, em tese, ressalvadas as exceções anteriormente estudadas.

Além da coisa julgada e do efeito vinculante que foi analisado, cabe ainda distinguir a coisa julgada da eficácia *erga omnes*, para que não haja confusão entre cada um dos institutos. Assim:

> Independentemente de se considerar a eficácia *erga omnes* como simples coisa julgada com eficácia geral ou de se entender que se cuida de instituto especial que afasta a incidência da coisa julgada nesses processos especiais, é certo que se cuida de um instituto processual específico do controle abstrato de normas e, portanto, que, declarada a cons-

---

[590] MENDES, [s.d.], *op. cit.*, p. 442-443.

titucionalidade de uma norma pelo Supremo Tribunal, ficam também os órgãos do poder judiciário obrigados a seguir a orientação fixada pelo próprio guardião da Constituição.[591]

Gilmar Ferreira Mendes mais uma vez utiliza a compreensão de Bryde para diferenciar a coisa julgada da eficácia *erga omnes*, demonstrado ser aquela um instituto capaz de "imutabilizar", em tese, uma decisão e torná-la assim, indiscutível.[592] Já esta, a eficácia *erga omnes*, é uma força que faz com que determinadas decisões alcancem a todos para que possam ser vinculados pela decisão.

Na realidade, uma decisão do Supremo Tribunal Federal sobre a (in)constitucionalidade obterá, por consectário, a coisa julgada impedindo que essa decisão possa ser novamente discutida, ressalvando as suas exceções, tendo ademais, a força de valer essa decisão contra todos.

Portanto, são planos diferentes que podem coexistir em uma mesma decisão, principalmente neste caso do processo objetivo do controle de constitucionalidade, onde ocorrerão por disposição constitucional.

Cabe ressaltar que a relativização, a qual foi mencionada, não tem a intenção de banalizar o instituto constitucional da *res iudicata*, mas, sim, torná-lo adequado às novas realidades e interpretações que possam vir a existir, até mesmo em casos de mutações constitucionais, fazendo com que o instituto seja então relativizado em casos extremos e excepcionais.[593]

Assim, em forma de alerta, José Maria Rosa Tesheiner reflete:

Temos por certo que a lei pode alterar o instituto da coisa julgada, restringindo-a em certos casos, aumentando o prazo para a propositura de ação rescisória, estabelecendo novos casos de sentenças nulas, que não transitam em julgado, e criando novos remédios processuais para desconstituí-la. Poderia, porém, eliminar o instituto da coisa julgada?[594]

O próprio autor responde ao questionamento feito, mencionando que:

---

[591] MENDES, G., *op. cit.*, p. 293.

[592] No primeiro Capítulo deste trabalho, é arguida a indiscutibilidade da coisa julgada que decorre da anterior imutabilidade nas palavras de Liebman, assim vale conferir.

[593] Relate-se uma grande mudança de pensamento e paradigma através do julgado recente do Supremo Tribunal Federal que reconheceu a união homoafetiva como entidade familiar e ainda estendeu a essas uniões muitos dos direitos e efeitos da união estável tradicional entre pessoas de sexo diferente. Nesse sentido vejamos o dispositivo emanado pelo Relator Ministro Ayres Britto no julgamento da ADPF nº 132-RJ e da ADI 4.277. Vejamos: "37. Dando por suficiente a presente análise da Constituição, julgo, em caráter preliminar, parcialmente prejudicada a ADPF nº 132-RJ, e, na parte remanescente, dela conheço como ação direta de inconstitucionalidade. No mérito, julgo procedentes as duas ações em causa. Pelo que dou ao art. 1.723 do Código Civil interpretação conforme à Constituição para dele excluir qualquer significado que impeça o reconhecimento da união contínua, pública e duradoura entre pessoas do mesmo sexo como 'entidade familiar', entendida esta como sinônimo perfeito de 'família'. Reconhecimento que é de ser feito segundo as mesmas regras e com as mesmas consequências da união estável heteroafetiva. É como voto".

[594] TESHEINER, *op. cit.*, p. 171.

A pergunta, para ser resolvida, deve ser acrescida de outra: poderia a lei eliminar o direito adquirido? A resposta é negativa. O respeito ao direito adquirido e à coisa julgada constitui cláusula pétrea, que não pode sequer ser objeto de emenda constitucional (CF, art. 60, § 4º, IV).[595]

Para o autor, a lei pode alterar o instituto da coisa julgada, entretanto, não pode excluí-lo, destruí-lo ou retirá-lo do ordenamento jurídico por ser *clausula pétrea*, fazendo, portanto, parte da gama imutável da Constituição.

Relata também o autor que pode a *res iudicata* ser restringida, ou seja, relativizada em alguns casos, nos quais não produzirá a imutabilidade e indiscutibilidade a ela inerentes.

O autor não vai além, mas esses casos, que são colocados pelo autor, acabam indo ao encontro daquilo que pontuávamos anteriormente, pois torna possível perceber que a relativização da coisa julgada poderia se dar em caso de fatos novos, interpretação diferenciada pelo decorrer evolutivo e histórico de uma sociedade que é dinâmica e a mudança da própria Carta Magna.

Como se viu, o que se busca nesta análise proposta por este trabalho é estudar o instituto da coisa julgada e perceber que este, assim como outros institutos, não é absoluto,[596] reunindo particularidades que permitirão a ocorrência da relativização da *res iudicata* em alguns casos.[597]

Clèmersom Merlin Clève, observando o voto do Ministro Carlos Veloso na ADC 1-1-DF, contribui colocando que:

> É necessário, na ação de constitucionalidade, do mesmo modo que ocorre com a ação direta inconstitucionalidade, interpretar a coisa julgada e a eficácia *erga omnes cum grano salis*. Sim, porque a declaração de constitucionalidade de lei não pode impedir, diante de alteração das circunstâncias fáticas ou da realidade normativa, a propositura da ação direta de inconstitucionalidade. Embora por razões óbvias, a recíproca não seja verdadeira, hoje, a lei pode ser constitucional, amanhã não.[598]

---

[595] TESHEINER, *op. cit.*, p. 171.

[596] Sobre essa irreal força absoluta de certos institutos diz Cândido Rangel Dinamarco que "com esse espírito, há muito as técnicas processuais vêm mitigando o rigor dos princípios em certos casos, para harmonizá-los com os objetivos superiores a realizar (acesso à justiça) e vão também, com isso, renunciando a certos dogmas cujo culto obstinado seria fator de injustiças no processo e em seus resultados". *Vide* DINAMARCO, 2009, *op. cit.*, p. 25.

[597] "Essa preocupação não é apenas minha: a doutrina e os tribunais começam a despertar para a necessidade de repensar a garantia constitucional e o instituto técnico-processual da coisa julgada, na consciência de que não é legítimo eternizar injustiças a pretexto de evitar a eternização de incertezas". Idem, p. 223.

[598] CLÈVE, *op. cit.*, p. 306. Também para quem querida conferir de forma digitalizada a decisão (em especial as folhas 64 e 65 do voto). Disponível em: <http://redir.stf.jus.br/paginado rpub/paginador.jsp? docTP=AC&docID=884>. Acesso em: 3 jun. 2011.

Além disso, o Ministro Carlos Velloso acaba ainda por afirmar em seu julgado que:

> Quem acompanha os trabalhos e as decisões da Suprema Corte norte-americana verifica que, algumas vezes, a Corte decide de uma forma, tempos depois de outra. O texto da Constituição foi mudado? Não. O que mudou foi a realidade, foi a constituição substancial. E a constituição formal, se não estiver ajustada à constituição substancial, não será, na linguagem de Karl Lowenstein, uma constituição normativa, mas simplesmente uma constituição nominal, que não será cumprida. Por isso, sustento que não deve haver impedimento na propositura da ação direta de inconstitucionalidade, mesmo julgada procedente a ação declaratória de constitucionalidade. Quer dizer, o ajuizamento da ação direta de inconstitucionalidade, tempos depois, não deve ser impedido.[599]

Em continuidade, vem o Ministro Paulo Brossard dizendo que:

> O fato é que as mudanças, as mutações, as transformações da jurisprudência tanto resultam da alteração das condições sociais e políticas da nação como da própria evolução e aperfeiçoamento da ciência jurídica. [...] A chamada Corte de ROOSEVELT imprimiu à jurisprudência uma linha rejeitada, até a véspera, por cinco a quatro. De modo que isso pode ocorrer? Poder ocorrer. Aqui entre nós, quantas e quantas questões tiveram uma interpretação num certo momento e depois foram abandonadas, inclusive pelo Supremo Tribunal Federal? De modo que isto é uma questão que é inerente aos tribunais. Não temos outros tribunais que não sejam compostos por homens e temos que nos sujeitar a essas circunstâncias, a essas fraquezas que, creio, derivam do pecado original [...].[600]

Clèmersom Merlin Clève utilizou-se do voto do Ministro Carlos Velloso, que foi acompanhado pelo Ministro Paulo Brossard, quando, analisando a questão, decidiram na Corte Suprema de forma a se relativizar a coisa julgada, nos casos de alteração das questões fáticas, ou da realidade normativa, ou seja, das prováveis alterações que possam surgir normativamente falando, que são capazes de agregar direitos e obrigações, assim também sendo ponto culminante para que a *res iudicata* não se faça totalmente eficaz neste caso, podendo, então, ser relativizada.

O voto mencionado anteriormente contribui no sentido de demonstrar que assim também já pensava o Supremo Tribunal Federal, de que poderia ocorrer a relativização da coisa julgada, mas somente no caso de lei ou ato normativo declarado anteriormente constitucional, que poderia, então, ser novamente objeto de discussão através de ADI, e nos casos mencionados anteriormente pelos doutrinadores e inclusive pelo Supremo.

Em outra situação importantíssima a qual já nos referimos nesse trabalho, surge a decisão do próprio Supremo Tribunal Federal que resolveu

---

[599] Sobre essas pontuações, importante conferir a folha 65. Disponível em: <http://redir.stf.jus.br/pagina dorpub/paginador.jsp?docTP=AC&docID=884>. Acesso em: 3 jun. 2011.

[600] Sobre as colocações do Ministro Paulo Brossard, conferir a folha 72-73. Disponível em: <http://redir. stf.jus.br/paginadorpub/paginador.jsp?docTP=AC&docID=884>. Acesso em: 3 jun. 2011.

por relativizar a coisa julgada em uma ação investigatória de paternidade de um menor que à época não tinha condições de arcar com o exame de DNA, e que foi julgada improcedente por ausência de provas. Nesse caso, posteriormente, quando foi editada norma que obrigava o Estado a arcar com esses exames para pessoas menos abastadas, foi perceptível, por meio do exame, que realmente o suposto pai era o efetivo genitor, sendo então proposta nova demanda para o respectivo reconhecimento.

*A posteriori*, o Tribunal de Justiça do Distrito Federal acabou rechaçando tal pretensão da parte autora e esse conflito foi parar no Supremo Tribunal Federal.

O Ministro Dias Toffoli – recém-chegado à corte na época da votação e julgamento – reconheceu a repercussão geral e votou no sentido de relativizar a coisa julgada, o que foi em maioria acompanhado pelos Ministros da Suprema Corte Brasileira no RE 363889.[601]

No julgamento, o relator Ministro Dias Toffoli foi acompanhado pelos Ministros Luiz Fux – depois de seu voto de vista –, Cármen Lúcia Antunes Rocha, Ricardo Lewandowski, Joaquim Barbosa, Gilmar Mendes e Ayres Britto.[602] Contrariamente a esse fundamento vieram os Ministros Marco Aurélio e Cezar Peluso.[603]

---

[601] O andamento do referido processo está disponível em: <http://www.stf.jus.br/portal/processo/verProcessoAndamento.asp?incidente=2072456>. Acesso em: 3 jun. 2011.

[602] "Voto-vista. Ao trazer, hoje, a julgamento do Plenário o seu voto-vista, o ministro Luiz Fux acompanhou o voto do relator, pelo direito do jovem de pleitear a realização de novo exame de DNA. Para isso ele aplicou a técnica da ponderação de direitos, cotejando princípios constitucionais antagônicos, como os da intangibilidade da coisa julgada e, por outro lado, o da dignidade da pessoa humana, no caso presente, envolvendo o direito do jovem de saber quem é seu pai. Ele optou pela precedência deste último princípio, observando que ele é núcleo central da Constituição Federal (CF) de 1988.
No mesmo sentido do voto condutor, do relator, ministro Dias Toffoli, manifestaram-se, também, os ministros Cármen Lúcia Antunes Rocha, Ricardo Lewandowski, Joaquim Barbosa, Gilmar Mendes e Ayres Britto. A ministra Cármen Lúcia entendeu que, neste caso, a decisão por falta de provas já sinaliza que não pode ser considerada imutável a coisa julgada – a decisão de primeiro grau. Ao defender o prosseguimento do processo de investigação de paternidade, ela lembrou que o Pacto de San José da Costa Rica prevê o direito do ser humano a conhecer sua história e suas origens. Entre o princípio da segurança jurídica e os princípios da dignidade da pessoa humana, ela optou por esta segunda. Em seu voto, também acompanhando o do relator, o ministro Ricardo Lewandowski observou que o Estado não cumpriu sua obrigação de dar assistência judiciária e integral e gratuita ao menor, no primeiro processo representado por sua mãe. Por isso, cabe agora suprir esta lacuna. Ele lembrou ademais que, na doutrina, já se fala hoje até do direito fundamental à informação genética, que já teria sido adotado pela Suprema Corte da Alemanha. Acompanhando essa corrente, o ministro Ayres Britto observou que o direito à identidade genealógica "é superlativo" e se insere nos princípios da dignidade da pessoa humana, à qual também ele deu precedência. No mesmo sentido se pronunciou o ministro Gilmar Mendes, ao também defender o direito à identidade". Disponível em: <http://www.stf.jus.br/portal/cms/verNoticia Detalhe. asp?idConteudo=181134>. Acesso em: 3 jun. 2011.

[603] "Divergência. O ministro Marco Aurélio e o presidente da Suprema Corte, ministro Cezar Peluso, votaram pelo desprovimento do recurso. "Há mais coragem em ser justo parecendo injusto, do que em ser injusto para salvaguardar as aparências de justiça", disse o ministro Marco Aurélio, ao abrir a divergência. Segundo ele, "o efeito prático desta decisão (de hoje) será nenhum, porque o demanda-

Deste modo, dúvida não mais resta de que o referido instituto da coisa julgada pode e deve ser relativizado, pensando-se inclusive em casos não postados na tradicional e conhecida ação rescisória, assim como tem sido sustentado nesse trabalho. Isso porque, por vezes, o conflito da coisa julgada se dá frente a outros princípios e garantias humano-fundamentais que merecem ser protegidas e que não podem ser simplesmente desconsideradas por uma regra, que, embora garantia fundamental, seja procedimental e que pode, sim, vez ou outra, aniquilar de forma irreversível os referidos direitos.

Comprovou-se neste trabalho a ocorrência e relevância da relativização da coisa julgada tanto por meio do processo subjetivo (caso da investigação de paternidade) como também no processo objetivo (caso da desapropriação e respectiva justa indenização). A relativização da *res iudicata* veio para praticar justiça e correta decisão, afastando a aberração e

---

do (suposto pai) não pode ser obrigado a fazer o exame de DNA". Isso porque, segundo ele, a negativa de realizar o exame não levará à presunção absoluta de que é verdadeiramente o pai. Segundo o ministro, a Lei 8.560/92, no seu artigo 2-A, decorrente da Lei 12.004/2009 (que regula a paternidade de filhos havidos fora do casamento), prevê que, na ação de paternidade, todos os meios de prova são legítimos. Ainda de acordo com o ministro, a negativa de realizar o exame gerará presunção de paternidade, mas também esta terá de ser apreciada no contexto probatório. E, em tal caso, há grande possibilidade de o resultado ser negativo. Segundo ele, cabe aplicar a regra do artigo 468 do Código de Processo Civil, que torna a coisa julgada insuscetível de modificação, salvo casos que excetua. Entre eles, está a ação rescisória, possível quando proposta no prazo de até dois anos do trânsito em julgado da sentença. No caso hoje julgado, segundo ele, já transcorreram mais de dez anos. Então, a revisão não é possível. Último a votar, também para desprover o recurso, o ministro Cezar Peluso disse que se sente à vontade ao contrariar a maioria, porque foi por 8 anos juiz de direito de família e atuou pelo dobro do tempo na Câmara de Direito Privado do Tribunal de Justiça do Estado de São Paulo (TJ-SP). Entretanto, observou, no caso hoje julgado "está em jogo um dos fundamentos da convivência civilizada e da vida digna". Ao lembrar que se colocou a coisa julgada em confronto com outros princípios constitucionais, aos quais a maioria deu precedência, ele disse que "a coisa julgada é o princípio da certeza, a própria ética do direito". "O direito não está na verdade, mas na segurança", disse ele, citando um jurista italiano. "Ninguém consegue viver sem segurança", afirmou. Ele observou, neste contexto, que o direito à liberdade é um dos princípios fundamentais consagrados na Constituição. Portanto, no entender dele, a se levar ao extremo a decisão de hoje, nenhuma sentença condenatória em direito penal, por exemplo, será definitiva, já que, por se tratar de um princípio fundamental dos mais importantes, ele sempre comportará recurso da condenação, mesmo que transitada em julgado. "Incontáveis ações envolvem direitos fundamentais, que obedecem princípios consagrados na Constituição", afirmou o ministro, lembrando que, mesmo assim, não se vem propondo a desconstituição das decisões nelas proferidas. Cezar Peluso lembrou que o autor do Recurso Extraordinário julgado hoje propôs várias ações e, nelas apresentou testemunhas, assim como o fez a parte contrária. E em várias delas, desistiu. "Não lhe foi negado o direito de produzir provas. Elas, por si só, poderiam levar o juiz a decidir", afirmou. Também o ministro Cezar Peluso considera que a decisão de hoje terá pouco efeito prático, já que hoje o Estado é obrigado a custear o exame de DNA, e nenhum juiz deixará de determinar a sua realização. "Por tudo isso, eu tenho respeito quase absoluto à coisa julgada", conclui o ministro Cezar Peluso, lembrando que, no direito romano, "res iudicata" – coisa julgada – era uma instituição jurídica vital, de coisa julgada que não podia ser revista. "E, sem isso, é impossível viver com segurança", afirmou. Segundo o ministro, o suposto pai do autor do RE também tem direito à dignidade da pessoa humana. E esse benefício não lhe está sendo concedido, já que vem sendo perseguido há 29 anos por ações de investigação de paternidade, que podem ter repercussão profunda em sua vida privada". Disponível em: <http://www.stf.jus.br/portal/cms/verNoticiaDetalhe.asp?idConteudo=181134>. Acesso em: 3 jun. 2011.

absurdos que frequentemente se perfectibilizam com julgados teratológico, incongruentes, incorretos e inclusive inconstitucionais.

Assim, no controle de constitucionalidade abstrato – ponto fulcral do estudo – visualizou-se também a respectiva relativização e que já ocorrera há muito tempo, não sobrando alternativas ou discussão sobre sua existência ou não, mas tão somente de sua aplicação ou não.

Esse trabalho objetivou analisar esse caráter peculiar da ocorrência ou não da coisa julgada, sem, entretanto, esgotar o tema visto ser amplo e muito controverso, restando em alguns casos maior atenção por parte do intérprete e aplicador do direito.

Também foi nosso objetivo demonstrar e caracterizar a existência da relativização da *res iudicata* que pode ocorrer somente em alguns casos e que, portanto, não desvalorizam nem minimizam o instituto da *res iudicata*, que, em verdade, é forma de se obter após a decisão judicial uma segurança jurídica[604] capaz de acalmar os ânimos da sociedade, desde que não seja, é claro, injusta, aberrante, incorreta ou inconstitucional.

---

[604] Também deve ser postada a forte crítica do autor Cândido Rangel Dinamarco, que refere que "Nem a segurança jurídica, supostamente propiciada de modo absoluto por eles, é um valor tão elevado que legitime um fechar de olhos aos reclamos por um processo rápido, ágil e realmente capaz de eliminar conflitos, propiciando soluções válidas e invariavelmente úteis". DINAMARCO, 2009, *op. cit.*, p. 22.

## Considerações finais

De todo esse estudo, diga-se cansativo, porém compensativo, acabamos por compreender que de todas as mutações sociais e humanas restou também mutável e relativizável o instituto da coisa julgada que até então era visto quase que com "santidade".

Desde 1993, o Supremo Tribunal Federal já discutia a questão como tracejado nesse trabalho, passando já a possibilitar a mudança de posicionamento sobre uma questão que anteriormente tenha sido declarada constitucional a receber a pena de inconstitucionalidade posteriormente, com base na modificação social e do entendimento do próprio Pretório Excelso, o que já nessa época fez nascer a relativização que aqui se apregoa.

Essa compreensão chegou aos dias atuais quando o mesmo Supremo, já com uma formação distinta daquela época, por natural, decidiu por relativizar a coisa julgada também em ações de reconhecimento de paternidade por ausência ou impossibilidade de prova, o que mais uma vez trouxe à baila a referida tese que até pouco tempo vinha questionada por alguns e inclusive rechaçada por outros como referimos nessa obra.

A questão não é concordar ou não com a relativização da coisa julgada, uma vez que ela existe e permanecerá existindo, pois o Judiciário (diga-se o Supremo) necessita resolver problemas que lhe são colocados diariamente e que por mais complexos que sejam não podem ir de encontro aos interesses da sociedade.

A relativização da *res iudicata* não é uma fantasia, contudo, sim, uma realidade, tanto pensando nos casos da ação rescisória como em outros tantos casos como já referidos. Essa realidade tende, não por modismo, mas por necessidade, a crescer cada vez mais, e não para tornar o universo jurídico mais inseguro, mas, sim, mais correto, justo e adequado à realidade de uma sociedade que cresce, muda e se transforma a cada dia e necessita, por óbvio, de regulação. Carece inclusive, por vezes, de posicionamento do Poder Judiciário sobre a temática – quiçá praticando o ativismo judicial – que não pode se esquivar de decidir as questões.

Impossível esquecer as frequentes problemáticas que surgem hodiernamente, como a coisa julgada inconstitucional – que não é temática central desse trabalho –, decisões problemáticas, incorretas e, ainda pior, as decisões transitadas em julgado do Supremo Tribunal Federal que consideravam determinada prática – ultrapassada – constitucional, indo de encontro com aquilo que a própria sociedade vivencia hoje.

Claramente, a motivação para uma relativização da coisa julgada no processo objetivo não é meramente em relação a esse fundamento mais diversificada, sendo tanto em relação à mutação da realidade fática como da interpretação adotada em relação a algo por parte do Supremo, assim como a alteração normativa, constituindo-se essas duas últimas consequência da mutação da sociedade que exige "novas" soluções emergentes.

A questão é adequar a situação hodierna à sociedade pós-moderna, já que as premissas dessa sociedade que hoje se depara com a coisa julgada "absoluta" são totalmente distintas. Pode-se comentar aqui a mutação de entendimento até então "absoluto", em que a união estável só poderia se dar entre pessoas de sexo diferente. Essa realidade foi modificada pelo Supremo Tribunal Federal, não porque queira, mas por pura necessidade de regulamentar a vida de milhares de cidadãos que viviam na clandestinidade e que se "escondiam" em meio a uma sociedade "dura" que não aceitava tais possibilidades. De tal modo, a Corte Máxima acabou, por ser necessidade natural da sociedade em nosso país, reconhecendo a união homoafetiva como entidade familiar que, sem dúvida, modificou severamente a realidade legal, jurisprudência e doutrinária até então observada preponderantemente. A mesma coisa se deu com a coisa julgada que restou relativizada, tanto no processo subjetivo como objetivo.

Novas realidades, cidadãos e costumes são implementados diariamente, devendo o direito estar em dia com essas mutações, assim como a coisa julgada e as decisões dos Tribunais e especial, por lógico, o Supremo Tribunal Federal.

De toda essa abordagem, em relação ao processo objetivo – controle de constitucionalidade abstrato – chegou-se a ideia de que seja possível relativizar a coisa julgada somente em caso de anterior declaração de constitucionalidade de lei ou ato normativo que venha a ser combatida por nova ação que discuta a sua inconstitucionalidade por um dos fundamentos anteriormente expostos, possibilitando a "quebra" da "dura" coisa julgada formada em relação da anterior declaração de constitucionalidade, sendo essa tendência em favor da adequação jurídica à sociedade, sempre.

Nos demais casos, não se vislumbra a possibilidade de relativizar a coisa julgada, já que a lei ou ato normativo declarado anteriormente inconstitucional não será passível de nova declaração de constitucionalidade visto que resta como se nunca houvesse existido a referida lei ou ato normativo dotado de inconstitucional.

Na arguição de descumprimento de preceito fundamental, a situação também não se aplica, já que essa ação se presta a buscar a superação de um descumprimento em relação a um preceito fundamental.

Portanto, jamais se pretendeu destruir ou prejudicar o instituto da coisa julgada, mas, tão somente, demonstrar que existem casos – e não poucos – em que esse instituto cederá à sua relativização, buscando, sempre, a melhor solução para a sociedade e a proteção de direitos humano-fundamentais que por muito tempo foram esquecidos e hoje, como sempre, merecem ser levados a sério.

# Referências

ABRAMOVICH, Víctor. COURTIS, Chistian. *El umbral de la cuidadanía: el significado de los derechos sociales en el Estado social constitucional.* Buenos Aires: Del Puerto, 2006.

ACKERMAN, Bruce. *La política Del diálogo liberal.* Tradução de Gabriel L. Alonso. Barcelona: Gedisa editorial, 1999.

ALEXY, Robert. *Teoria dos direitos fundamentais.* Tradução de Virgilio Afonso da Silva. São Paulo: Malheiros, 2008.

ALFLEN DA SILVA, Kelly Susane. *Hermenéutica jurídica y concreción judicial.* Bogotá – Colômbia: TEMIS, 2006.

ALLORIO, Enrico. *Problemas de derecho procesal.* t. II. Tradución de Santiago Sentis Melendo. Buenos Aires: Ediciones Jurídicas Europa-América, 1963.

ALPA, Guido. Discrezionalitá e arbítrio dell'interprete "natura" dell'atto "circostanxe" del caso. *Revista de processo.* n. 84. São Paulo: RT, 1996.

ALTABE de LERTORA, Martha Helia. *Control de convencionalidad. Revista debates de actualidad.* Nº 200, Associación argentina de derecho Constitucional, Diciembre, 2008.

ANDRIOTTI NETO, Nello. *Direito civil e romano.* São Paulo: Editora Rideel, 1971.

ANDOLINA, Italo Augusto. Il "giusto processo" nell'esperienza italiana e comunitária. Revista de processo. Ano 30, n. 126. São Paulo: RT, 2005.

ANTONIO OSUNA HERNÁNDEZ, Largo. *Hermenéutica Jurídica en torno a la hermenéutica de Hans-Georg Gadamer.* Valladolid: Universidad de Valladolid, 1992.

ANUÁRIO DA JUSTIÇA BRASIL 2011: O Poder Judiciário da última palavra. São Paulo: Consultor Jurídico, 2011.

ARAGÃO, Egas Dirceu Moniz de. *Sentença e coisa julgada.* Rio de Janeiro: Aide, 1992.

ARAUJO CINTRA, Antonio Carlos de. *Comentários ao código de processo civil.* 4 v. arts: 332 a 475. Rio de Janeiro: Forense, 2003.

ÁVILA, Humberto. *Teoria dos princípios da definição à aplicação dos princípios jurídicos.* 2. ed. São Paulo: Malheiros, 2003.

AYALA CORAO, Carlos. *La convergencia entre el derecho constitucional y el derecho internacional de los derecho humanos.* El derecho. Tomo 160.

BARACHO, José Alfredo de Oliveira. *Direito constitucional contemporâneo:* homenagem ao Professor Paulo Bonavides/ Fernando Luiz Ximenes Rocha e Filomeno Moraes, organizadores. Belo Horizonte: Del Rey, 2005.

BARBI, Celso Agrícola. Da preclusão no processo civil. *Revista dos tribunais.* São Paulo: RT, n.158.

BARROS, Sérgio Resende de. *Revista da Procuradoria-Geral do Estado de São Paulo.* nº 54: dezembro/2000.

BARROSO, Luís Roberto. *O controle de constitucionalidade no direito brasileiro.* São Paulo: Saraiva, 2004.

BASTOS, Celso Ribeiro. *Curso de direito constitucional.* 22. ed. São Paulo: Saraiva, 2001.

BAUMAN, Zygmunt. *La sociedad sitiada.* Tradução de Mirta Rosenberg. Buenos Aires: Fondo de cultura económica, 2006.

——. *Modernidade Líquida.* Rio de Janeiro: Jorge Zahar, 2001.

——. *O mal-estar da pós-modernidade.* Tradução de Mauro Gama, Cláudia Martinelli Gama. Rio de Janeiro: Jorge Zahar, 1998.

——. *Vida líquida.* Tradução de Albino Santos Mosquera. 1. ed. 4. reimp., Buenos Aires: Paidós, 2009.

BEDAQUE, José Roberto dos Santos. *Efetividade do processo e técnica processual.* 2. ed. São Paulo: Malheiros, 2007.

BERCOVICI, Gilberto. Carl Schmitt, O Estado total e o guardião da Constituição. *Revista brasileira de direito constitucional.* São Paulo, n. 1, p.197, jan./jun. 2003.

——. *Revista da História das idéias:* As possibilidades de uma teoria do Estado. Vol. 26, 2005.

BERIZONCE, Roberto Omar. *Aportes para una justicia más transparente.* Roberto Omar Berizonce Co-ordenador, ... [*et. al.*]. La Plata: LEP, 2009.

——. *As garantias do cidadão na justiça.* Coord. Sálvio de Figueiredo Teixeira, São Paulo: Saraiva, 1993.

——. *Derecho procesal civil actual.* La Plata: LEP, 1999.

——. *Efectivo aceso a la justicia.* La Plata: Editora platense, 1987.

——. *El proceso civil en transformación.* La Plata: LEP, 2008.

——. *Luces y sombras del proceso civil contemporaneo. Revista de Processo.* Ano 30, n. 126, São Paulo: RT, 2005.

——. *Participação e processo.* Coord. Ada Pellegrini Grinover, São Paulo: RT, 1988.

BERMUDES, Sérgio. Sinderése e a coisa julgada inconstitucional. *In Estudos em homenagem à professora Ada Pellegrini Grinover.* Organizado por Flavio Luiz Yarshell e Maurício Zanoide de Morais. São Paulo:DOJ Editora, 2005.

BERNAL. Francisco Chamorro. *La tutela judicial efectiva.* Barcelona: Bosch, NA.

BIDART CAMPOS, Germán. *Manual de la Constitución reformada.* Buenos Aires: Ediar, 1998.

——; CARNOTA, Walter. *Derecho Constitucional comparado.* Buenos Aires: Ediar, 2000.

BOBBIO, Norberto. *A era dos direitos.* Tradução de Carlos Nelson Coutinho. Rio de Janeiro: Elsevier, 2004.

——. *El futuro de la democracia.* Traduzido por José F. Fernández Santillán. México: Fondo de cultura económica, 1999.

——. *Liberalismo e democracia.* Tradução de Marco Aurélio Nogueira, São Paulo: Brasiliense, 2000.

——. *O positivismo jurídico*: lições de filosofia do direito. Traduzido por Márcio Pugliesi, Edson Bini e Carlos E. Rodrigues. São Paulo: Ícone, 1995.

——. *Teoria do ordenamento jurídico.* Tradução de Maria Celeste Cordeiro Leite dos Santos, 10. ed. Brasília: Editora Universidade de Brasília, 1994.

——. *Teoria do ordenamento jurídico.* Tradução de Maria Celeste Cordeiro Leite dos Santos. 10. ed. Brasília: Editora Universidade de Brasília, 1999.

BOMFIM JÚNIOR, Carlos Henrique de Moraes. [*et al.*] *O ciclo teórico da coisa julgada:* de Chiovenda a Fazzalari. Coord. Rosemiro Pereira Leal. Belo Horizonte: Del Rey, 2007.

BONAVIDES, Paulo. *Curso de Direito Constitucional.* 13ª ed. São Paulo: Malheiros, 2003.

——. *Teoria constitucional da democracia participativa.* São Paulo: Malheiros, 2001.

BOURDIEU, Pierre. *Campo de poder*: campo intelectual. Buenos Aires: Estroboas cópia, 2003.

CALAMANDREI, Piero. *Estudios sobre El proceso civil.* Traducción de Santiago Sentís Melendo. Buenos Aires: Ediciones jurídicas Europa-America, 1973.

——. *Proceso y democracia.* Tradución de Hector Fix Zamudio. Buenos Aires: Ediciones Juridicas Europa-America, 1960.

CANOTILHO, José Joaquim Gomes. *Direito constitucional e teoria da constituição.* 7. ed. Coimbra: Almedina, 2007.

——. *Estudo sobre direitos fundamentais.* São Paulo: RT, 2008.

CAPPELLETTI, Mauro. La testimonianza della parte nel sistema dell'oralità. Giuffrè, 1974.

——. *Proceso, ideologias, sociedade.* Traducción de Santiago Sentis Melendo y Tomás A. Banzhaf. Buenos Aires: Ediciones jurídicas Europa-America, 1974.

CARNACINI, Tito. Tutela giurisdicionale e técnica del processo. *Revista de la facultad de derecho de México*. 1953, n. 12.

CARNELUTTI, Francesco. *Estudios de derecho procesal*. Tradução de Santiago Sentis Melendo. Vol. II, Buenos Aires: Ediciones Jurídicas Europa-América, 1952.

——. Efficacia, autorità e immutabilità della sentenza. *Rivista di Diritto Processuale Civile*. vol. XII, Parte I, Padova, 1935.

——. *Instituiciones del nuevo proceso civil italiano*. Traducción de Jaime Guasp. Barcelona: BOSCH, 1942.

——. *Lezioni di diritto processuale civile*. v. I, Pádova: Edizioni Cedam, 1986.

——. *Sistema de direito processual civil*. v. I, São Paulo: Editora ClassicBook, 2000.

CARRÓ, Genaro R; CARRÓ, Alejandro D. *El recurso extraordinario por sentencia arbitrria*. Buenos Aires: Abeledo-perrot, 1983.

CARVALHO, Fabiano. EC n. 45: reafirmação da garantia da razoável duração do processo. In: WAMBIER, Teresa Arruda Alvim *et al.* (Coord.). *Reforma do judiciário:* primeiros ensaios críticos sobre a EC n. 45/2004. São Paulo: Revista dos Tribuinais, 2005.

CARVALHO, Kildare Gonçalves. *Direito constitucional didático*. 8. ed. Belo Horizonte: Del Rey, 2002.

CHEVALLIER, Jacques. *O Estado pós-moderno*. Tradução de Marçal Justen Filho, Belo Horizonte: Forum, 2009.

CHIARLONI, Sergio. Giusto processo, garanzie processuali, giustizia della decisione. *Revista de processo*. Ano 32, n. 152. São Paulo: RT, 2007.

CHIMENT, Ricardo Cunha. [*et al.*]. *Curso de direito constitucional*. 7. ed. São Paulo: Saraiva, 2010.

CHIOVENDA, Giuseppe. *Instituições de direito processual civil:* os conceitos fundamentais – a doutrina das ações. v.1. São Paulo: Saraiva, 1965.

——. *Instituzioni di diritto processuale civile*. Napoli: Casa Editrice E. Jovene, 1947.

——. *Principios de derecho procesal civil*. Tradución de José Casáis y Santalo. Tomo I. Madrid: Editorial Reus, 1925.

——. *Princippi di Diritto Processuale Civile*. Napoli: Casa Editrice E. Jovene, 1980.

CIOCCHINI, Pablo Agustín Grillo. *Debido proceso*. Organizaciónde Ronald Arizi. Santa Fe: Rubinzalculzoni, 2003.

CITTADINO, Gisele. *Pluralismo direito e justiça distributiva:* elementos da filosofia constitucional contemporânea. 4. ed. Rio de Janeiro: Lumen Juris, 2009.

CLÈVE, Clèmersom Merlin. *A fiscalização abstrata da constitucionalidade no direito brasileiro*. 2. ed. São Paulo: RT, 2000.

COGLIOLO, Pietro. *Trattato teorico e pratico della eccezione di cosa giudicata segondo il diritto romano e il codice civile italiano*. V. I. Torino: Fratelli Bocca, 1883.

CONDORELLI, Epifanio J. L. *El abuso del derecho*. La Plata: Editora Platense, 1971.

COUTURE, Eduardo J. *Fundamentos do direito processual civil*. Tradução de Benedicto Giaccobini. Campinas: RED Livros, 1999.

CRETELLA JÚNIOR, José. *Curso de direito romano*. Rio de Janeiro: Forense, 1986.

DELGADO, José Augusto. *Coisa julgada inconstitucional*. Organizadores Carlos Valder do Nascimento, José Augusto Delgado. 2. ed. Belo Horizonte: Fórum, 2008.

DENTI Vittorio. *Processo civile e giustizia Sociale*. Milano: Edizioni di Comunità, 1971.

——. *Un progetto per la giustizia civie*. Bologna: Società editrice il mulino, 1982.

DIDIER Jr, Fredie; ZANETI Jr, Hermes. *Curso de direito processual civil:* processo coletivo. V. 4. 5. ed. Salvador: Juspodivm, 2010.

DINAMARCO, Cândido Rangel. *A Instrumentalidade do Processo*. 9. ed. São Paulo: Malheiros, 2001.

——. *Instituições de Direito Processual Civil*. 3 v. 2. ed. São Paulo: Malheiros, 2002.

——. Liebman e a cultura processual brasileira. *In Estudos em homenagem à professora Ada Pellegrini Grinover*. Organização: Flavio Luiz Yarshell e Maurício Zanoide de Moraes. São Paulo: DPJ Editora, 2005.

——. *Nova era do processo civil*. 3. ed. revista atualizada e aumentada. São Paulo: Malheiros, 2009.

DI PIETRO, Maria Sylvia Zanella. *Direito administrativo.* 15. ed. São Paulo: Atlas, 2003.

DONOT, F. *L'autorité de la chose jugée en matière d'état des personnes.* Coulommiers: Imprimerie Dessaint Et Cie, 1914.

DURIGUETTO, Maria Lúcia. *Sociedade civil e democracia* – Um debate necessário. São Paulo: Cortez, 2007.

DUVERGER, Maurice. *Constitutions et documents politiques.* Paris: PUF, 1974.

DWORKIN, Ronald. *Levando os direitos a sério.* Tradução de Nelson Boeira. São Paulo: Martins Fontes, 2002.

——. *Uma questão de princípio.* Tradução de Luís Carlos Borges. São Paulo: Martins Fontes, 2000.

ELY, John Hart. *Democracy and distrust.* A theory of judicial review. Cambridge, Mass, 1980.

FALCÓN, Enrique M. *Derecho procesal civil, comercial, concursal, laboral y administrativo.* Tomo I. Buenos Aires: Rubinzal – Culzoni Editores, 1979.

FARIA. José Eduardo. *A crise constitucional e a restauração da legitimidade.* Porto Alegre: Fabris, 1985.

FAYT, Carlos S. *Derecho politico.* 4. ed. Buenos Aires: ABELEDO-PERRPT, 1962.

FERRAJOLI, Luigi. *A soberania no mundo moderno.* Tradução de Carlos Coccioli, Márcio Lauria. São Paulo: Martins Fontes, 2002.

FERRARI, Vincenzo. *Acción jurídica y sistema normativo.* Introdución a la sociología del derecho. Traducción de Andrea Greppi. Madrid: Dykinson, 2000.

FERRAZ JÚNIOR, Tércio Sampaio. *A ciência do direito.* 2. ed. São Paulo: Atlas, 1986.

FERREIRA FILHO, Manoel Gonçalves. *Curso de direito constitucional.* 32. ed. São Paulo: Saraiva, 2006.

FISS, Owen. *El derecho como razón pública.* Traducción de Esteban Restrepo Saldarriga. Madrid/Barcelona/Buenos Aires: Marcial Pons, 2007.

FOUCAULT, Michel. *El orden del discurso.* Barcelona: Tusquets, 1992.

——. *Las palabra y las cosas:* una arqueologia de las ciencias humanas. 2. ed. Buenos Aires: Siglo XXI Editores Argentina, 2008.

FRANÇA. Rubens Limongi, *A Irretroatividade das Leis e o Direito Adquirido.* 4. ed. São Paulo: RT, 1994.

GADAMER, Hans-Georg. *Verdade e método:* traços fundamentais de uma hermenêutica filosófica. Traduzido por Flávio Paulo Meurer. 3. ed. Petrópolis: Vozes, 1999.

——. *Verdade e método II.* Traduzido por Flávio Paulo Meurer. Petrópolis, Rio de Janeiro: Vozes, 1997.

GÁLVEZ. Juan F. Monroy. Hacia un lenguaje que justifique la cientificidad del derecho y del proceso. *Revista de processo.* n 91, São Paulo: RT, 1998.

GANDHI, Mahatma. *O pensamento vivo.* Lima: Los libros mas pequenos del mundo, 2007.

GARAPON, Antonie. *Bem julgar:* ensaio sobre o ritual judiciário. Lisboa: Instituto Piaget, 1997.

——. *Le guardién de promesses.* Paris: Odile Jacob, 1996.

GARCÍA-PELAYO, Manuel. *As transformações do estado contemporâneo.* Tradução de Agassiz Almeida Filho, Rio de Janeiro: Forense, 2009.

GARGARELLA, Roberto. *Teoría y crítica Del derecho constitucional.* Tomo I, Buenos Aires: Albeledo-Perrot, 2008.

GIACOMUZZI, José Guilherme. *Revista do direito administrativo*: As raízes do realismo americano: breve esboço acerca de dicotomias, ideologias, e pureza no direito dos USA. Rio de Janeiro, 239: 359-388, 2005.

GIDI, Antonio. *A class action como instrumento de tutela coletiva dos direitos:* as ações coletivas em uma perspectiva comparada. São Paulo: RT, 2007.

GILLY, François-Noel. Éthique et génétique, La bioéthique em questions. Ellipses, París, 2001.

GONZÁLES PÉREZ, Jesús. *La dignidad de la persona.* Madrid: Civitas, 1999.

GOZAÍNI, Osvaldo Alfredo. El principio de congruencia frente al principio dispositivo. Revista de processo. Ano 32, n. 152, São Paulo: RT, 2007.

——. *La conducta en el proceso.* La Plata: LEP, 1988.

——. Teoria general del derecho proceal. Buenos Aires: EDIAR, 1996.

GRECO FILHO, Vicente. *Direito processual civil brasileiro*. São Paulo: Saraiva, 1981.

GRINOVER, Ada Pellegrini. *Direito processual coletivo e o anteprojeto de código de processos coletivos*. Coordenado por Ada Pellegrini Grinover, Aluisio Gonçalves de Castro Mendes e Kazuo Watanabe. São Paulo: RT, 2007.

GUASP, Jaime. *Concepto y método de derecho procesal*. Madrid: Civitas, 1997.

HABERLE, Peter. *Hermenêutica Constitucional* – A sociedade aberta dos intérpretes da constituição: contribuição para a interpretação pluralista e "procedimental" da constituição. Tradução de Gilmar Ferreira Mendes, Porto Alegre: Sergio Antonio Fabris Editor, 1997.

HABERMAS, Jurgen. *Direito e democracia*. V. I., Rio de Janeiro: Tempo Brasileiro, 1997.

——. *Direito e democracia*. V. II., Rio de Janeiro: Tempo Brasileiro, 1997.

HAMILTON, Alexander; MADISON, James; JAY, John. *The Federalist*. Chicago, Londres, Toronto: William Benton, Publisher, Encyclopaedia Britannica, 1952.

HARVEY, David. *Condição pós-moderna*. São Paulo: Edições Loyola, 1992.

HAURIOU, Maurice. *Derecho público y constitucional*. 2. ed. Madri: Reus, 1927.

HELLER, Agnes. *Más Allá de la justicia*. Barcelona: Editora Crítica, 1990.

HITTERS, Juan Carlos. *Revisión de la cosa juzgada*. La Plata: Platense, 1977.

JAYME, Erik. *Cours général de droit intenacional prive*, In recueil des cours, Académie de droit intenacional, t, 251, 1997.

JUNOY, Joan Picó I. *Las garantías constitucionales Del processo*. Barcelona: JMB, 1997.

——. Los principios del nuevo proceso civil Español. *Revista de processo*. n. 103. São Paulo: RT, 2001.

JUSTO, A. Santos. *Direito privado romano*: I, parte geral, introdução, relação jurídica, defesa dos direitos. Coimbra: Almedina, 2000.

KAUFMANN, Arthur. *La filosofia del derecho en la posmodernidad*. Traducción de Luis Villar Borda. Santa Fe de Bogotá: Editorial Temis S.A, 1992.

——. *La filosifía del derecho en la posmodernidad*. Traducción de Luis Villar Borda. Bogotá: Temis, 1998.

KELSEN, Hans. *Jurisdição constitucional*. São Paulo: Martins Fontes, 2003.

——. *O que é justiça? A justiça, o direito e a política no espelho da ciência*. Tradução de Luís Carlos Borges. São Paulo: Martins Fontes, 1998.

——. *Teoria pura do direito*. 4º ed. São Paulo: Martins Fontes, 1994.

KUMAR, Krishan. *Da sociedade pós-industrial à pós-moderna*. Rio de Janeiro: Jorge Zahar Editor, 1997.

LABOULAYE, Edouard René Lefebvre de. Do Poder Judiciário in: *O poder judiciário e a Constituição*. Porto Alegre: coleção AJURIS 4, 1977.

LABRUSSE-BRIOU, Catherine. *Le droit saisi par La biologie*. Des juristes au laboratoire, Librairie Générale de droit et de jurisprudence, París, 1996.

LACOSTE, P. *La chose julgée en matière civile, criminelle, disciplinaire et administrative*. Paris: Librarie de lasociété Du Recueil Sirey, 1914.

LEAL, Rosemiro Pereira. *Teoria geral do processo*. 6. ed., São Paulo: IOB, Thomson, 2005.

——. *Teoria geral do processo*: primeiros estudos. 7 ed. Rio de Janeiro: Forense, 2008.

LIMA, Paulo Roberto de Oliveira. *Contribuição à Teoria da Coisa Julgada*. São Paulo: RT, 1997.

LIPOVETSKY, Gilles. *Os tempos hipermodernos*. Tradução de Mário Vilela. São Paulo: Barcarolla, 2004.

LYOTARD, Jean-François. *O pós-moderno*. Rio de Janeiro: Olympio Editora, 1986.

LIEBMAN, Enrico Tullio. *Corso de diritto processuale civile*. Milano: Dott.A Giuffrè, 1952.

——. *Eficácia e Autoridade da Sentença e outros escritos sobre a Coisa Julgada*. 3. ed. Rio de Janeiro: Forense, 1984.

——. *Eficácia e autoridade da sentença*. 2. ed. Rio de Janeiro: Forense, 1981.

——. Diritto constituzionale e processo civile. *In Rivista di Diritto Processuale*. Padova, n. I, 1952.

LIMA, Martonio Mont'Alverne Barreto. A guarda da Constituição em Kelsen. Disponível em: <http://sisnet.aduaneiras.com.br/lex/doutrinas/arquivos/031007.pdf>. Acesso em: 27 nov. 2009.

LOEWENSTEIN, Karl. *Teoria de la Constitución*. Barcelona: Ariel, 1983.

LOPES, José Reinaldo de Lima, *in Direito e justiça:* A função social do judiciário. Cood. José Eduardo Faria. São Paulo: Ática, 1989.

LORENZETTI, Ricardo Luis. *Justicia colectiva*. Santa Fe: Rubinzal-Culzoni, 2010.

LUHMANN, Niklas. *Sitemi sociali:* Fondamenti di una teoria generale, Bolonha:Il Mulino, 1990.

L. PRIETO-CASTRO, Fernandiz. *derecho procesal civil*. Madrid: Editorial Revista de Derecho Privado, 1964.

MACEDO, Elaine Harzheim. Relativização da coisa julgada em direito ambiental. *Revista de Direito Ambiental*. v. 42., RT, 2006.

——. Repercussão geral das questões constitucionais: nova técnica de filtragem do recurso extraordinário. *Revista direito e democracia*. V. 6 – n.1. Ulbra, 2005.

MACEDO JÚNIOR, Ronaldo Porto. *Carl Schmitt e a fundamentação do direito*. São Paulo: Max Limonad, 2001.

MARÍ, Enrique. Racionalidad e imaginario social en el discurso del orden, en VV.AA., Derecho y psicoanálisis. *Teoría de las ficciones y función dogmática*. Buenos Aires: Hachette, 1987.

MARINONI, Luiz Guilherme, MITIDIERO, Daniel. *Código de direito processual civil comentado*. São Paulo: RT, 2008.

MARINONI, Luiz Guilherme. *Coisa julgada inconstitucional*. São Paulo: RT, 2008.

——. *Curso de processo civil:* Teoria geral do processo. v. 1. São Paulo: RT, 2006.

MARINONI, Luiz Guilherme; ARENHART, Sérgio Cruz. *Manual do processo de conhecimento*. São Paulo: Revista dos Tribunais, 2001.

MARQUES, José Frederico. *Instituições de direito processual civil*. v. 5. Rio de Janeiro: Forense, 1960.

MARTINS, Eliezer Pereira. *Segurança Jurídica e Certeza do Direito*. Disponível em: <www.jus.com.br>. Acesso em: 4 jun. 2009.

MATTIROLO, Luigi. *Trattato di Diritto Giudiziario Civile Italiano*. v. I, 5. ed. Torino: Fratelli Boucca Editori, 1902.

MENDES, Gilmar Ferreira. *Jurisdição constitucional:* o controle abstrato de normas no Brasil e na Alemanha. 5. ed. São Paulo: Saraiva, 1999.

MENDEZ, Francisco Ramos. *Derecho y proceso*. Barcelona: Libreria Bosch, 1979.

MERRYMAN, John Henry. *La tradición jurídica romano-canónica*. Traducción de Eduardo L. Suárez. Ciudad de México: Fondo de Cultura Económica, 1997.

MICHELI, Gian Antonio. *Estudios de derecho procesal civil*. Traducción de Santiago Sentis Melendo. Buenos Aires: Ediciones Jurídicas Europa-America, 1974.

MIRANDA, Jorge. *Teoria do estado e constituição*. Rio de Janeiro, 2002.

MIRANDA, Pontes de. *Comentários ao Código de Processo Civil*. Tomo V: arts. 444 a 475, 5. v. 3. ed. Rio de Janeiro: Forense, 1997.

MONTESANO, Luigi. La garanzia constituzionale Del contraddittorio e i giudizi civili di <Terza Via>. *Rivista di diritto processuale*. n. 4. Padova: CEDAM, 2000.

MONTESQUIEU, Charles de Secondat, Baron de. *Do Espírito das Leis*. Tradução de Jean Melville. São Paulo: Saraiva, 2000.

MORAES, Alexandre de. *Direito constitucional*. 19. ed. São Paulo: Atlas, 2006.

MORAIS, Jose Luis Bolzan de. *A idéia do direito social:* o pluralismo jurídico de Georges Gurvitch. Porto Alegre: Livraria do Advogado, 1997.

——. *As crises do Estado e da constituição e a transformação espacial dos direitos humanos*. Porto Alegre: Livraria do advogado, 2002.

MORAES, Paulo Valério Dal Pai. *Conteúdo Interno da Sentença:* Eficácia e Coisa Julgada. Porto Alegre: Livraria do Advogado, 1997.

MOREIRA, José Carlos Barbosa. *Eficácia da sentença e autoridade da coisa julgada*, RePro 34: 273-275.

MORELLO, Augusto Mario [*et al.*]. El principio de economia procesal. Modernidad. *In Acceso al derecho procesal civil*. Tomo I. Buenos Aires: Editora platense, 2007.

——. *El processo justo:* del garantismo formal a la tutela efectiva de los derechos. La Plata: Platense, 1994.

——. *Opciones y alternativas en el derecho procesal*. Buenos Aires: Lajouane, 2006.

MORELLO, Augusto Mario; MORELLO, Guilhermo Claudio. *Los derechos fundamentales a la vida digna y a la salud*. La Plata: Editora Platense, 2002.

——; STIGLITZ, Gabriel. *Tutela procesal de derechos personalisimos e intereses colectivos*. La Plata: LEP, 1986.

NERY JÚNIOR, Nelson. *Princípios do processo civil na constituição federal*. 7. ed. rev. atual., São Paulo: RT, 2002.

——; NERY, Rosa Maria Andrade. *Código de processo civil comentado e legislação extravagante*. 10. ed. rev., ampl. e atual., São Paulo: RT, 2007.

NEVES, Antônio Castanheira. *O direito hoje em com que sentido?* Lisboa: Editora Piaget, 2002.

——. *O instituto dos "assentos" e a função jurídica dos tribunais supremos*. Coimbra, 1983.

NEVES, Celso. *Coisa julgada civil*. São Paulo: Revista dos Tribunais. 1971.

OLIVEIRA, Carlos Alberto Alvaro DE. *Do formalismo no processo civil*. 2. ed. rev. e ampli., São Paulo: Saraiva, 2003.

——. [*et al.*]. *Processo e constituição: estudos em homenagem ao Professor José Carlos Barbosa Moreira*, Coordenação Luiz Fux. São Paulo: Revista dos Tribunais, 2006.

OTEIZA, Eduardo. *Debido proceso*. Organización de Ronald Arizi. Santa Fe: Rubinzal-culzoni, 2003.

——. El debido proceso y su proyección sobre el proceso civil en América latina. *Revista de processo*. n. 34. São Paulo: RT, 2009.

——. El problema de la uniformidad de la jurisprudencia en América Latina. *Revista de Processo*. Ano 31, n. 136, São Paulo: RT, 2006.

——. *Procesos colectivos*. Coordinado por Eduardo Oteiza. Santa Fe: Rubinzal-Culzoni, 2006.

OTERO, Paulo. *Ensaio sobre o caso julgado inconstitucional*. Lisboa: Lex, 1993.

OST, François. *O Tempo do Direito*. Lisboa: Instituto Piaget, 1999.

PÁDUA, Antonio Carlos Torres de Siqueira de Maia e. *A mutação constitucional no controle abstrato de constitucionalidade:* análise de um fragmento da jurisprudência do Supremo Tribunal Federal. Brasília: UNB, 2006.

PALACIO, Lino Enrique. *Manual de derecho procesal civil*. 20. ed. Buenos Aires: AbeledoPerrot, 2010.

PALU, Oswaldo Luiz. *Controle de constitucionalidade*: conceitos, sistemas e efeitos. 2. ed. São Paulo: RT, 2001.

PERELMAN, Chaim. *Ética e direito*. São Paulo: Martins Fontes, 1996.

PÉREZ ROYO, Javier. *Corso de derecho constitucional*. Madrid – Barcelona: Marcial Pons, 1998.

PERRY, M. J. *The constitution, the courts and humanrights*. An inquiry into the legitimacy of constitutional policymaking by the judiciary. New Haven and London: Yale University Press, 1982.

PETIT, Eugéne Henri Joseph. *Tratado elementar de direito romano*. Campinas: Russell, 2003.

PEYRANO, Jorge W. El derecho procesal postmoderno. *Revista de processual*. Ano 21, n. 81, São Paulo: RT. NA.

——. *El proceso civil principios y fundamentos*. Buenos Aires: Astrea, 1978.

PICARDI, Nicola. *Jurisdição e processo*. Tradução de Carlos Alberto Alvaro de Oliveira. Rio de Janeiro: Forense, 2008.

PIÇARRA, Nuno. *A Separação dos Poderes como doutrina e Princípio Constitucional* – Um contributo para o estudo das suas origens e evolução. Coimbra: Coimbra Editora, 1989.

PISANI, Andrea Proto. *Revista da Escola da Magistratura do Rio de Janeiro*. n. 16, 2001.

PONTES DE MIRANDA. Francisco Cavalcanti. *Comentários ao código de processo civil*. t. V. Rio de Janeiro: Forense, 1974.

PORTANOVA, Rui. *Princípios do processo civil*. 6. ed. Porto Alegre: Livraria do Advogado, 2005.

PORTO, Sergio Gilberto. *Comentários ao Código de Processo Civil*. v. 6: do processo de conhecimento, arts. 444 a 495 (coordenação: Ovídio A. Baptista da Silva). São Paulo: RT, 2000.

PRIETO SANCHIS, Luis. *Estudios sobre derechos fundamentales*. Madrid: Debate, 1990.

RAFFIN, Marcelo. *La experiencia del horror*: subjetividad y derechos humanos en las dictaduras y pos-dictaduras del cono sur. Buenos Aires: Del Puerto, 2006.

RASCIO, Nicola. Contraddittorio tra le parti, condizioni di parità, giudice terzo e imparziale. *Rivista di Diritto Civile*. n. 5. Padova: CEDAM, 2001.

RASELLI, Alessandro. *Il potere discrezionale del giudice civile*. Volume primo. Padova: CEDAM: 1927.

REALE, Miguel. *Crise do capitalismo e crise do Estado*. São Paulo: SENAC, 2000.

REDENTI, Enrico. *Derecho procesal civil*. Traducción de Santigado Sentís Melendo y Marino Ayerra Redín. Tomo I, Buenos Aires: Ediciones Juridicas Europa-America, 1957.

REZENDE FILHO, Gabriel Jose Rodrigues de. *Curso de direito processual civil*. v. 3. São Paulo: Saraiva, 1951.

RIBEIRO, Darci Guimarães. *Da tutela jurisdicional às formas de tutela*. Porto Alegre: Livraria do Advogado, 2010.

——. *La pretensión procesal y La tutela judicial efectiva*. Barcelona: J. M. Bosch Editor, 2004.

ROCCO, Ugo. *Trattato di diritto processuale civile*. v. I, 2. ed. Torino: Topografia Sociale Torinese, 1966.

ROCHA, Álvaro Felipe Oxley da. *Sociologia do direito*: A magistratura no espelho, São Leopoldo: Editora Unisinos, 2002.

ROCHA, Carmem Lúcia Antunes. Constituição e segurança jurídica: direito adquirido, ato jurídico perfeito e coisa julgada. *In Constituição e segurança jurídica*. Coord. Carmem Lúcia Antunes Rocha. Belo Horizonte: Fórum, 2004.

ROUSSEAU, Jean-Jacques. *O contrato social*. Apresentação de João Carlos Brum Torres. Traduzido por Paulo Neves, Porto Alegre: L&PM, 2009.

SAGUÉS, Nestor Pedro. *Dignidad de La persona e ideologia constitucional*. JÁ, 1994-IV-904.

——. *Elementos de derecho constitucional*. tomo I. Buenos Aires: Artraz, 1997.

SANTOS, Adriano Lucio dos. [*et al.*] *O ciclo teórico da coisa julgada*: de Chiovenda a Fazzalari. Coord. Rosemiro Pereira Leal. Belo Horizonte: Del Rey, 2007.

SANTOS, Boaventura de Sousa. *Pela mão de Alice. O social e o político na pós-modernidade*. 7. ed. São Paulo: Cortez, 2000.

——. *Um discurso sobre as ciências*. 5. ed. São Paulo: Cortez, 2008.

——. *Para uma revolução democrática da justiça*. 2. ed. São Paulo: Cortez, 2008.

SANTOS, Moacyr Amaral dos. *A prova judiciária no civil e no comercial*. Rio de Janeiro: Max Limonad, 1952.

——. *Primeiras linhas de direito processual civil*. São Paulo: Saraiva, 1989-1992.

SARLET, Ingo Wolfgang. *A eficácia dos direitos fundamentais*. 4. ed. rev. atual., Porto Alegre: Livraria do Advogado, 2004.

——. *Dignidade da Pessoa Humana e Direitos Fundamentais na Constituição Federal de 1988*. Porto Alegre: Livraria do Advogado, 2001.

SCHMITT, Carl. *O conceito do político*. Tradução de Geraldo de Carvalho. Belo Horizonte: Del Rey, 2009.

——. *O guardião da Constituição*. Tradução de Geraldo de Carvalho. Belo Horizonte: Del Rey, 2007.

SCHOPENHAUER, Arthur. *Como vencer um debate sem precisar ter razão*: em 38 estratagemas. Tradução de Daniela Caldas e Olavo de Carvalho, Rio de Janeiro: Topbooks, 1997.

SILVA, José Afonso da. *Curso de direito constitucional positivo*. 20. ed. São Paulo: Malheiros, 2001.

SILVA, Ovídio Araújo Baptista da. *Curso de Processo Civil*: processo de conhecimento. v. I. 5. ed. São Paulo: RT, 2001.

——. *Da função à estrutura*. Disponível em: <www.Baptistadasilva.com.br/artigos>. Acesso em: 5 jan. 2011.

——. *Jurisdição, direito material e processo*. Rio de Janeiro: Forense, 2008.

———. *Jurisdição e execução na tradição romano-canônica*. 2. ed. São Paulo: RT, 1997.

———. *Participação e processo*. Coord. Ada Pellegrini Grinover. São Paulo: RT, 1988.

———. *Processo e ideologia*. Rio de Janeiro: Forense, 2004.

———. *Teoria geral do processo civil*. 3. ed. São Paulo: RT, 2002.

SOARES, Carlos Henrique. *Coisa julgada constitucional:* teoria tridimensional da coisa julgada: justiça, segurança jurídica e verdade. Coimbra: Almedina, 2009.

SOUZA, Carlos Aurélio Mota de. *Segurança Jurídica e Jurisprudência*: um enfoque filosófico-jurídico. São Paulo: LTr, 1996.

STRECK, Lenio Luiz. *Hermenêutica jurídica e(m) crise*: uma exploração hermenêutica da construção do direito. 5. ed. rev. atual. Porto Alegre: Livraria do Advogado, 2004.

———. *Jurisdição constitucional e hermenêutica*: uma nova crítica do direito. 2. ed. Rio de Janeiro: Forense, 2004.

———. *Jurisdição constitucional e hermenêutica:* uma nova crítica do direito. Porto Alegre: Livraria do Advogado, 2002.

———. *O que é isto – decido conforme minha consciência?* Porto Alegre: Livraria do Advogado, 2010.

———. *Verdade e Consenso Constituição, hermenêutica e teorias discursivas*. Rio de Janeiro: Lumen Juris, 2006.

TALAMINI, Eduardo. *Coisa julgada e sua revisão*. São Paulo: Revista dos Tribunais, 2005.

TARELLO, Giovanni. *Storia della cultura giuridica moderna*. Bologna: Il Mulino, 1976 .

TARUFO, Michele. Considerazioni su prova e motivazione. *Revista de processo*. n. 151. São Paulo: RT, 2007.

———. Il controllo di razionalità della decisione fra logica, retorica e dialetica. *Revista de processo*. n. 143. São Paulo: RT, 2007.

———. Porteri probatori delle parti e Del giudice in Europa. *Revista de processo*. Ano 31, n. 133, São Paulo: RT, 2006.

———. Senso comune, esperienza e scienza nel ragionamento del giudice, in *revista trimestrale di diritto e procedura civile*. Tradução de Candido Rangel Dinamarco. Giuffrè, 2001.

TEMER, Michel. *Elementos de Direito Constitucional*. 10ª ed. São Paulo: Malheiros, 1993.

TESHEINER, José Maria. *Eficácia da sentença e coisa julgada no processo civil*. São Paulo: RT, 2001.

THAMAY, Renan Faria. *A democracia efetivada através do processo civil*. Processos Coletivos. , v.1, p.01 – 29, 2010.

———. A hermenêutica como forma de superação da crise do direito processual civil. *Revista de Estudos Jurídicos UNESP*. , v.15, p.01 – 31, 2011.

———. A relativização da coisa julgada como decorrência da crise do Poder Judiciário na perspectiva do direito previdenciário. *Revista de Direito Social*, v. 36, 2009.

———. A relativização da coisa julgada em matéria tributária. *Processos Coletivos*, v.2, p.01 – 33, 2010.

———. *Processo Coletivo e outros temas de direito processual:* homenagem 50 anos de docência do professor José Maria Rosa Tesheiner, 30 anos de docência do professor Sérgio Gilberto Porto. Org. Araken de Assis [et al.].. Porto Alegre : Livraria do Advogado, 2011, v.1.

THEODORO JÚNIOR, Humberto. *Curso de Direito Processual Civil:* Teoria do Direito Processual Civil e o Processo de Conhecimento. v.1, 39. ed. Rio de Janeiro: Forense, 2003.

———; FARIA, Juliana Cordeiro de. A coisa julgada inconstitucional e os instrumentos processuais para seu control. *Revista síntese de direito civil e processo civil*. Porto Alegre: Síntese, v. 4, n.19, set./out. 2002.

THON, Agusto. *Norma giuridica e diritto soggesttivo*. Traducción Alessandro Levi. 2. ed. Padova: CEDAM, 1951.

TINANT, Eduardo Luis. *Bioética jurídica, dignidad de la persona y derechos humanos*. Buenos Aires: Dunken, 2007.

———. *En torno a la justificación de la decisión judicial*. LA LEY 1997-E, 1395.

———. *Ética, derecho y biotecnología*. JÁ, 2000-IV-1101.

——. *Genética y justicia*. (compilador-director); coautores: BYK, Christian, MAINETTI, José A., MEDINA, Graciela, BIANCHI, Néstor O., MARTÍNEZ MARIGNAC, Verónca L., BERGEL, Salvador D., y LOJO, María Mercedes, SCJBA, La Plata, 2001.

——. *Los derechos humanos a la luz de la bioética*. JÁ, 2003-III-1023.

——. *Persona y tiempo ¿hacia un tiempo biogenético?* Revista electrónica El Sigma, 2007.

——. *Progreso científico y tecnológico y derechos humanos*. Con especial referencia al derecho a la salud. Revista La Ley on line, 11/3/09.

——; TEALDI, Juan Carlos [diretor]. *Diccionario latinoamericano de bioética*. Bogotá: UNESCO – Red Latinoamericana y del Caribe de Bioética: Universidad Nacionalde Colombia, 2008.

TOCQUEVILLE, Alexis de. *La démocratie em Amérique*. Paris: Garnier: Flammarion, 1951, t. II.

TUCCI, José Rogério Cruz; AZEVEDO, Luiz Carlos de. *Lições de história do processo civil romano*. São Paulo: Revista dos Tribunais, 1996.

VATTIMO, Gianni. *O Fim da Modernidade*: niilismo e hermenêutica na cultura pós-moderna, Lisboa: Editorial Presença, 1987.

VERBIC, Francisco. *Procesos Colectivos*. Buenos Aires: Editorial Astrea, 2007.

VESCOVI, Enrique. *Tutela procesal de las libertades fundamentales*. La Plata: JUS, 1988.

VILLEY, Michel. *A formação do pensamento jurídico moderno*. Tradução de Claudia Berliner. São Paulo: Martins Fontes, 2005.

VOLTAIRE. *Dicionário filosófico*. Tradução de Pietro Nassetti. São Paulo: Martin Claret, 2008.

WACH, Adolf. *Manual de derecho procesal civil*. Traducción de Tomáz A. Banzhaf. Vol. I. Buenos Aires: Ediciones jurídicas Europa-America, 1974.

WALDRON, Jeremy. *A dignidade da legislação*. Tradução de Luíz Carlos Borges. São Paulo: Martins Fontes, 2003.

WAMBIER, Luiz Rodrigues; ALMEIDA, Flávio Renato Correia de; TALAMINI, Eduardo. *Curso Avançado de Processo Civil*. v. 1: teoria geral do processo de conhecimento. 7. ed. São Paulo: RT, 2005.

WEBER, Max. *La ética protestante y el espíritu del capitalismo*. Buenos Aires: Ediciones Libertador, 2007.

ZAMPROGNO, Alexandre. Meio de processuais para desconstituir a coisa julgada. *Interesse Público*. Sapucaia do Sul: Notadez, v.5, n.22, Nov./dez.2003.

ZAVASCKI, Teori Albino. *Eficácia das sentenças na jurisdição constitucional*. São Paulo: Revista dos Tribunais, 2001.

——. *Processo coletivo*: tutela de direitos coletivos e tutela coletiva de direitos. 4. ed. rev. e atual., São Paulo: RT, 2009.